越前中世城郭図面集 III

―越前南部編（越前市・池田町・南越前町・敦賀市）・補遺編―

令和３年１２月

佐伯哲也

目　次

◎本書の概要説明

Ⅰ．城館遺構

越前市

1. 二階堂城・・・・・・2
2. 妙法寺山城・・・・・3
3. 村国山城・・・・・・4
4. 大屋南城1・・・・6
5. 大屋南城2・・・・7
6. 茶臼山山城・・・・8
7. 二峯城　・・・・・9
8. 平吹城・・・・・・10
9. 小丸城・・・・・・12
10. 鞍谷御所館・・・・20
11. 武衛山城・・・・・22
12. 引坂城・・・・・・24
13. 戸谷城・・・・・・25
14. 大塩山城・・・・・26
15. 大滝南城・・・・・27
16. 大滝城・・・・・・28
17. 城のこし城・・・・30
18. 茶臼山城・・・・・31
19. 行事(司)ヶ岳城・・・32
20. 玉ノ木城・・・・・34

池田町

21. 分野城・・・・・・35
22. 奈津取ヶ嶽城・・・36
23. 上山城・・・・・・38
24. 丸山城・・・・・・39
25. 藤巻城・・・・・・40
26. 糀谷山城・・・・・41
27. 池田館・・・・・・42
28. 持越城1・・・・44
29. 持越城2・・・・45
30. 大谷山城・・・・・46
31. 部子城・・・・・・47

南越前町

32. 黒山城・・・・・・48
33. 茶臼山城・・・・・49

34. 杣山城・・・・・・50
35. 杣山城西尾根遺構1・58
36. 杣山城西尾根遺構2・59
37. 燈ヶ城・・・・・・60
38. 北柚尾城・・・・・66
39. 虎杖城・・・・・・67
40. 木ノ芽峠城塞群・・・70
41. 河野新城・・・・・82

敦賀市

42. 河野丸砦・・・・・84
43. 岡崎山砦・・・・・86
44. 金ヶ崎城・・・・・89
45. 天筒山城・・・・・92
46. 花城山城・・・・・98
47. 金山城・・・・・100
48. 堂山砦・・・・・・102
49. 鳥越城・・・・・・103
50. 御庵山城・・・・・104
51. 疋壇城・・・・・・105

Ⅱ．城館関連遺構

52. 杣山城大屋敷・・・110
53. 杣山城二ノ城戸・・・112

Ⅲ．城館候補遺構

54. 柴田城・・・・・・114
55. 大屋城・・・・・・115
56. 大塩向山遺跡・・・116
57. 氏家城・・・・・・117
58. 八王子城・・・・・118
59. 刀根城・・・・・・119
60. 深坂峠城砦群・・・120

Ⅳ. 城館類似遺構
該当城郭無し・・・・・・122

Ⅴ. 補遺編
Ⅴ-Ⅰ. 城館遺構
61. 辻ヶ谷城・・・・・・126
62. 赤谷城・・・・・・127

Ⅴ-Ⅱ. 城館関連遺構
63. 一乗谷城南方尾根遺構・・130

Ⅴ-Ⅲ. 城館候補遺構
64. 金屋城・・・・・134
65. 上天下南城・・・・135
66. 風尾要害・・・・136
67. 境寺城・・・・・・138

Ⅴ-Ⅳ. 城館類似遺構
該当城郭なし・・・・・140

Ⅵ. 特別論文
越前一向一揆の城郭について
・・・・・142～148

Ⅶ. 訂正
・・・・・149

Ⅷ. 位置図
・・・・152～177

Ⅸ. 越前中世城郭 一覧表
・・・・・180～188

あとがき
・・・・・189

筆者紹介
・・・・・・190

◎本書の概要説明

1. 本書は福井県越前市・池田町・南越前町・敦賀市及び越前図面集Ⅰ・Ⅱで記載できなかった城館を対象とした。

2. 本書は下記の通り4部構成とした。
   - ①城館遺構　　：城郭と断定できる遺構、および城郭本体の遺構
   - ②城館関連遺構：城郭本体から遠距離に位置し、それ本体では城館とは断定できないもの。「狼煙台」・「大手門」・「城主屋敷」と称されているものを言う。
   - ③城館候補遺構：断定はできないが、城館の可能性を残しているもの。
   - ④城館類似遺構：城館遺構に似ているが、城館とは別の遺構のもの。寺跡や水田・畑跡・塚などの場合が多い。全く見当がつかないものも、これに含めた。

3. 本書に記載する城館は、遺構がある程度確認でき、平面図（縄張図）が作成できる城館のみとした。従って、伝承のみで現地に遺構を残さないものについては記載していない。

4. 本書は現況における詳細な平面図（縄張図）作成を第一義としている。従って伝説伝承・文献史料・発掘調査の成果は、必要最小限の記載、あるいは省略しているケースがある。

5. 各項目の①〜⑩の記載内容は下記の通りである。年代が明らかにできないものについては、推定年代とした。複数の所在地に位置しているものについては、代表的な所在地についてのみ記載した。
   - ①所在地　②別称　③築城年代　④主要年代　⑤廃城年代　⑥主な城主　⑦形式　⑧現存遺構　⑨規模　⑩標高・比高　⑪位置図番号

6. 本書で扱う史料は下記の通りとする。
   - （1）『越前国古城跡并館屋敷蹟』は享保5年(1720)福井藩主松平吉邦の命によって編纂された。正確性には若干問題はあるものの、最初の越前総合城郭本としては、重要である。現在も城郭基本史料としての価値は失わない。以下、『城跡考』と略す。
   - （2）『日本城郭大系　第11巻　京都・滋賀・福井』（新人物往来社発行　1980）は『大系』と略す。
   - （3）『福井県の中・近世城館跡』（福井県教育委員会　1987）は『城館跡』と略す。
   - （4）『第十二回戦国大名朝倉氏　その戦いの軌跡をさぐる』（福井県立一乗谷朝倉氏遺跡資料館　2002）は、『戦国大名朝倉氏』と略す。
   - （5）『第15回企画展　古文書が語る朝倉氏の歴史』（福井県立一乗谷朝倉氏遺跡資料館　2006）は、『古文書が語る朝倉氏の歴史』と略す。
   - （6）『福井県立一乗谷朝倉氏遺跡資料館古文書調査資料1　朝倉氏五代の発給文書』（福井県立一乗谷朝倉氏遺跡資料館　2004）は、『発給文書』と略す。
   - （7）『福井県立一乗谷朝倉氏遺跡資料館古文書調査資料3　越前・朝倉氏関係年表』（福井県立一乗谷朝倉氏遺跡資料館　2010）は、『朝倉氏関係年表』と略す。
   - （8）『朝倉始末記』は『福井市史　資料編2　古代中世』（福井市 1989）のものを記載した。
   - （9）『福井市史　資料編1　考古』（福井市 1990）は、『福井市史資料編1』と略す。

（10）『福井市史　資料編2　古代中世』（福井市 1989）は、『福井市史資料編2』と略す。

（11）『福井市史　通史編1　古代中世』（福井市 1997）は、『福井市史通史編1』と略す。

（12）『福井県史　通史編2　中世』（福井県 1994）は、『福井県史通史編2』と略す。

（13）『福井県史　通史編3　近世一』（福井県 1994）は、『福井県史通史編3』と略す。

（14）『福井県史　資料編5　中・近世三』（福井県 1985）は、『福井県史資料編5』

（15）『戎光祥研究叢書　第14巻　戦国期越前の領国支配』（松浦義則　2017）は『戦国期越前の領国支配』と略す。

（16）『第十二回戦国大名朝倉氏　その戦いの軌跡をさぐる』（福井県立一乗谷朝倉氏遺跡資料館館　2002）は、『戦国大名朝倉氏』と略す。

（17）『信長公記』。奥野高弘・岩沢愿彦校注。角川文庫 1993年発行のものを使用した。

（18）『加能史料　戦国XVI』（石川県 2018）は、『加能史料』と略す。

7．巻末の位置図は、方位は上が北、縮尺は 1/25,000 を使用した。

8．城館の名称及び所在地については、統一性を図るため、『福井県の中・近世城館跡』（福井県教育委員会　1987）に準拠した。ただし、明らかな誤りについては、訂正した箇所もある。城館の読み方については、『日本城郭大系　第11巻　京都・滋賀・福井』に準拠した。

9．巻末に越前中世城郭図面集Ⅰ〜Ⅲに収録した城郭を一覧表にまとめて掲示した。

１０．筆者は平面図（縄張図）作成は、城館研究における重要な作業の一つと思っている。現況における詳細な姿を平面図作成によって一般に周知し、そのことによって城館を不慮の開発から守り、城館が地域史解明の遺跡として活用されることを切に願う次第である。

１１．平地城館の多くは私有地あるいは寺社境内地となっている。従ってほとんどが調査許可・掲載許可を得ることができず、掲載できなかった。痛恨の極みである。

１２．中世の遺構をほぼ残さない福井城は除外した。

１３．本書掲載の図及び表を一部及び全部を使用（転載）する場合の厳守事項

　本書掲載の図及び表を一部及び全部を使用（転載）する場合は、下記項目を厳守して下さい。このようなことを明記するのは本意ではありませんが、現在研究者の常識の無さ・モラルの低下が叫ばれており、ルールを無視した無断使用（転載）が目立っております。大変残念で悲しいことですが、本書掲載の図及び表を一部及び全部を使用（転載）する場合は、下記項目を厳守して下さい。これはインターネット等に掲載する場合も該当します。

①使用（転載）した作図（作表）の作図（作表）者の姓名を明記すること。姓のみは不可。姓名をはっきり明記すること。

②使用（転載）した本の名前及び発行社・発行者の名前・発行年を明記すること。

③使用（転載）の許可を書面にて作図（作表）者に申請すること。

④使用（転載）の許可を書面にて発行者に申請すること。

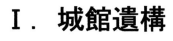

Ⅰ．城館遺構

1. 二 階 堂 城 (にかいどうじょう)

①越前市二階堂　②−　③天徳4年頃?　④16世紀　⑤16世紀　⑥斎藤吉信?　⑦山城
⑧削平地・切岸・土塁・竪堀・堀切　⑨80m×60m　⑩標高228.3m、比高60m　⑪1

　『白山村誌』(白山地区公民館 1978) によれば、越前守押領使斎藤利仁の孫・斎藤吉信が天徳
4年(960)頃築いた城としている。仮に築城期が平安時代であったとしても、現存する遺構は、
16世紀のものである。
　二階堂城は、上天王川沿いに走る街道を見下ろす山頂に位置する。この街道は日本海と越前府
中を繋ぐ重要な街道であり、交通の要衝に選地していた。また山麓の二階堂集落との比高は60
mで、在地領主が地域支配するには手頃な高さと言える。
　山頂を削平し、曲輪A・Bを設けている。一つの曲輪として使用するには大きすぎたのであろ
う、中央付近に空堀①を設ける。公園化による遊歩道造設によって空堀①南側は破壊されてしま
っている。空堀①には、A・B曲輪出入り口用の簡単な虎口が設けられていたかもしれず、非常
に残念である。仮に空堀①で区画されていたのなら、集落より遠いA曲輪が主郭であろう。
　城跡に繋がる尾根全てを堀切で遮断しており、壮観な縄張りとなっている。特に集落と繋がっ
ている堀切②は二重堀切となっており、厳重に警戒している。この二重堀切の存在により、現存
遺構の構築が16世紀ということが推定できる。虎口が存在していたのなら、その可能性は一層
高くなる。
　以上の理由により、現存遺構は二階堂集落や街道を支配・監視するために在地領主が築城した
ものと推定したい。なお、『白山村誌』では二階堂集落に居館が存在していたとしているが、遺
構は現存していない。

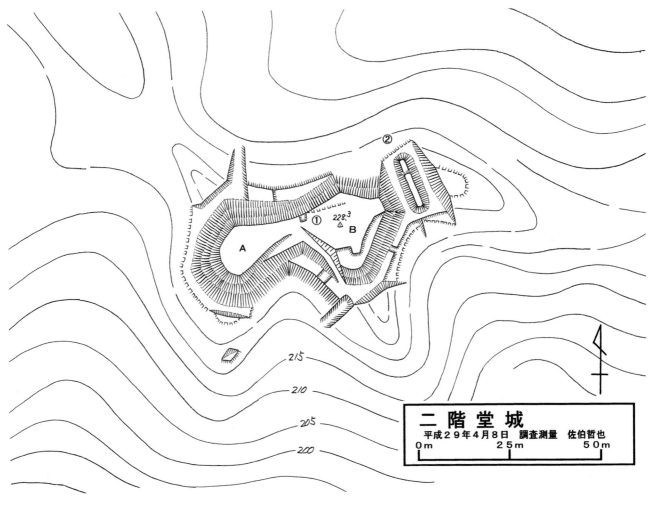

二 階 堂 城
平成29年4月8日　調査測量　佐伯哲也
0m　　　　25m　　　　50m

２．妙法寺山城（みょうほうじさんじょう）

①越前市妙法寺　②－　③南北朝時代　④１６世紀？　⑤１６世紀　⑥瓜生氏・越前一向一揆？
⑦山城　⑧削平地・切岸・堀切・竪堀　⑨360m×160m　⑩標高235ｍ　比高190ｍ　⑪2

　『大系』は太平記の記述を引用し、建武４年(1337)瓜生越前守守重が籠城したと伝えている。
また『史跡杣山城と瓜生保』（南条町　1973）によれば、瓜生氏の弟・越前守守照に守らせたと伝
えている。確証は無いが、いずれにせよ南朝方の城で、杣山城の支城として用いられたのであろ
う。

　城跡は、妙法寺山山頂一帯に遺構が散在する。山頂からの眺望は素晴らしく、南越前の中心地
であった越前府中やその周辺に広がる平野を一望することができる。妙法寺山山頂付近は、岩が
露頭する細尾根で、狭隘な山頂となっているため小規模な曲輪しか存在しない。そのような山容
から山岳信仰の対象となったのであろう、現在も小祠が二ヶ所設けられている。

　城跡は、山麓の妙法寺町集落から登る遊歩道が設けられているため、簡単に登城することがで
きる。途中には城兵の飲料水と伝わる湧水も認められる。山頂のA付近に小曲輪群が存在してお
り、ここが主郭なのであろう。いずれの小平坦面が主郭なのか断定できない。出曲輪としてB曲
輪が存在する。尾根続きを堀切で遮断するが、曲輪の削平は明確ではない。

　堀切と竪堀を設けていることから、現存遺構は１６世紀まで下ることが推定される。平坦面が
小規模で、明確でないことに、臨時城郭の性格を推定させる。このように堀切や竪堀等を設けた
単純な小規模城郭は、妙法寺山城の他に、村国山周辺や平吹城に見られる。いずれも越前府中の
入口部に存在する。仮説の範疇としたいが、天正３年(1575)越前一向一揆が籠城した臨時城郭と
いう仮説を提唱することができるのではないだろうか。

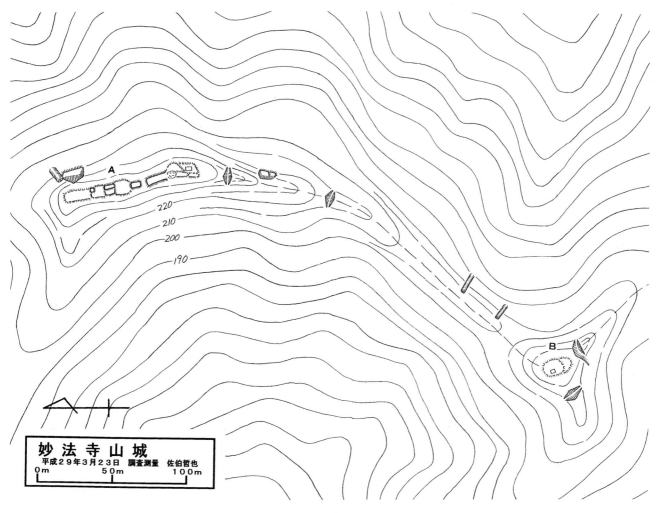

妙法寺山城
平成２９年３月２３日　調査測量　佐伯哲也
0m　　　　　50m　　　　　100m

3. 村国山城 (むらくにやまじょう)

①越前市村国町　②帆山城？　③１６世紀後半　④１６世紀後半　⑤１６世紀後半
⑥越前一向一揆？　⑦山城　⑧削平地・切岸・横堀・堀切・竪堀・畝状空堀群　⑨ 210m × 60m
⑩標高 238.9 m　比高 210 m　⑪3

　福井県遺跡地図では、「種別・城跡　時代・中世　現状・山林」と記載している。なお『大系』は村国山山頂を帆山城と記載する。ただし福井県遺跡地図では、村国山山頂から約６００ｍ南側の尾根上に帆山城を記載する。仮に『大系』の記載が正しく、村国山城と帆山城が同一の城郭であるならば、『城跡考』に記載された城郭となり、江戸期には何らかの伝承が伝えられていた城郭となる。残念ながら『城跡考』は、「山上城台櫓台堀跡之形数ヶ所有」と記載するものの、城主まで記載していない。

　村国山の山頂に位置し、眺望は素晴らしく、越前府中やその周辺の集落・街道を広く見渡すことができる。現在通信施設等によって一部遺構が破壊されているが、概ね遺構の保存状態は良好である。

　村国山には多くの古墳が存在し、村国山城も古墳を再利用している。古墳群を再利用しているⅠ地区と、三角点に位置するⅡ地区に大別することができる。Ⅰ地区とⅡ地区の間には、現在駐車場が設置され、旧状を残していない。しかし駐車場とⅡ地区の間の尾根には明確な遺構を残していないため、当時からⅡ地区は独立的な存在として築かれていたのであろう。Ⅰ地区と連動せず、独立的な曲輪が存在することが村国山城の大きな特徴の一つである。

　Ⅰ地区背後は、堀切①で遮断する。しかしⅡ地区のⅠ地区側に堀切は存在しない。従ってⅡ地区はⅠ地区より標高は高いが、Ⅰ地区が上位の曲輪と評価することができる。Ⅱ地区は、尾根伝いから進攻してくる敵軍を監視・遮断する、Ⅰ地区の出曲輪と考えられよう。

　Ⅰ地区には少なくとも三基の古墳が確認できる。この古墳を再利用しているため各曲輪の面積は狭く、いずれが主郭なのか断定できない。明確な主郭が存在しないのが、村国山城の特徴といえる。北端のA曲輪は、背後を遮断性の強い堀切②の前面に位置する曲輪で、馬出曲輪の性格を有する。この尾根は山麓まで続く尾根で、敵軍の進攻が容易に考えられるため、４本の竪堀や堀切②とミックスした畝状空堀群③と、多くの防御施設を設けて敵軍の攻撃に備えている。

　単独で存在する曲輪が多い村国山城において、平坦面B・Cは前後を堀切④・①で遮断し、唯一の横堀⑤を共有している。平坦面B・CがⅠ地区はもとより村国山城の主郭に相当する曲輪と推定される。北麓から攻め登ってきた敵軍に対して土塁⑥を設け、B曲輪に進攻しにくくしているが、このような虎口を設けているのは⑥地点だけであり、B曲輪が他の曲輪よりも上位の曲輪であることを証拠立てている。勿論虎口を通過するときに、D曲輪からの横矢が効いている。なお、各曲輪の虎口は全て明確にできない。

　Ⅱ地区のE曲輪には通信施設が建っているため、内部は改変されている。従って詳細な構造は不明である。南端は上幅９ｍの堀切⑨で遮断する。遮断性の強い堀切で、敵軍の攻撃を遮断して、敵軍がⅠ地区へ遺構するのを防ぐことが、主な任務と考えられる。堀切⑨を越えて敵軍が迂回するのを防止するため、遮断性の強い竪堀⑦・⑧を設けている。勿論迂回する敵軍に対して、E曲輪からの強烈な横矢が効く。

　Ⅱ地区の周囲には、鋭角の高切岸を巡らせて、敵軍が曲輪内に侵入するのを防いでいる。唯一入りやすいのが⑩地点だが、それがⅠ地区方向ということが、Ⅰ地区とⅡ地区の親密性を物語る。

　以上が村国山城の概要である。単純な虎口・横堀の使用は比較的新しい縄張りということを物語る。しかしⅡ地区の独立は、築城主体が単独ではなく、複数存在していたことを推定させる。村国山には村国山城の他に、大屋南城１・２・大屋城（候補遺構）が存在する。これらは全て平坦面と堀切等の単純な城郭で、その頂点に立つ村国山城は主城的な存在のため横堀や畝状空堀群を設けたとも考えられる。仮説の範疇ではあるが、これらの城郭は、天正３年(1575)越前一向一揆が籠城した臨時城郭という仮説を提唱することができるのではないだろうか。

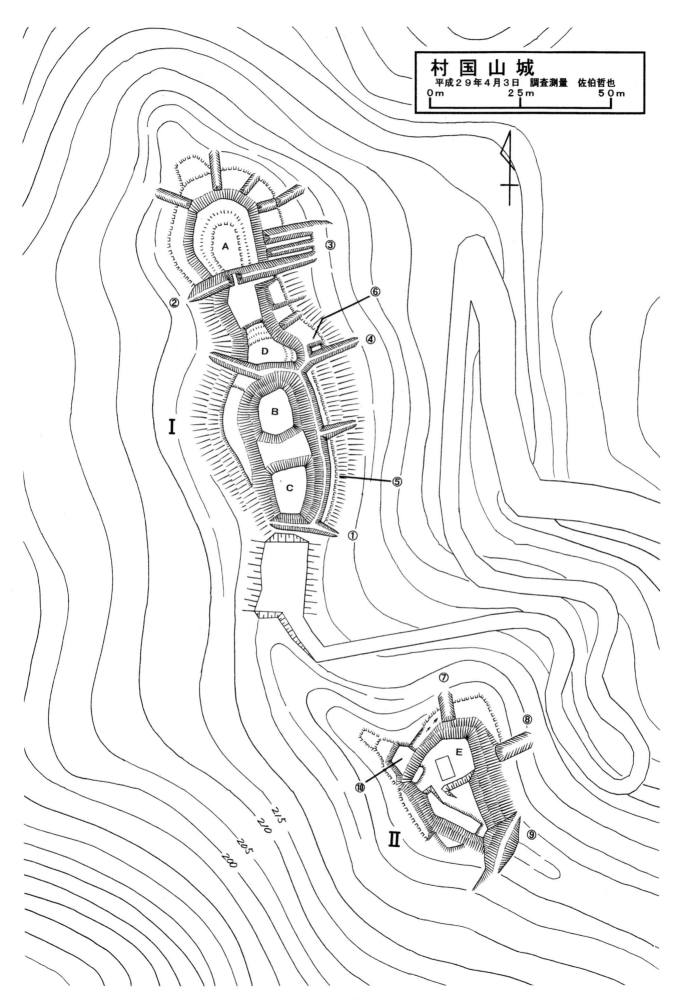

村 国 山 城
平成29年4月3日　調査測量　佐伯哲也
0m　　　　　25m　　　　　50m

4. 大屋南城 1 （おおやみなみじょういち）

①越前市大屋　②－　③16世紀　④16世紀　⑤16世紀　⑥越前一向一揆？　⑦山城
⑧削平地・切岸・土塁・堀切・竪堀　⑨190m×30m　⑩標高160m　比高130m　⑪3

　　古記録伝承等は一切存在しない。村国山城の南側の尾根続きに位置し、村岡山城から見下ろされる形となっている。このため、村国山城の支城という見方もできよう。
　　縄張りは単純で、尾根続きを堀切や土塁で遮断し、先端の主郭Aを防御する。単純な縄張りではあるが、堀切と竪堀を使用していることから、現存遺構は16世紀まで下ることが推定される。平坦面が小規模で、明確でないことに、臨時城郭の性格を推定させる。このように堀切や竪堀等を設けた単純な小規模城郭は、村国山周辺の他に、妙法寺山城や平吹城に見られる。いずれも越前府中の入口部に存在する。仮説の範疇としたいが、天正3年(1575)越前一向一揆が籠城した臨時城郭という仮説を提唱することができるのではないだろうか。
　　これとは別に、『朝倉始末記』によれば、天正2年2月越前一向一揆が蜂起したとき、宅領・三尾河内・真柄・北村の一揆三万三千余人が「帆山河原」に出陣したと述べる。帆山河原と大屋南1城とは直線距離で1.5kmしか離れていないため、確証はないが、このとき一揆軍が籠城した可能性も指摘できよう。
　　なお、福井県遺跡地図によれば、矢放城西側の尾根続き約600mの地点に帆山城を記載し、「種別・城跡　時代・中世　現況・山林」としているため現地調査を行った。残念ながら城郭遺構を確認することはできなかった。

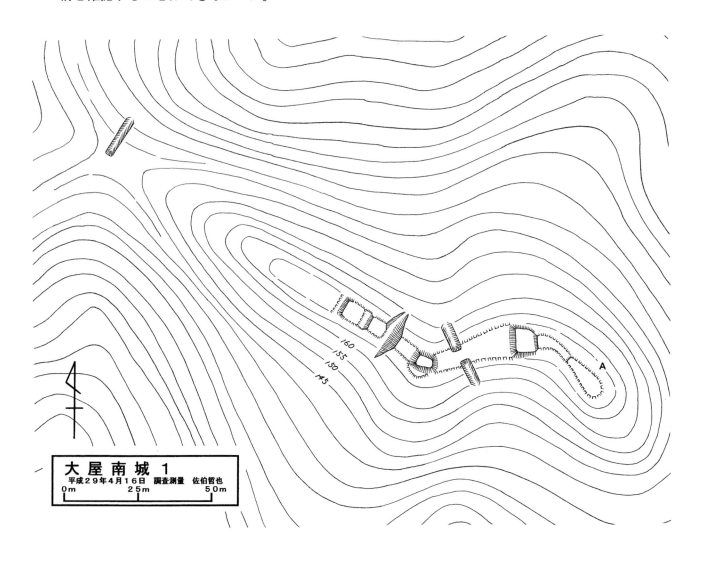

大屋南城 1
平成29年4月16日　調査測量　佐伯哲也
0m　　　25m　　　50m

５．大屋南城２ （おおやみなみじょうに）

①越前市大屋　②－　③１６世紀　④１６世紀　⑤１６世紀　⑥越前一向一揆？　⑦山城
⑧削平地・切岸・堀切・竪堀　⑨ 50m × 25m　⑩標高80m　比高40m　⑪3

　　古記録伝承等は一切存在しない。大屋南城１の尾根続き約４００ｍに位置する。大屋南城１か
ら見下ろされる形となり、さらに村岡山城から見下ろされる形となっている。このため、村国山
城の支城という見方もできよう。
　　縄張りは単純で、尾根続きを二重堀切で遮断し、先端の主郭Aを防御する。単純な縄張りでは
あるが、二重堀切と竪堀を使用していることから、現存遺構は１６世紀まで下ることが推定され
る。平坦面が小規模で、明確でないことに、臨時城郭の性格を推定させる。このように堀切や竪
堀等を設けた単純な小規模城郭は、村国山周辺の他に、妙法寺山城や平吹城に見られる。いずれ
も越前府中の入口部に存在する。仮説の範疇としたいが、天正３年(1575)越前一向一揆が籠城し
た臨時城郭という仮説を提唱することができるのではないだろうか。
　　これとは別に、『朝倉始末記』によれば、天正２年２月越前一向一揆が蜂起したとき、宅領・
三尾河内・真柄・北村の一揆三万三千余人が「帆山河原」に出陣したと述べる。帆山河原と大屋
南１城とは直線距離で１．５ｋｍしか離れていないため、確証はないが、このとき一揆軍が籠城し
た可能性も指摘できよう。

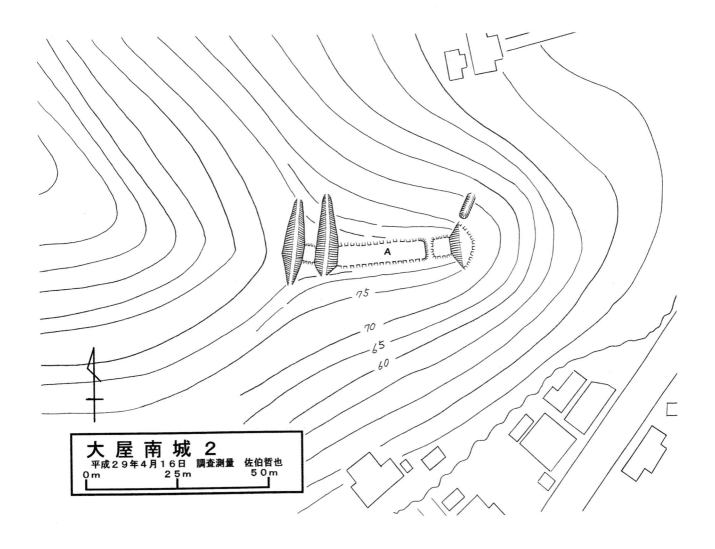

大屋南城２
平成２９年４月１６日　調査測量　佐伯哲也
0m　　　　　25m　　　　　50m

6. 茶臼山城 （ちゃうすやまじょう）

①越前市沢　②－　③１６世紀　④１６世紀　⑤１６世紀　⑥真田左衛門尉？・越前一向一揆？
⑦山城　⑧削平地・切岸・横堀・堀切　⑨70m×70m　⑩標高135m　比高100m　⑪2

　　『ふるさと神山史』（神山公民館 1994）は『城跡考』の記載を引用し、真田左衛門尉、いわゆる真田幸村が在城していたのではないかと推定している。しかし『ふるさと神山史』も疑問視しているように、にわかに信じ難い伝承である。あるいは真田氏関係の末裔が周辺に居住して、そのような伝承が生じたのであろうか。
　　城跡は茶臼山古墳群にあり、古墳を再利用している。主郭はA曲輪で、きれいに削平されていることから、かつて宗教施設等が存在していたのかもしれない。西側は土砂崩れで消滅しているが、周囲に低土塁を巡らした腰曲輪を設ける。腰曲輪ではなく、低土塁と横堀がセット防御ラインという見方も可能である。鈍角だった古墳の斜面を鋭角の切岸に削り直し、このために生じたテラスに低土塁を巡らしたという感じがする。西側崩壊箇所の下部には、崩落した土砂が堆積している。城郭遺構にも見えなくもないが、城郭遺構と断定する自信はなく（崩落土砂の可能性大）、図化しなかった。①は単純な平虎口。これも城郭構築時に付け足したのであろう。
　　Bも古墳（倍塚）で、尾根続きを遮断するために堀切②を設けている。堀切②を設けたことにより、古墳Bは若干歪な形となってしまっている。
　　低土塁と横堀がセット防御ラインの存在により、城郭遺構の構築は、１６世紀代と推定することができる。単純で小規模なことから、仮説の範疇ではあるが、天正３年（1575）越前一向一揆が籠城した臨時城郭という仮説を提唱することができるのではないだろうか。

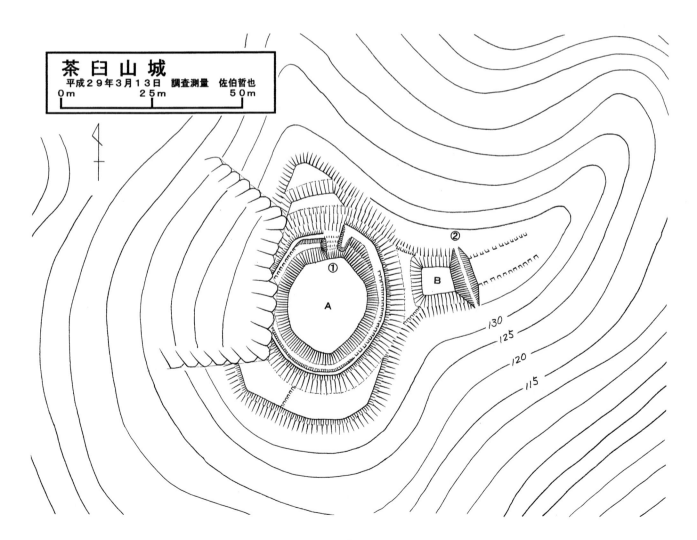

茶臼山城
平成２９年３月１３日　調査測量　佐伯哲也
0m　　　25m　　　50m

7. 二 峯 城 （ふたみねじょう）

①越前市岩内　②－　③南北朝期？　④１６世紀　⑤１６世紀　⑥南朝方勢力・越前一向一揆？
⑦山城　⑧削平地・切岸・堀切・竪堀・土塁　⑨190m×40m　⑩標高309.1m　比高260m　⑪3

　「二峯城再考」（『会誌№２５』鯖江郷土史懇談会 2017）の中で青木豊昭氏は、南北朝期の南朝方の城郭として紹介し、北朝方に攻め落とされたとしている。
　岩内集落の背後に位置し、東西に延びる微高地上に築かれている。比高は僅か２０mしかない。微高地に接続する尾根は標高９０mで、比高も６０mあり、こちらの方がより適した選地と言える。『城館跡』にも「岩内（大谷山）城」として紹介されているが、古墳群が残るのみで城郭遺構は存在しない。不思議と言わざるを得ない。在地土豪が集落と領地支配を考えた場合、敵に攻められやすいというリスクを犯しながらも、より支配しやすい微高地を選択したのであろうか。
　西端は神社境内となっているため、遺構は残っていない。東端は見事な三重の遮断施設が残っている。まず堀切①は北側に切岸を伸ばし、南側は竪堀を落として敵軍が迂回するのを防止する。さらに堀切②側を土塁状に加工して防御力を増強する。堀切②の北側は帯曲輪となっており、敵軍の移動速度を鈍らせるため竪堀二本を設けている。帯曲輪の頭上には堀切①の土塁があり、ここに城兵が潜んで、敵軍に対して弓矢を浴びせたことであろう。見事な遮断施設である。堀切③は単純な堀切。④は集落内を通る切り通しの道である。
　以上が二峰城の縄張りである。見事に連動した堀切①・②の遮断施設は明らかに１６世紀の遺構である。これに対して曲輪は小規模で削平も甘い。神社境内部分は明らかにできないものの、現存遺構は天正３年(1575)越前一向一揆が籠城した臨時城郭という仮説を提唱することができるのではないだろうか。

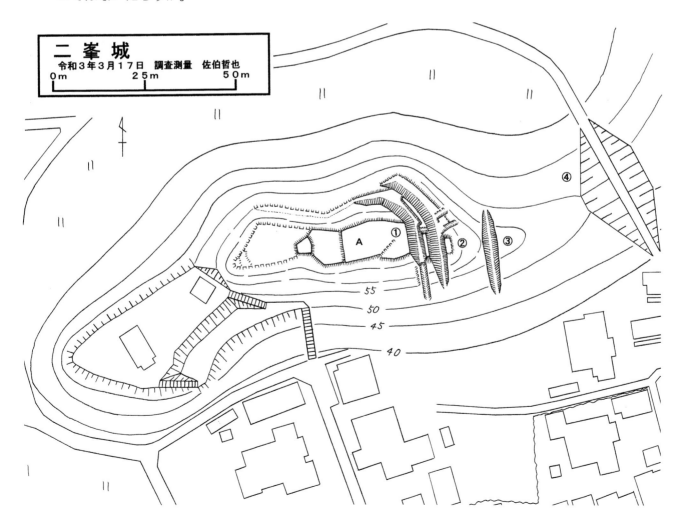

二 峯 城
令和３年３月１７日　調査測量　佐伯哲也
0m　　　　　25m　　　　　50m

8. 平 吹 城 （ひらぶきじょう）

①越前市下平吹　②－　③１６世紀　④１６世紀　⑤１６世紀　⑥越前一向一揆　⑦山城
⑧削平地・切岸・堀切・竪堀　⑨130m×70m　⑩標高110m　比高100m　⑪3

　福井県遺跡地図では、「種別・城跡　時代・中世　現状・山林」と記載している。南越前の名山・日野山（７９４．５m）から北西に派生した尾根に築かれている。山麓には日野川が流れ、天然の外堀の役割を果たしている。また木ノ芽峠から下ってきた北国街道も通っており、交通の要衝にもなっている。平吹城を越えれば府中の市街地である。府中を防衛する最後の砦として重要視されていたことであろう。

　平吹城は前述の通り日野山塊に位置する。この日野山は、中世では雛ヶ岳（ひながだけ）と呼ばれることが多かったようである。延徳三年(1491)この地を訪れた冷泉為広も「ヒノ（日野）川、ヒナカタケ（雛ヶ岳）」と述べている（小葉田淳「冷泉為広卿の越後下向日記と越前の旅路」『福井県史研究第３号』福井県総務部県史編纂課 1986）。

　注目したいのは、天正３年(1575)８月、織田信長の越前進攻に備えるため、越前一向一揆が日野山に籠城していることである。すなわち（天正３年）８月２２日村井貞勝宛織田信長書状（『加能史料』）には「（八月）廿日、ひなかたけ（雛ヶ岳）と申山へ玖右衛門尉（菅屋長行＝長頼）・前田又左衛門尉（利家）、其外馬廻者共遣之、千余人切捨之、生捕百余人、これも則刻首候」とあり、越前一向一揆が立て籠もる日野山を前田利家・菅屋長頼等が攻め、千人余りを討ち取り、百人余りを生け捕りにしていることが判明する。

　この一揆軍が籠城した日野山の城郭はどこなのだろうか。残念ながら日野山頂上には宗教施設が建っており、旧状を残していない。従って山頂に城郭が存在していたのかどうか議論できる状況ではないのである。

　山頂は旧状を残していないものの、他は全て旧状を残している。そのような中で、日野山塊で城郭遺構を残しているのは平吹城のみである。従って一揆軍が立て籠もった日野山の城郭とは、平吹城の可能性が高いと言えよう。

　平吹城の縄張りは、山頂に主郭Ａを設ける。コの字形の塁線土塁を巡らせ、東西に櫓台を設けている。東西の尾根上に堀切①・②を設け、尾根続きを遮断する。

　注目したいのは、堀切③で、中央に巨大な土橋を設けている点である。土橋の幅は２．５mもあるため通行しやすく、遮断を目的とした堀切の機能と相反する構造になっている。ここで堀切③の上下に目を向けると、小平坦面群が存在していることに気付く。この小平坦面は城兵達の駐屯地で、城兵が自由に往来するために幅広の土橋を設けたと推定される。堀切③は、遮断と通行の確保という相反する機能を両立させた、苦肉の構造と言えよう。

　さて、平吹城の現存遺構は、いつ、誰によって構築されたのであろうか。主郭Ａの塁線土塁と櫓台の構造から、１６世紀の構築は確実である。しかし虎口は全て平虎口で、枡形虎口までに発達していないため、織豊系武将の関与は考えられない。主郭Ａと小平坦面群とは離れすぎており、主郭Ａからの求心力はあまり感じられない。身分差があまり認められない武装勢力が在城していたという感じである。

　以上の構造から結論を出すのは難しいが、府中を防御する重要地点ということを考慮すれば、越前一向一揆が天正３年に築城したという仮説を提唱することができる。主郭Ａ前後のＢ・Ｃ地点は自然地形ではあるが、広々とした平坦地形で、多数の城兵を収容することができる。これも急製造の臨時城郭ということを物語っていよう。

　日野山山頂が破壊されているため結論は出せないが、平吹城は天正３年越前一向一揆が構築した可能性は高いと思われる。この仮説が正しいならば、平吹城は極めて重要な事実を我々に提供してくれる。平吹城は極めて臨時性の強い城郭であることから、現存する縄張り・遺構は天正三年一向一揆城郭そのものであるということである。塁線土塁や櫓台は備えるが、虎口は平虎口で枡形にまで発達していないということを、我々は知ることができるのである。

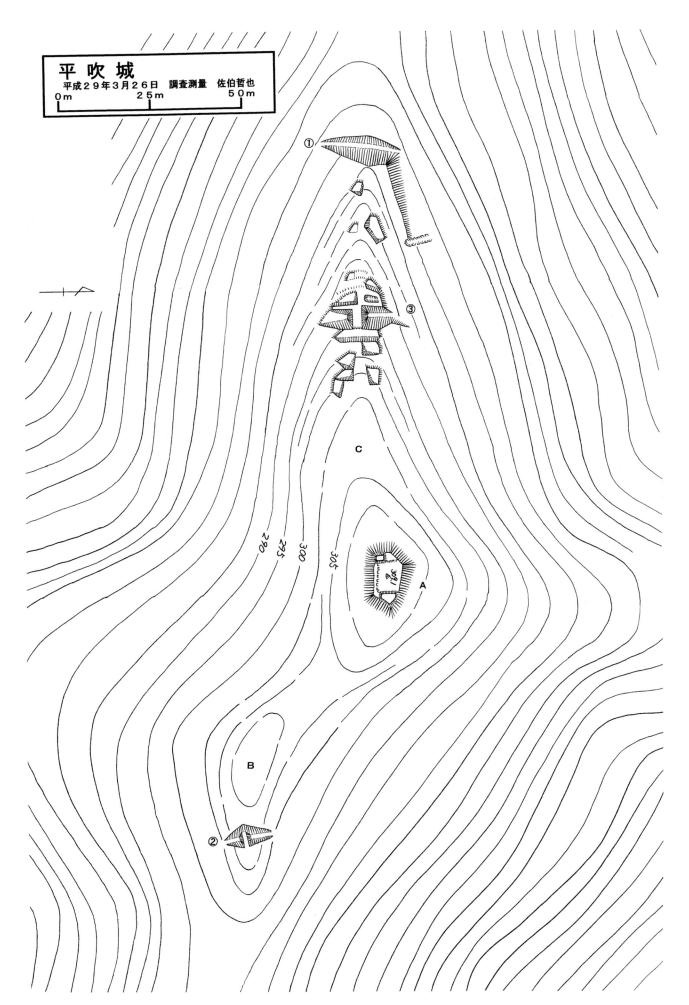

平 吹 城
平成29年3月26日　調査測量　佐伯哲也
0m　　　　　25m　　　　　50m

①

③

C

290
295
300
305

301

A

B

②

9. 小丸城 (こまるじょう)

①越前市五分市　②－　③天正三年　④天正三～九年　⑤天正１１年？　⑥佐々成政　⑦平城
⑧削平地・切岸・横堀・石垣・土塁　⑨360m×160m　⑩－　⑪4

1. 歴史

　府中三人衆の一人・佐々成政の居城として知られている。しかし良質の史料から裏付けられているわけではなく、全て江戸期の史料による推定である。江戸期の史料で一番成立が古い『越前地理指南』（貞享２年＝ 1685）には、「北ニ佐々内蔵助成政城跡アリ」と簡単に述べている。『城跡考』も「佐々内蔵助」と簡単に述べるにとどまる。

　佐々成政の居城という点についてはほぼ確実だが、使用期間については慎重に検討する必要がある。築城期については、越前国割が確定し、前田利家・佐々成政・不破光治に府中近辺の二郡が与えられた天正３年(1575)９月以降であることは確実である。

　問題は廃城期である。従来の考えでは、成政が越中に移封したのは天正９年１月～２月頃なので、廃城もこの頃と考えられてきた。これを考える重要な書状が、成政が越中移封後の天正 10 年４月 14 日付で鞍谷民部少輔・諏方（訪）三郎兵衛尉宛てた書状である（『福井市史資料編２』）。両名はいずれも成政の与力と考えられ、鞍谷氏は小丸城周辺の在地領主である。魚津攻城中の成政は書状で両名に魚津落城が間近なこと、そして「随而其地番以下被入御精之由承及候、御苦労之至候」と、「其地」の守備について大変良くやっていることを聞き、感謝していることを述べる。魚津城の戦況を、遠く離れている両名に伝えた書状といえる。

　さて、「其地」がどこなのか非常に重要である。結論は不明とするが、鞍谷氏に宛てていることから、小丸城とすることも可能である。もしこの仮説が正しいのなら、小丸城は成政越中移封と同時に廃城になったのではなく、城代（この場合鞍谷・諏訪両氏）が在城して存続しており、さらに武生の領土も依然として成政が保有（規模は縮小していたかもしれない）していたことになる。さらに鞍谷氏も在地領主として鞍谷御所館に在館していたことになる。

　この傾向は前田利家にも該当する。利家は天正９年８月能登一国を賜り移封する。しかし翌天正１０年３月利家は越前の所領に書状を下しており、何らかの支配権を保持していたと考えられる（『福井県史通史編３』）。利家の場合、能登移封により越前の所領は消滅したわけではなさそうである。「柴田勝家の目付」という役柄、代官等を置き、城も城代を置いて保持されたのではなかろうか。

　当然成政も同様の処置が施された可能性を指摘できる。勿論これは仮説の範疇でしかない。しかし小丸城は成政越中移封と同時に廃城になったとする定説（根拠は存在しない）を、大きく左右する仮説でもある。確かに成政は越中に移封する。しかし、あえて小丸城を破却する必要性も存在しない。勝家の支城として存続した可能性も存在する。結果的に廃城年月は不明だが、筆者は、天正 11 年４月勝家滅亡まで存続した可能性を含めて再考しなければならないと思っている。

2. 縄張り

（1）城域

　平城ゆえ残存状況は悪い。それでも筆者が調査した平成５年の時点（図１）では、東西１６０ｍ、南北３６０ｍの城域を確認できた。これは『城跡考』が述べる「東西九十間（１６２ｍ）余、南北百八十間（３２４ｍ）」とほぼ一致し、悪いながらも城域は、ほぼ全域を残していることが判明する。従って小丸城は、主郭Ａの周囲にほぼ長方形の二ノ丸Ｂが巡り、南側に三之丸Ｃ・馬出曲輪Ｄが接続する縄張りと評価することができる。

（2）主郭

　Ａ曲輪が通称城山と呼ばれる主郭である。東西約５０ｍ、南北約６０ｍ、高さ約８ｍもある巨大な築台である。東側及び北側の一部に横堀が設けられており、北東部は沼となっている。かつ

て水堀だった可能性が強い。小泉義博「小丸城と佐々成政」（『会報第９号』福井の文化財を考える会 1978）記載測量図によれば、横堀はほぼ主郭の全周に巡っていたようである。

　南側に石垣が残る。横目地が通った布積みである。角度は６１度、裏込石は挿入されており、矢穴石は確認できない。１ｍを越える大石も使用されている。石垣の現存高さは２．１ｍ、かつては３．４ｍの高さだったと推定される。北陸の城郭で石垣の高さが４ｍを越えるのは天正１１年以降なので、天正３年築城当初の石垣の可能性が高い。穴蔵①を除き、小丸城ではここ以外石垣は確認できない。後述するが、穴蔵①付近のみ石垣が存在することは、重要な事実である。

（3）二ノ丸・三之丸・馬出曲輪
　②・③・④・⑤の土塁に囲まれた曲輪が通称二ノ丸Ｂである。②・③・④・⑤に櫓台が存在していたことは、『味真野通誌』（萩原正基 1910）記載「小丸城跡平面図」からも明らかである。しかし現存しているのは、③と⑤のみである。

　最も旧状を良く残しているのは櫓台⑤である。底幅２６ｍ、上幅１４ｍ、高さ７ｍもある巨大な櫓台で、周辺の２階建ての民家とほぼ同じ高さとなっている。上幅が１４ｍもあることから、重層櫓の存在を推定することができる。しかし、残念ながら現在小祠が建ってしまっており、礎石を確認することはできない。

　二ノ丸は基本的には長方形の輪郭だが、③と⑤は一直線に並ばず、横矢折れが掛かっていたと推定される。同様に④と⑤も線上に並ばず、ここにも横矢折れが存在していたと考えられる。これは『小丸城跡』（武生市教育委員会 1986）記載の実測図からも読み取れる。②と④は破壊が激しく復元不可能だが、二ノ丸を巡る土塁には横矢折れが設けられていたようである。二ノ丸は単純な輪郭式の曲輪ではなかったのである。

　堀を越えた南側に通称三之丸Ｃが存在する。ここにも土塁には多くの横矢折れが設けられていることが確認できる。ただし、二ノ丸の土塁ほど巨大ではなく、コーナーに櫓台も設けられていなかったようである。ちなみに現在も三之丸周辺では、多くの須恵器等古代遺物を採取することができ、野々宮廃寺関連遺跡の上に小丸城が存在していることを実感できる。しかし中世遺物、とくに土師器皿等はほとんど採取できない。上層部の遺物（中世遺物）は近世以降の改変により、消滅してしまったのであろう。

　注目したいのは、小規模な土塁に囲まれた長方形の一画Ｄ地点である。現地では的場と呼ばれている。大規模な土塁で構築された小丸城において、違和感があり、小丸城の遺構として良いのか疑問も残る。しかし土塁の開口部⑥を虎口とした場合、虎口⑥を防御するように横堀⑦を屈曲させているため、城郭施設と考えて良いであろう。つまりＤ曲輪として良い。

　Ｄ曲輪は、横堀の対岸に位置する小曲輪のため、馬出曲輪とすることができる。馬出曲輪なら虎口⑥からＤ曲輪に入り、そしてＣ曲輪へと進んだのであろう。虎口⑥に入る時、Ｃ曲輪からの横矢が効いており、織豊系城郭らしい縄張りと言えよう。

　『城跡考』では、「大手口櫓台、同所巳午方在」としている。大手口の櫓台とは、どれを指すのか判然としないが、大手口は巳午（南南東）の方向にあったとしている点は重要である。Ｄ曲輪が馬出曲輪ならこれが大手口である。Ｄ曲輪は主郭Ａの南側に位置しており、『城跡考』の記述と一致する。やはりＤ曲輪は大手口の馬出曲輪と考えられよう。

３．穴蔵＝天守の存在
　主郭Ａの南側に、穴蔵①が存在する（図２）。垂直に積まれた石垣で構築され、広さは約５間×３間、深さは約１．８ｍとなっている。東側に接続する通路には、平たい石蓋が載せられている。石垣の石材には、ほぞ穴が掘り込まれた石材が使用されており、これは野々宮廃寺跡（Ｅ）にあった礎石の転用とされている。これとは別に穴蔵付近には、もう１個ほぞ穴が掘り込まれた石材が存在し、同じく野々宮廃寺の礎石の転用とされている。つまり、少なくとも野々宮廃寺の礎石二個が転用されていたのである。山城のように身近に石材供給地が無い平城にとって、古代寺院の礎石は、格好の石材だったのであろう。

　この穴蔵は『小丸城跡考　古城のすべて』（笠嶋怜史 2010）によれば、昭和２年日清・日露戦

没者の忠魂碑を主郭Aに建立するときに、「発掘」されたそうである（なお、『小丸城跡』（武生市教育委員会 1986）によれば、忠魂碑建立は昭和４９年としている）。当然のことながら、昭和２年に穴蔵は改変された可能性がある。確かに西側に続く階段や、南面の一部には、石垣の積み直しが認められる。しかし北面や南面の東半分は布積みであり、蓋石をかぶせた入口には見事な巨石の立石が用いられており、構築当初の様相を保っている。

　このように一部の改変は認められるが、基本的な広さ・深さ・構造は旧状を保っていると考えて間違いないであろう。

　ただし、問題点も残る。それは『城跡考』である。『城跡考』も穴蔵を記載しており、「蓋石」が存在していることも述べている。しかし大きさを「指渡六尺四方」と現状の１／３の大きさとしていることである。「発掘」前は土砂で埋没して、穴蔵は小さく見えていたと考えられるが、若干気になる点である。

　大きさには若干問題は残るものの、石垣で固めた穴蔵が存在していたことは確実といえる。この穴蔵だが、天正期天守に多く採用されていたことが判明しており（『丸岡城天守学術調査報告書』坂井市教育委員会 2019）、福井県内では丸岡城（坂井市）や越前大野城（大野市）で確認されている。従って小丸城の穴蔵①も天守跡と考えられる。

　穴蔵①については中井均氏も注目（『信長と家臣団の城』中井均 2020 角川選書）し、加藤理文氏は天守相当の二重櫓を推定しておられる（『近世城郭の考古学入門』中井均・加藤理文 2017 高志書院）。いずれも織田信長の強い関与を指摘する。

　注目したいのは、穴蔵のサイズである。越前大野城の場合、復興天守建設以前の平面図（吉田森「越前大野城」『文化財調査報告書第１９集』福井県教育委員会 1969）を見ると、現在天狗之間（天狗書院）と呼ばれている場所に、「化蔵」と称される５間×４間の穴蔵が存在していたことが判明する（図３）。従って当初の天守は天狗之間の上に建っていたのである。そして小丸城と越前大野城の穴蔵は、ほぼ同サイズであり、同サイズの天守が建っていたと考えられるのである。恐らく単独の天守で、二層二重、あるいは二層三重だったと考えられる。

　越前大野城も小丸城と同じく、天正３年織田信長の国割で大野郡を賜った金森長近の居城である。そして石高も佐々成政と同じく約３万石程度である。つまり両城共、天正３年越前における織田政権の小大名の居城だったのである。このような条件下で両城の天守穴蔵サイズが同規模だったことは、単なる偶然ではあるまい。恐らく信長の貫徹された天守建設指示が出されていたのであろう。初期天守の具体的な構造が判明する貴重な事例と言えよう。

　ちなみに『大野城石垣并長屋門破損之覚図』（延宝７年＝ 1679、以下、延宝図とする。『絵図が語る大野　城・町・村』大野市歴史民俗資料館 1994）に描かれている天守は、近世天守とは全く違った複合天守の様相を示していることから、金森長近が建てた天守とする説が存在する。しかし現段階において確定しているのは、延宝７年以前の建設ということだけであって、金森期に限定できる証拠・論拠は存在しない。前述のように金森期の天守は、穴蔵の存在から天狗之間の上に、しかも単独で存在していた可能性が高い。従って延宝図に描かれた天守（はたして天守として良いのかも疑問だが）は、金森期以降の天守と考えたい。

　もっとも長近の大野城在城は天正１４年にまで及んでいることから、豊臣政権下で改修した天守が延宝図の天守という仮説も成立する。しかし、これも仮説の範疇であり、現段階において延宝図の天守を金森期の天守と限定するのは無理である。

　穴蔵①に天守が建っていたとするならば、石垣は重要な存在となる。まず天守という重量構造物を支えるために、主郭A南端のみに石垣を構築したことになる。そして小丸城で最も重要な建造物をさらに権威づけるために石垣を導入し、しかも必要以上の巨石を使用したことになる。いずれも織田政権としては、重要な城郭政策だったことであろう。

　縄張りの点から見れば、図２の矢印のように入ったと考えられ、敵軍は天守からの横矢に晒されることになる。そして通路に入れば両横矢に晒されることになる。最後の防衛拠点となることから、石垣によって構築された、極めて強固な防衛施設と言えよう。

　ただし、後述するが、当然のことながら天守屋根を飾っていた瓦が出土しない、という点に注目しなければならない。有名な文字瓦をはじめ多くの瓦が出土したのは、全く別の地点である。穴蔵付近から瓦が出土しないのは、重要な事実として認識しなければならない。

４．瓦

（１）文字瓦

　『小丸城跡』（武生市教育委員会 1986）では、昭和７年の開発工事に伴う調査のときに、常安楽院（⑧）の境内から文字瓦を含む大量の瓦が出土したと述べている。これに対して『小丸城跡考　古城のすべて』（笠嶋怜史 2010）では、櫓台②が昭和７年セロファン・二硫化工場敷地用として土砂が採取されたとき、文字瓦や軒丸瓦・平瓦が出土したと述べている。どちらが正しいのか詳らかにできないが、二ノ丸北西隅から出土したのは確実であり、主郭Ａ、特に穴蔵①付近からの出土ではないことに注目したい。

　大量に出土したとされている瓦だが、現在は味真野苑資料館万葉館に文字瓦（丸瓦）２点、軒丸瓦５点、軒平瓦１点、丸瓦５点、平瓦４点の計１７点が保管されているにすぎない。

　文字瓦には、５月２４日一揆が発生したこと、前田利家が一揆軍千人余りを生け捕りにして、磔や釜に入られて焙られ、残虐な処刑が実行されたことを陰刻文字として記載している。処刑内容があまりにも残虐で、あまりにもリアルなため、後世の偽物説も存在したこともある。久保智康氏は文字瓦の他に、丸瓦４点・平瓦３点・軒丸瓦３点・軒平瓦１点・平瓦３点を調査し、瓦の製作年代は概ね小丸城の存続期間と一致し、年代観に問題が無いことを証明した（久保智康「越前における近世瓦生産の開始について　－武生市小丸城跡出土瓦の検討－」『福井県立博物館紀要第３号』福井県立博物館 1989）。本物・偽物の論争が続けられた文字瓦の評価に、終止符を打ったのである。

　本物説が確定したことで、小丸城の歴史の一端が明らかになった。まず５月２４日越前一揆が発生したことである。これは天正４年のことと推定される。天正３年の織田軍進攻で一揆は完全滅亡したと考えられていたのに、翌年再蜂起したのである。前田利家をはじめ織田の諸将は、一揆のしぶとさ・執念深さに驚愕したことであろう。利家は徹底弾圧することにより一揆の鎮静化を図ったのである。なお利家は天正１０年の棚木城攻めで生け捕った捕虜に対しても、火あぶり・釜煎り等残虐な処刑を実行している。

　筆者は瓦に対してはズブのシロウトであり、本物説に異議を申し立てるつもりは毛頭ない。しかし素朴な疑問として、文字瓦の主人公は前田利家なのに、利家の居城ではなく、なぜ佐々成政の居城小丸城から出土したのか、若干の不安は残る。

（２）出土地点

　前述の通り、櫓台②と常安楽院（⑧）境内の２地点が候補地としてあげられる。しかし出土したのは約９０年前の昭和７年であり、どちらが正しいのか、今となっては不明のままである。いずれにせよ主郭Ａ、特に穴蔵①付近からの出土ではないことに注目したい。

　仮に出土したのが櫓台②なのであれば、当然そこに建っていた重層櫓あるいは多聞櫓の屋根に葺かれていた瓦だったと推定される。この推定が正しければ、最も旧状を保っている櫓台⑤に建っていた重層櫓にも瓦は葺かれていたはずである。しかし櫓台南直下の堀跡を昭和６１年に武生市教育委員会が発掘調査を実施したが、瓦は一片も出土しなかった。成政の居城は天正３～９年の足掛け７年間と考えられ、その間に一片の瓦も堀に投棄されなかったとは考えられない。櫓に瓦は葺かれていなかったことを表しているのであろうか。

　櫓に瓦が葺かれていなかったとすれば、常安楽院（⑧）境内説が有力となり、二ノ丸に存在した居館等に葺かれていた瓦の可能性が出てくる。そうなれば天守の存在が推定される穴蔵①周辺から瓦が採取されないのも理解できる。瓦の使用量はまだごく少数で、天守をはじめ櫓の屋根は瓦で葺くことはできなかったのであろうか。天正３年の段階で瓦は全面的な使用ではなく、部分的な使用だったのであろう。それにしても穴蔵①周辺で瓦が採取されないのは、不思議としか言いようがない。

　いずれにせよ昭和７年のことであり、出土地点を確定することはできない。瓦の出土量も大量なのか少量（現存数は少量）なのかも気になる。発掘調査で確定させたいところである。

（３）勝龍寺城・坂本城と同笵

　中井均氏は『織田・豊臣城郭の構造と展開　上』（中井均 2021 戎光祥出版）で、出土した瓦の

内、軒丸瓦は坂本城・勝龍寺城と同笵であることを指摘しておられる。これにより少なくとも三城の軒丸瓦は、同一瓦工人によって作製されたことが明らかとなった。坂本城・勝龍寺城は共に元亀２年(1571)明智光秀・細川藤孝によって築城された、織田信長家臣団の拠点城郭である。三城の同笵瓦使用の背景に、信長が強く関与していたことは明らかである。

　中井氏は小丸城の築城が天正３年(1575)で、坂本城・勝龍寺城と４年間の時間差があることから、三城の軒丸瓦は確かに同一工人の作製によるものだが、小丸城の軒丸瓦は、他の二城で使用されたものが小丸城で運ばれてきた可能性を指摘しておられる。つまり瓦の転用である。城郭で使用する大量の瓦を、当時の越前のみで生産することができず、織田政権城郭の間で使い回しされたことが考えられよう。

（４）もう１点の文字瓦

　ただし、小丸城から出土した瓦全てが坂本城・勝龍寺城から運ばれてきたわけでなく、多少は地元産の瓦も使用されていたようである。文字瓦は二点あり、一点は有名な怨み瓦で、もう一点は前書で久保智康氏も指摘しておられるように地元の工人が関わっていたことを陰刻している文字瓦である。陰刻には「かわら□□　此ふん人夫　ひろせ　池上」とあり、久保氏は武生市広瀬・池ノ上周辺の瓦工人が作製に関わったと推定しておられる。

　このように小丸城の瓦は、坂本城・勝龍寺城の転用だけではなく、地元産の瓦も使用されていたようである。城郭のように大量の瓦を必要とする場合、一箇所からの供給では足りず、あらゆる場所から生産・転用されていたのである。勿論織田政権の御威光を示すために、織田城郭から大量の瓦が転用されたと考えられるが、やはりそれだけでは足りなかったのである。

（５）石瓦の使用

　ここでもう一点考えなければならないのが、石瓦の使用である。小丸城から６００ｍ離れた場所に城福寺があり、ここに小丸城の石瓦と伝えられる鬼瓦がある（『石の鬼　一乗谷の笏谷石』福井県立朝倉氏遺跡資料館 1988）。大きさは４５㎝と非常に大きく立派な鬼瓦である。

　北陸の織田政権城郭で、石瓦の確実な使用例として北之庄城がある。従って柴田勝家の与力だった佐々成政の居城で石瓦を使用していても何ら不思議ではなく、伝承通り鬼瓦は小丸城の石瓦だった可能性は高い。

　鬼瓦が小丸城の石瓦だとしたら、小丸城には石瓦・燻し瓦の両方が使用されていたことになる。なぜこのような使い分けがされたのか、それは燻し瓦の需要に供給が追い付かず、石瓦も使用する苦肉の策を用いた、という単純な理由だったのかもしれない。

５．発掘調査

　昭和６１年、武生市教育委員会によって発掘調査が実施された（『小丸城跡』武生市教育委員会 1986）。発掘箇所は、櫓台⑤南直下の横堀⑨と土塁⑩である。

　土塁⑩は、既に重機類で破壊された後だったので、土塁上の遺構（礎石・敷石等）は確認できず、遺物も若干の須恵器を出土したにすぎなかった。

　横堀⑨からの遺物も、きわめて少量しか出土しなかった。５世紀の土師器高杯・土師器壺と、中世以降では、土師器皿・越前焼・唐津焼・美濃焼のみだった。この内小丸城時代の遺物になるとさらに少なく、土師器皿２点と越前焼１点・美濃焼１点だけで、わずか４点という結果に終わった。土師器皿は灯明皿として使用されたらしくカーボン痕が見られ、さらに二次加熱を受けたらしく、皿全体が黒く煤けていた。他の遺物に二次加熱の痕跡は見られなかった。

　最も期待していたのは、横堀直上に聳え立っていたであろう重層櫓の関連遺物、特に瓦の出土だが、見事に期待を裏切り、一片の瓦も出土しなかった。

　瓦が全く出土しなかった事実を素直に考えれば、櫓台上に建物が存在しなかったか、存在していても瓦が葺かれていなかったか、そのどちらかの可能性を指摘できる。勿論小丸城の瓦が坂本城・勝龍寺城の転用であれば、佐々成政富山城移転に伴い瓦も富山城に使用された可能性も捨てきれない。つまり櫓台⑤上に瓦を使用した建物が存在していたことになる。

しかし小丸城は少なくとも５年間は存在しており、その間一枚の瓦も横堀⑨に投棄（あるいは廃棄）されなかったとは考えられない。また櫓が存在していなかったとも考えられない。やはり櫓に瓦は使用されていなかった可能性が高いと考えられよう。

　横堀⑨内からの遺物出土量が極めて少ないことに関して『小丸城跡』（武生市教育委員会 1986）は、極めて興味深い仮説を立てている。それは江戸期の絵図から小丸城の堀が用水路として利用されていることを指摘している。現在でもそうだが、田植え前の三月頃、水通しを良くするために「江ざらい」と称して、用水路内の堆積土砂を除去する作業を毎年実施する。このため横堀⑨内の遺物も除去され、遺物出土量が極めて少なくなった、というものである。大いにあり得る話である。真実とは意外に単純なのかもしれない。

　なお、城内では、土師器皿４枚・石臼２個・五輪塔の地輪２個が表面採取されている。

６．まとめ

　大変長々と述べてきたが、まとめると下記のようになる。
①小丸城は一次史料で確定できないが、佐々成政の居城と考えられる。
②成政の在城は天正３年(1575)９月以降から、天正９年１月～２月までである。しかし廃城期については必ずしも明確にできない。文献史料からは、成政越中移封後も城代を置き、天正１１年４月柴田勝家滅亡まで存続した可能性がある。
③縄張りは、主郭A・二ノ丸B・三之丸C・馬出曲輪Dから構成され、東西１６０ｍ、南北３６０ｍの城域を確認できる。
④主郭A南側に石垣が残り、横目地が通った布積みである。角度は６１度、裏込石は挿入されており、矢穴石は確認できない。１ｍを越える大石も使用されている。石垣の現存高さは２．１ｍ、かつては３．４ｍの高さだったと推定される。北陸の城郭で石垣の高さが４ｍを越えるのは天正１１年以降なので、天正３年築城当初の石垣の可能性が高い。
⑤主郭Aの南側に、穴蔵①が存在する。垂直に積まれた石垣で構築され、広さは約５間×３間、深さは約１．８ｍとなっている。東側に接続する通路には、平たい石蓋が載せられている。これは天守の穴蔵と推定され、二層二重あるいは二層三重の天守が建っていたと推定される。なお天正３年金森長近が築城した天守にも、同サイズの穴蔵が確認され、織田信長の貫徹された城郭政策だったと考えられる。
⑥昭和７年、二ノ丸北西隅から文字瓦等が出土し、偽物説も存在したが、小丸城当時に製作されたことが確認されている。出土した瓦の内、軒丸瓦は坂本城・勝龍寺城からの転用で、当時の瓦は頻繁に転用されていたことが指摘される。ただし、当然出土しなければならない穴蔵①・櫓台⑤付近から瓦は１枚も出土しておらず、若干問題は残る。
⑦昭和６１年に実施された横堀⑨の発掘調査でも、瓦は１枚も出土しなかった。瓦の使用実態については、やはり問題を残す結果となった。

　上記のようなまとめとなる。中井均氏は『織田・豊臣城郭の構造と展開　上』（中井均 2021 戎光祥出版）の中で、石垣・瓦・礎石の３要素が織豊系城郭を形成する重要な要素だと提唱する。小丸城で礎石は確認できないが、天守の存在も指摘できることから、ほぼ３要素を備えた典型的な織豊系城郭とすることができよう。

　しかし、まだまだ不自然な点は多い。主郭Aを広範囲に発掘し、礎石や瓦、そして石垣の範囲について解明することが今後の課題となってこよう。

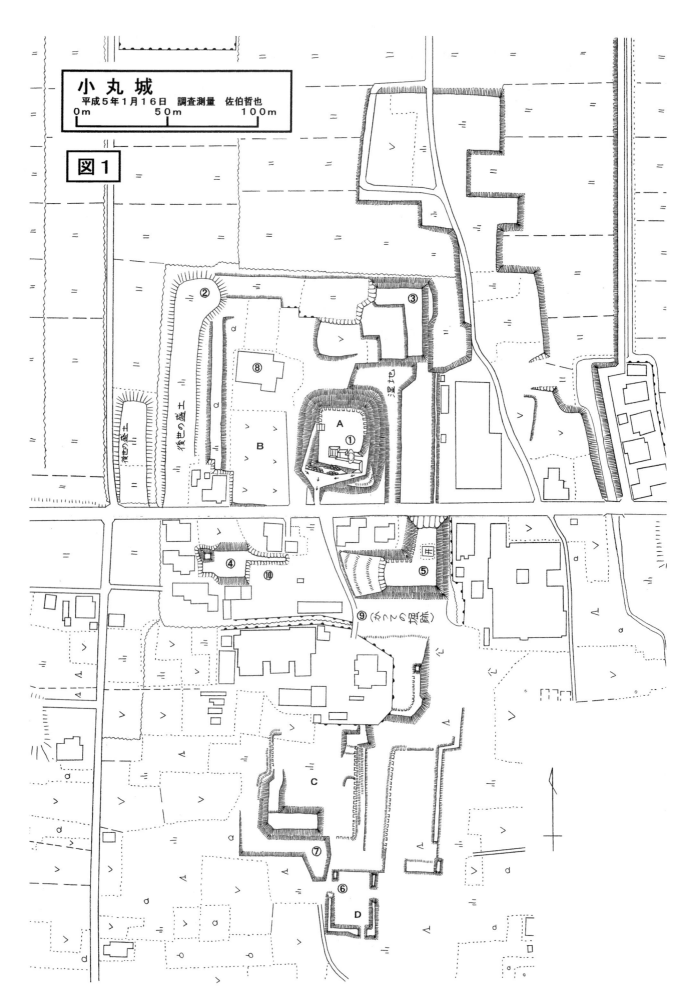

小丸城
平成5年1月16日　調査測量　佐伯哲也
0m　　　　50m　　　　100m

図1

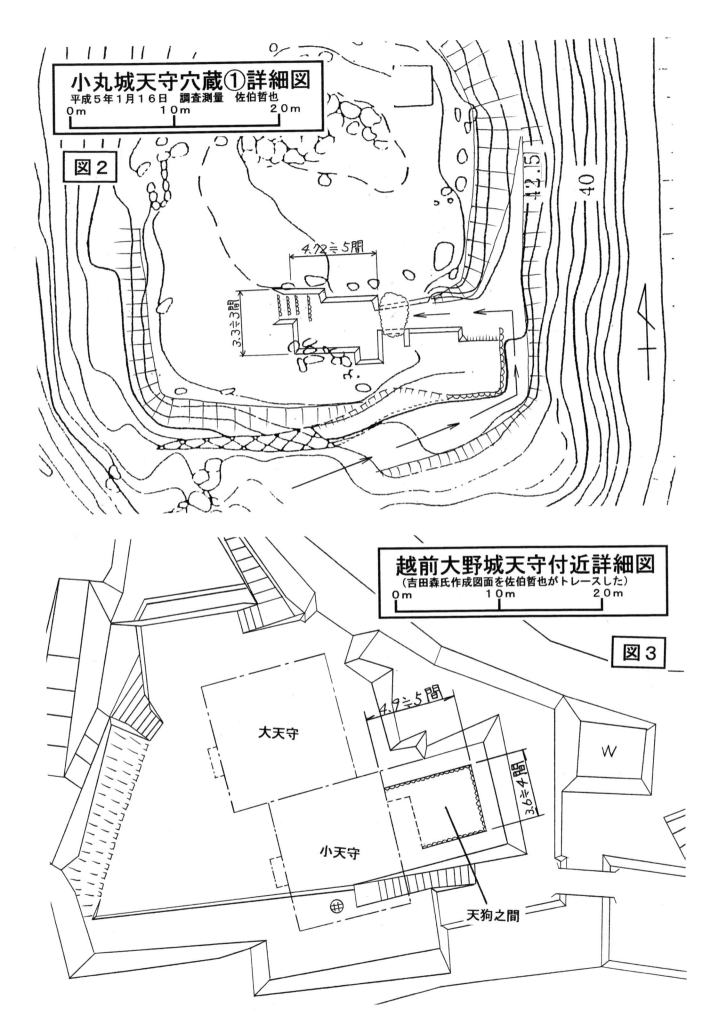

小丸城天守穴蔵①詳細図

平成5年1月16日　調査測量　佐伯哲也

0m　　　　　10m　　　　　20m

図2

4.72≒5間

3.3≒3間

越前大野城天守付近詳細図

（吉田森氏作成図面を佐伯哲也がトレースした）

0m　　　　　10m　　　　　20m

図3

大天守

小天守

4.9≒5間

3.6≒4間

W

天狗之間

10. 鞍 谷 御 所 館 (くらたにごしょやかた)

①越前市池泉　②－　③15世紀末？　④１６世紀？　⑤１６世紀末　⑥鞍谷氏　⑦平地館址
⑧土塁・横堀　⑨100m × 120m　⑩－　⑪5

　鞍谷氏代々の居館とされている。鞍谷氏の祖は、足利義満の子義嗣とされてきたが、現在では越前守護斯波義廉と考えられている（松原信之「朝倉史雑録」『福井県地域史研究第８号』福井県地域史研究会　1978）。そして松原氏は同稿で鞍谷氏の鞍谷御所館の移居を、文明１８年(1486)以降と推定しておられる。

　朝倉氏は斯波氏一族である鞍谷氏を重要視し、代々姻戚関係を維持してきた。特に五代義景は鞍谷氏出身という「小宰相ノ局」を寵愛し、嫡男阿君を設けている。鞍谷氏は鞍谷の他に池田庄にも所領があり（『越前市史資料編３中世一』所収「日野宮神社文書」）、大滝寺から毎年歳暮として箱巻数を贈られる（『越前市史資料編３中世一』所収「大滝神社文書」）格式高い存在であった。鞍谷氏は元亀年間における織田信長との合戦において、一度も動員された形跡がない。これは国主朝倉氏をもってしても、動員できない家柄だったことを示しているのであろうか。

　朝倉氏滅亡後の鞍谷氏は不明な部分が多く、『朝倉始末記』によれば、天正２年２月蜂起した越前一向一揆は「鞍谷ノ屋形」等を「悉ク破却」したと述べる。仮にこれが事実だとしても、鞍谷氏の存在は少なくとも天正１０年まで確認できる。すなわち天正１０年(1582)佐々成政書状（『福井市史資料編２』）に鞍谷氏が見えるからである。このときの鞍谷氏は諏訪氏と連名で成政から「其地」（場所不明）の守備を命ぜられている。鞍谷氏は代々「形部大輔」を称したと言うが、書状には「民部少輔」とある。通説では鞍谷氏は成政に従って越中に移転したことになっている。しかし確証は存在せず、在地領主として留まった可能性も指摘しておきたい。

　館跡は現在味真野神社境内となっている。現在西側の土塁と横堀が完存している他、北及び南側の土塁・横堀の一部が残っている。①の高台は櫓台であろう。⑦は蓮沼だが、勿論現代の公園施設である。現在遺構の大半は破壊されてしまったが、現存している土塁の高さは堀底から５ｍ、横堀も上幅は１０ｍもある巨大なものである。

　かつての縄張りを推定できる資料として、国土地理院所蔵の空中写真がある。昭和３７・３８年撮影の空中写真には、③から④にかけて横堀が残存している痕跡を明確に読み取ることができる。従って鞍谷御所館は、多少歪にはなるが、①・②・③・④にかけて土塁と横堀を巡らした方形館だったことが判明する。同院所蔵の空中写真を見ると、遺構は昭和４７年まで比較的良好に残存していた。前述の蓮沼⑦も昭和４７年空中写真では写っていないが、昭和４９年空中写真には写っている。鞍谷御所館は昭和４９～５０年にかけて大きく破壊・改変されたといえよう。

　注目したいのは、その大きさである。横堀の外側を計測すれば、東西１５０ｍ×南北１３０ｍの巨大な方形館となる。『城跡考』にも東西九十間（１６２ｍ）×南北六十間（１０８ｍ）あったと記載していることからも、この数字の妥当性を裏付けている。一乗谷朝倉館が１３０ｍ×１００ｍしかないことから考えても、その巨大さが判明しよう。単純に大きさだけを比較すれば、鞍谷氏は朝倉氏に匹敵する家格で、朝倉氏は代々斯波一族の鞍谷氏を代々大切に保護してきたという伝承を十分裏付けている。

　現存の遺構や国土地理院空中写真では、単郭の方形館としか判明しないが、破壊される以前の平面図からは、複数の小曲輪を伴った館と推定される。『城館跡』及び『味真野郷土史と乃公懐古録』（帰山吉夫　2012　以下懐古録と略す）記載の図面によれば、⑤の土塁及び⑥の土塁・横堀を記載している。さらに『懐古録』では⑤を「二重土塁・二重堀」と記載し、Bを「御前御殿（千畳敷）」と記載している。勿論⑦の蓮沼は公園化によるものだが、それに先行する堀を利用して蓮沼を造設したことが判明する。しかし、なぜこの場所に二重土塁・二重堀を必要としたのか、判然としない。Bは千畳敷と呼称するには狭すぎるが、Aの副郭と推定されよう。

　若干の疑問は残るが、鞍谷御所館は単純な方形館ではなかったことが判明する。戦国期になって鞍谷氏が二重土塁・二重堀・B郭を増設したことが推定できよう。

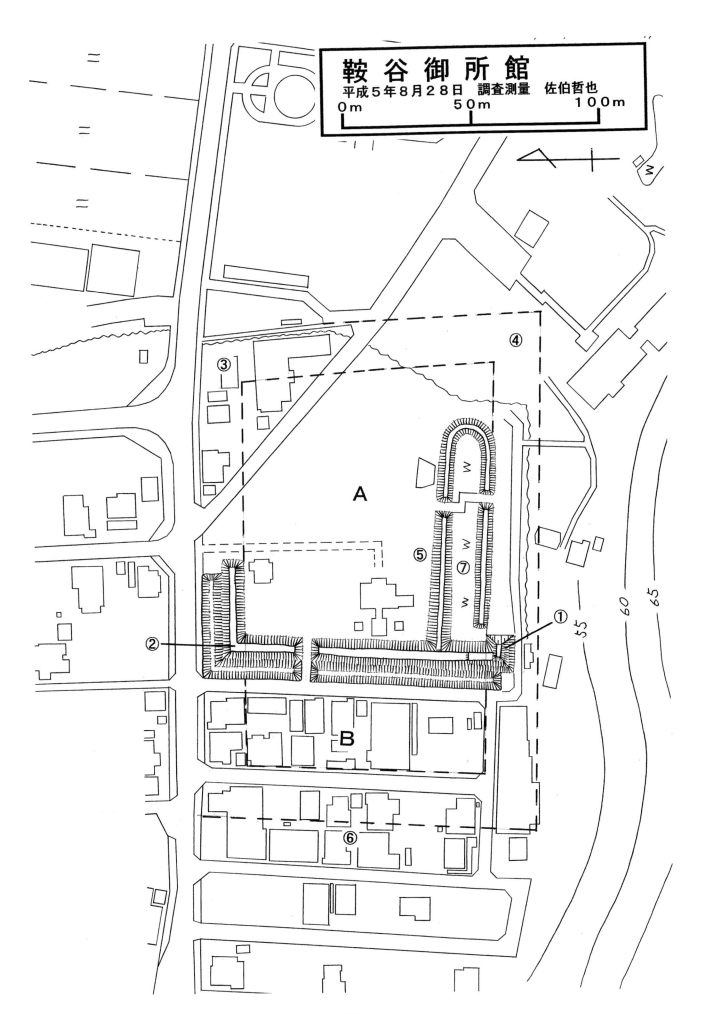

鞍 谷 御 所 館
平成5年8月28日　調査測量　佐伯哲也
0m　　　　　50m　　　　　100m

11. 武 衛 山 城 （ぶえいさんじょう）

①越前市余川　②－　③15世紀　④16世紀後半　⑤16世紀後半　⑥斯波義敏・鞍谷氏
⑦山城　⑧削平地・切岸・竪堀・堀切・土塁　⑨180m × 50m
⑩標高 320.8m　比高 270m　⑪5

　　『味真野夜話』（笠嶋怜史 2012）では、伝承として文正元年（1466）越前守護斯波義敏が築城し
たとしている。義敏が越前守護となるのは文正元年8月25日だが、同年9月7日には早くも失
脚（『戦国期越前の領国支配』）しているため、文正元年の築城説は否定できそうである。むし
ろ越前支配権回復のため、応仁元年（1467）5月、あるいは翌2年閏10月の越前出陣（『朝倉氏関
係年表』）において、斯波軍が築城した可能性は指摘できる。ちなみに義敏は、神明山城（大野
市）にも城主名を伝えている。山間部に隠然たる勢力を保持していた武将のようである。
　　その後、武衛山の南麓に鞍谷御所館が築かれると、武衛山城は鞍谷氏の詰城として利用された
という。武衛山城と鞍谷御所館が1．4㎞しか離れていないことを考慮すると、可能性は十分あ
るといえよう。
　　武衛山城は武衛山山頂に築かれている。城跡からの眺めは素晴らしく、小丸城を含めた五分市
の集落を眺望することができる。さらに府中と池田を繋ぐ街道も見渡すことができ、人馬の往来
を把握するには絶好の選地といえよう。
　　山頂に主郭Aを設け、北側（山麓方向）にB曲輪・小平坦面Cを設けて主郭Aを防御している。
一方、東側の尾根続きに主郭を防御する曲輪は配置していない。遮断施設は、山麓方向に遮断性
の強い堀切⑨・④を設けるが、東側の尾根続きには両竪堀しか設けていない。明らかに山麓方向
を警戒した縄張りとなっている。山麓から敵軍が進攻してくると城主は予想していたのであろう。
　　山麓からの連絡路は、二本の堀切で完全に遮断されている。しかしB曲輪の西側には通路状の
帯曲輪Eを設け、さらに常時B曲輪からの横矢が効いている。山麓からの通路が堀切④を越えて
E曲輪を通っていた可能性が高い。
　　E曲輪から堀切⑨を越えた地点に、明確な虎口③が設けられている。土塁で構築された明確な
虎口であり、さらに右に屈曲する枡形虎口である。この枡形虎口の存在により、現存遺構が 16
世紀後半に構築されていることが判明する。枡形虎口③からは細長い通路状の帯曲輪が付属して
おり、通過中は常時主郭Aからの横矢が効いている。帯曲輪は②地点から主郭Aに入ることがで
きる。主郭Aに入る場所は②しかない。従って②も通路と評価することができる。
このように堀切によって一部不明瞭な場所も存在するが、E曲輪→虎口③→②地点→主郭Aと連
絡通路が存在していたことが判明する。これは単なる連絡通路ではなく、常時上部からの横矢が
効いており、計画的に設定された通路だということが判明する。通路はほぼ城域の全体に及んで
おり、遺構のほぼ全域が16世紀後半に構築されたことを推定させる。
　　一方、主郭背後を防御するのがD曲輪で、D曲輪に進攻せず、迂回する敵軍に対応するため竪
堀⑥・⑦を設け、迂回する敵軍の進攻を阻止している。竪堀⑥の上部に小平坦面⑧があり、さら
に上部に上がれる通路が付属しているため、小平坦面⑧は虎口空間と理解することができる。単
純な平虎口だが、明確な虎口を設けているところに注目したい。
　　通路や明確な虎口を設けているものの、主郭には顕著な遺構は存在しない。ほぼ中央に細長い
土塁①を設けているが、どのような用途・性格だったのか判然としない。後世の二次利用も視野
に入れて考える必要がありそうである。石仏等を並べた基壇の可能性もある。
　　以上述べたように、現存遺構は16世紀後半の構築と推定される。築城は15世紀だが、戦国
期になって改修されたのである。このように考えるならば、鞍谷氏が詰城として再使用したとい
う伝承は、信憑性が高いと言えよう。
　　なお、現地説明板によれば、尾根の取りつき部に曲輪数ヶ所を記載し、『福井県遺跡地図』も尾
根取りつき部に「泉池城」を記載している。しかし現地調査の結果、全くの自然地形で城郭遺構
を確認することができなかった。以上の理由により、城郭遺構は掲載した縄張り図のみとしたい。

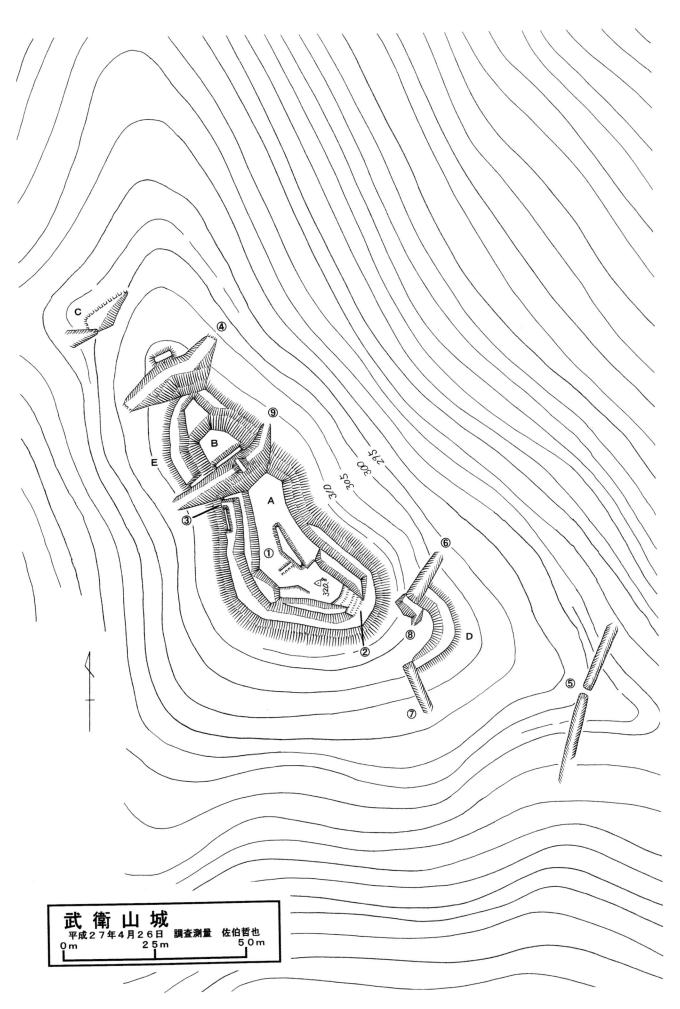

武衛山城

平成27年4月26日　調査測量　佐伯哲也

0m　　　　25m　　　　50m

12. 引坂城 (ひきさかじょう)

①越前市余川　②－　③１６世紀　④１６世紀　⑤１６世紀　⑥鞍谷氏？　⑦山城
⑧削平地・切岸・堀切　⑨200m×30m　⑩標高217m　比高170m　⑪5

　福井県の城郭研究家久保好史氏が、2018年に発見した山城である。　久保氏の地元に根付いた地道な研究を、高く評価したい。久保氏が新発見した山城なので、古記録は勿論のこと伝承等一切残っていない。

　城跡からの眺めは素晴らしく、小丸城を含めた五分市の集落を眺望することができる。さらに府中と池田を繋ぐ街道も見渡すことができ、人馬の往来を把握するには絶好の選地といえよう。

　縄張りは、尾根上に削平地と堀切を設けた単純なもので、土塁や虎口等は設けられていない。主郭は最高所のAと考えられるが、途中には上幅１４ｍもある大堀切①を設けているため、主郭Aからの求心力は及びにくくなっている。それはB・C曲輪も同様で、各曲輪の独立性が強く目立つ縄張りといえる。

　構築年代を示す遺構は残されていないが、主郭Aの背後を二本の堀切で遮断する縄張りは、戦国期の特徴を示す。従って１６世紀の構築という推定が成り立つであろう。引坂城と鞍谷御所館とは１．１kmしか離れていない。あるいは鞍谷氏が築いた臨時的な山城なのかもしれない。鞍谷川流域を支配していた鞍谷氏は、谷の支配をより強固にするために、谷左岸の山頂に武衛山城、そして谷右岸に引坂城を築いたと言う仮説を提唱することができよう。

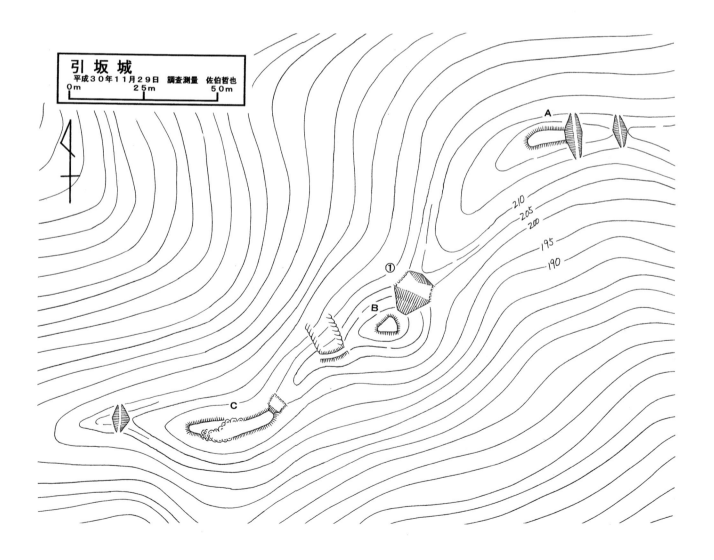

引坂城
平成３０年１１月２９日　調査測量　佐伯哲也
0m　　25m　　50m

13. 戸 谷 城 (とだにじょう)

①越前市戸谷　②－　③16世紀　④16世紀　⑤16世紀　⑥－　⑦山城
⑧削平地・切岸・堀切・土塁　⑨140m×40m　⑩標高70m　比高40m　⑪4

　　古記録・伝承は残っていない。『福井県遺跡地図』によれば「種別：城跡　時代：中世　現況：山林」となっている。山城だが比高は僅か40mしかないため、要害というイメージはない。比高が低いため、南麓を通る街道や集落を直接支配することができたであろう。同じ山塊に行事岳城があるが、こちらは標高311m、比高が290mもあり、対照的な選地となっている。

　　主郭はA曲輪。一つの曲輪として使用するには高低差があったのか、3段に構築している。北側のみに土塁を巡らし警戒している。土塁直下には帯曲輪②が存在している。帯曲輪②は通路として使用され、そこを進攻する敵軍が主郭Aに駈けあがってくる可能性が発生する。それを防止し、防御力を増強するために、北側のみに土塁を設けたと推定される。

　　①は、段差が奥側に入り込んでいるため、虎口の可能性がある。この遺構の存在により、現存遺構の構築が16世紀ということが推定できる。しかし明確な枡形虎口ということまで断定できないので、16世紀後半までの絞り込みは不可能である。

　　主郭Aの西側にB曲輪を配置し、堀切③で尾根続きを遮断している。窪地④は虎口の可能性も捨てきれないが、虎口だとすれば、土橋からどのように入ったのか判然としない。堀切③の西側にも不明瞭な段差が見られるが、城郭遺構なのか耕作地なのか判然としない。東側は堀切⑤で遮断する。Cは曲輪としての平坦面と思われるが、Dは城郭遺構なのか判然としない。

　　以上、縄張りの概要を説明した。平坦面の削平はしっかりと造作されている。比高が低いことなどから、在地土豪の居城として16世紀に築城された可能性を指摘することができよう。

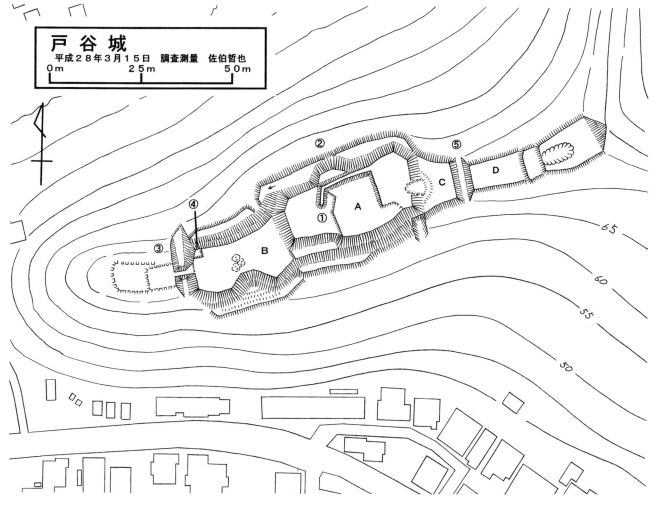

戸 谷 城
平成28年3月15日　調査測量　佐伯哲也
0m　　　　25m　　　　50m

14. 大塩山城 （おおしおやまじょう）

①越前市国兼　②矢谷山城　③南北朝期　④１６世紀後半　⑤１６世紀後半
⑥木曽義仲？・瓜生越前守照・⑦山城　⑧削平地・切岸・土塁・堀切　⑨100m × 40m
⑩標高 224.2m、比高 160m　⑪6

　通称大塩山山頂に位置する。山麓には北国街道（木ノ芽峠越）が通る交通の要衝である。『王子保村誌』（王子保村誌刊行会 1962）では、大塩山城と矢谷山城を別城としているが、明らかに同一の城である。

　『王子保村誌』によれば、寿永２年(1183)木曽義仲は麓の大塩八幡宮に陣取り、副将を大塩山に陣取らせ、平家の大軍を打ち破ったと記述している。また『史跡杣山城と瓜生保』（南条町 1973）によれば、南北朝時代瓜生越前守照が籠城し、足利高経を破ったと記述している。注目したいのは『王子保村誌』の記述で、同書は『大塩八幡伝来軍記』の記述を記載し、天正の始め（天正３年＝ 1575 年か）一向一揆の騒乱に野伏が籠城したことを述べている。

　山頂のA曲輪が主郭。土塁と竪堀がひしめき合っている。しかし、塁線土塁と櫓台を使用していることから、現存遺構の構築年代が１６世紀後半まで下ることを示唆している。①も単純ながら屈曲して入る内枡形虎口である。尾根前後を大規模な堀切で完全に遮断しており、特に堀切②は上幅が８mもある。さらに外側を土塁状に加工して防御力を増強している。つまり土塁と堀切がセットになった防御施設であり、やはり１６世紀後半の遺構と評価できる。

　以上の評価により、現存遺構の構築は１６世紀後半の遺構と推定できる。『大塩八幡伝来軍記』の記述どおり、天正３年(1575)の使用が推定されよう。なお、大塩八幡宮背後に箱堀状の溝が残っているが、神社特有の結界と判断し、記載しないこととした。

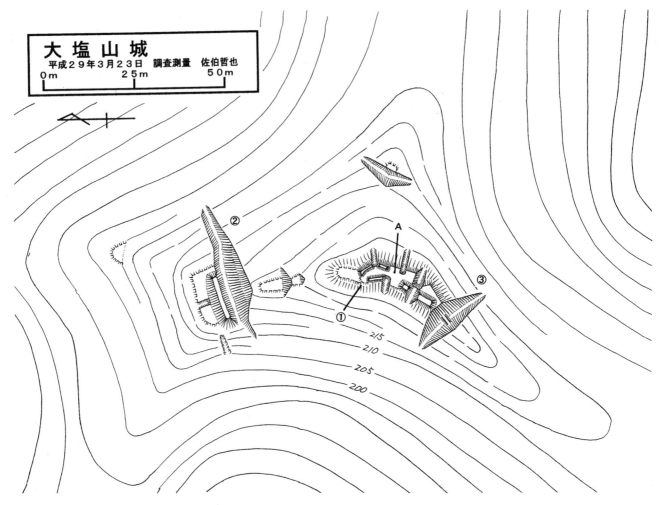

大塩山城
平成２９年３月２３日　調査測量　佐伯哲也
0m　　　　25m　　　　50m

15. 大 滝 南 城 （おおたきみなみじょう）

①越前市今立町大滝　②－　③１６世紀後半　④１６世紀後半　⑤１６世紀後半　⑥大滝神社・越前一向一揆　⑦山城　⑧削平地・切岸・土塁・堀切・竪堀　⑨300m × 60m
⑩標高 350m　比高 260m　⑪5

　　古記録・伝承は残っていない。『今立町史』（今立町 1981）には、城跡の記載はあるものの、城名・説明は一切されていない。城名が無いので、本稿では大滝南城とした。
　　城内最高所で尾根突端にあるＡ曲輪が主郭と思われるが、小規模かつ不明瞭であり、Ｂ曲輪とあまり変わらない。Ｃ曲輪は明瞭な曲輪だが、小規模な平坦面が並んでいるにすぎない。
　　大滝城に繋がる北西方向に切岸・連続竪堀・土塁等防御施設を重点的に設け、防御の主眼を置く。しかし堀切を設けて完全に遮断していない点に注目したい。尾根続きは山城の弱点となるため、多くの防御施設を設ける。大滝南城は大滝城方向を警戒しているが、これは弱点部を補強しているのであり、大滝城を敵視しているわけではない。
　　連続竪堀を設けていることから、現存遺構の構築年代は１６世紀後半とすることができる。大滝城とは７５０ｍしか離れていないことから、大滝神社あるいは越前一向一揆が、大滝城の支城として築城したという仮説を提唱できよう。

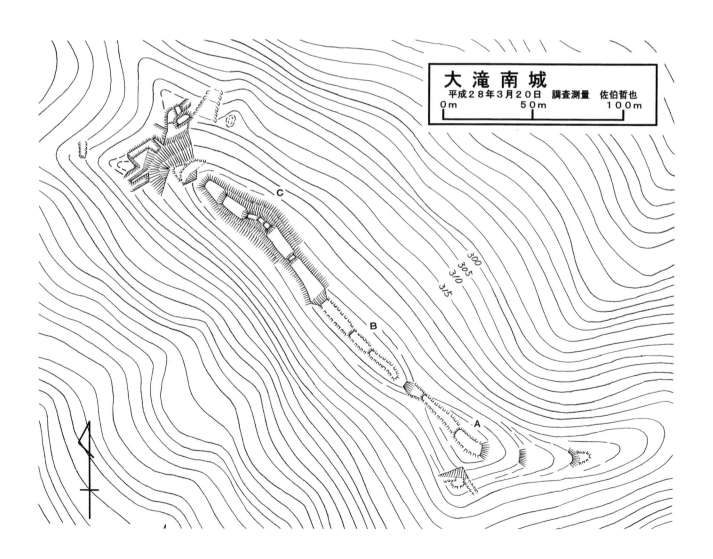

大 滝 南 城
平成２８年３月２０日　調査測量　佐伯哲也
0m　　　　50m　　　　100m

16. 大 滝 城 （おおたきじょう）

①越前市今立町大滝　②－　③南北朝期　④１６世紀　⑤１６世紀末　⑥南朝方・大滝神社・越前一
向一揆　⑦山城　⑧削平地・切岸・土塁・堀切　⑨330m × 200m　⑩標高 321.3m、比高 270m　⑪5

　大滝神社奥ノ院裏山に選地する山城である。大滝神社は朝倉２代氏景から「当国惣社」（文明
１８年(1486)朝倉氏景書状『発給文書』）と呼ばれるほど中世において絶大な勢力を振るった神
社である。さらに「英林様（初代孝景）より大威徳明王尊像を預り申」（永正１７年(1520)朝倉
孝景裏書『発給文書』）とするほど朝倉氏と深く関わった神社でもあった。
　大滝城の名は、南北朝期の軍忠状に登場する（『大系』）。それによれば南朝方の拠点であった
大滝城を北朝方の得江頼員が暦応４年(1341)６月２６日より攻撃し、同月２８日に攻め落とした
ことが記載されている。
　天正元年(1573)８月朝倉氏を滅ぼした織田信長は、戦後処理を北之庄三人衆（明智光秀・羽柴
秀吉・滝川一益）に任せる。この処置は同年９月下旬までの短期間だったが、越前統治に一益が
関わっていたことが判明する。
　その後、大滝城には越前一向一揆が籠城することになる。すなわち（天正３年＝ 1575 年）８
月２０日織田信雄宛織田信長書状（『加能史料』）には、「大瀧・白山之嵩へ一揆等相集候様、滝
瀧川（一益）ニ掃部助（津田一安）相副遣之、四、五百被討取之由」とあり、滝川一益隊等が大
瀧等に立て籠もった一揆軍四・五百人余りを討ち取っている。この「大瀧」を大滝城として良い
であろう。ちなみに一益は戦勝を神に謝して自分の鎧一領を権現山大杉の下に埋め、それが嘉永
年間(1848 ～ 54)に至って発掘されたという。現在大滝神社宝庫にある滝川家家紋のついた鉄製
鎧がそれとされている。大滝城は一益が在城したという伝承が残されている。戦後処理の短期間
ではあるが、一益本人でないにせよ滝川軍が在城した可能性は大いにあろうる
　ちなみに一益は、天正１４年９月「越前五部一」にて没したとされている（享年６２才　『織
田信長家臣人名辞典』高木昭作監修・谷口克広著 1995 吉川弘文館）。勿論これは越前市五部市で
あろう。五部市と大滝城とは３．１km しか離れていない。かつて自分が在城した大滝城の麓で、
一益は晩年を過ごしたと言うことであろうか。
　大滝城は、大滝神社奥ノ院（E）背後に築城されている。主郭は最高所のA曲輪で、前後をB・
C曲輪が固めている。しかし、なぜかDはほぼ自然地形で、曲輪としての加工は施工されていな
い。ちなみにD地点に残る数ヶ所の円形の窪地は、ケシ炭用の炭焼き穴と推定される。高所に位
置する奥ノ院としては、暖房用のケシ炭は、山麓から持ち運ぶ炭と、現地で調達するものと両方
あったのであろう。D地点がほとんど自然地形なのは、ケシ炭用穴を掘ったことにより、そこに
あった土塁等を破壊したためなのかもしれない。
　上記のように考えるならば、ケシ炭穴が集中するD地点東側に土塁が存在せず、ケシ炭穴が存
在しない西側に土塁が存在するのも納得がいく。そしてケシ炭穴が土塁を破壊しているのならば、
ケシ炭穴の構築は、廃城後ということになる。
　各曲輪間には、堀切を設けて完全に遮断している。これによって各曲輪の独立性が高まり、主
郭Aからの求心力は及びにくくなっている。また明確な虎口や櫓台・塁線土塁もほとんど存在し
ない。従ってどのようにして各曲輪にはいったのか、明確に読み取ることはできない。このよう
な縄張りからは、現存遺構は滝川一益が改修した可能性は低いと言える。大規模な堀切を４本も
設けており、さらに主要曲輪群の平坦面は、きれいに削平されていることから、いることから、
短期間に構築したとは考えにくい。基本的な縄張りは、戦国期に入ってい大滝神社が構築し、そ
れをそのまま使用して天正３年越前一向一揆が籠城し、さらに改修せず滝川軍が一時的に在城し
たという仮説を提唱することができよう。神社といえど戦国期に構える城郭は、在地土豪が構築
した城郭と何等変わらない縄張りの城郭だったのである。
　なお、主要曲輪群から離れた場所に平坦面（F・G）が存在する。これらは城郭としての平坦
面ではなく、大滝神社の僧坊等の跡と考えられ、Fは十善寺の跡と伝えられている。

大滝城

平成28年3月16日　調査測量　佐伯哲也

0m　　　50m　　　100m

17. 城 の こ し 城（しろのこしじょう）

①越前市今立町大滝　②－　③１６世紀　④１６世紀　⑤１６世紀　⑥大滝神社・越前一向一揆
⑦山城　⑧削平地・切岸・堀切　⑨ 40m × 40m　⑩標高 386m　比高 290m　⑪ 5

　城主等は伝わっていない。ただし大滝神社蔵の江戸時代の木版「大滝寺図」には「城のこし」
とあり、江戸期には存在が知られていたことが判明する（『今立町史』今立町 1981）。
　縄張りは単純で、最高所に主郭Ａを置き、三方に繋がる尾根に堀切を設けて遮断している。注
目したいのは、堀切①・②は中央部を土橋状に残しているのに、堀切③のみは完全に掘り切って
いる点である。①方向は大滝南城方向であり、②方向は大滝神社方向である。単なる偶然かもし
れないが、大滝神社に対して親密な関係にあった縄張りと言えよう。さらに堀切②方向から主郭
には、非常に入りやすい構造になっていることも、この説を補強している。
　城のこし城は大滝南城と４３０ｍしか離れていない。さらに大滝城から月尾川上流方向（池田
町方向）を遠望することは出来ないが、城のこし城からは遠望することができる。このことから、
大滝神社あるいは越前一向一揆が、大滝城の支城として築城したという仮説を提唱できよう。大
滝城・大滝南城・城のこし城は同一の尾根上に位置し、しかも近距離に位置する。三城セットで
考えるのが重要と言えよう。

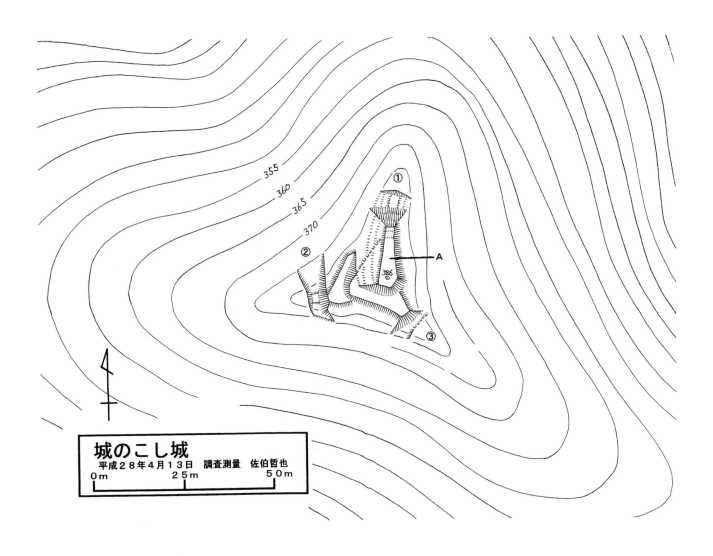

城のこし城
平成２８年４月１３日　調査測量　佐伯哲也
0m　　　　　25m　　　　　50m

18. 茶臼山城（ちゃうすやまじょう）

①越前市今立町不老　②茶磨山城　③戦国期　④戦国期　⑤戦国期　⑥大滝神社？・越前一向一揆？　⑦山城　⑧削平地・切岸・堀切　⑨50m×20m　⑩標高300m　比高260m　⑪5

　『越前国今立郡誌』（今立郡役所 1909）には記載はあるものの、「年代事跡詳ならず」と述べるにとどまる。

　縄張りは単純で、山頂を削平して主郭Aを設け、尾根続きを堀切①で遮断しているのみである。ただし、曲輪の周囲を巡る切岸の高さは5〜8mもあり、完全に遮断している。小規模ながら強い防御力を発揮している。主郭Aの平坦面の削平は甘く、臨時的な軍事施設と推定される。

　『今立町史』（今立町 1981）では、茶臼山城を大滝城の支城としている。大滝城から直接府中方面を遠望することはできないが、茶臼山城からは非常によく遠望することができる。大滝城とは1.8kmしか離れていないため、茶臼山城は『今立町史』の記載通り府中方面を遠望するための大滝城の支城という仮説を提唱できよう。臨時的な軍事施設と考えられるため、築城者は大滝神社あるいは越前一向一揆が推定される。

　なお、茶臼山城から500m離れた西方に242.1mの三角点があり、堀切一本が残っている。これを『福井県遺跡地図』では氏家城としている。「城郭候補遺構」で詳述するが、氏家城背後は自然の平坦な尾根となっているため、これが『越前国今立郡誌』が述べる「当時の馬場」なのかもしれない。

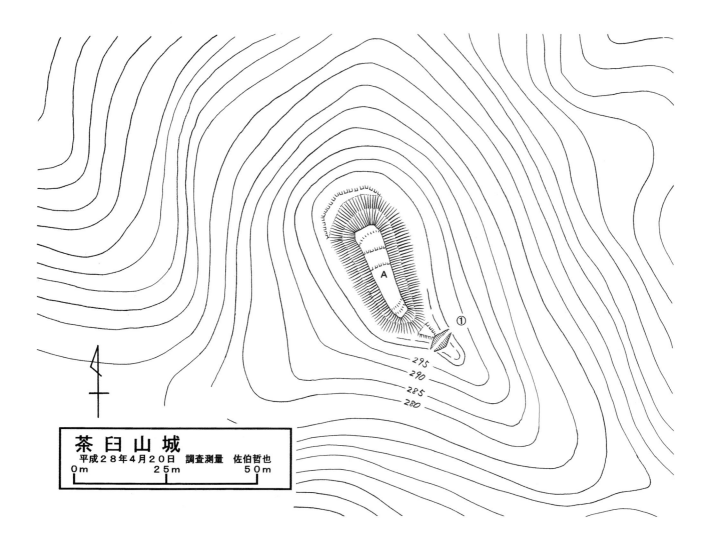

茶臼山城
平成28年4月20日　調査測量　佐伯哲也
0m　　　25m　　　50m

19. 行事（司）ヶ岳城 （ぎょうじがだけじょう）

①越前市今立町粟田部　②粟田部城　③戦国期　④戦国期　⑤戦国期　⑥朝倉出雲守景盛
⑦山城　⑧削平地・切岸・堀切　⑨580m×160m　⑩標高320m、比高290m　⑪4

　『城跡考』に記述はあるものの、位置は確認されず、幻の城だった。『今立町史』（今立町1981）の編纂に伴う調査によって発見され、蘇った山城である。『今立町史』は『類聚越前国誌』の記載を引用し、行事ヶ岳城と粟田部城は同一の城としている。『類聚越前国誌』は粟田部城を朝倉出雲守景盛の城としており、粟田部集落に「大馬場」・「御殿地」などの地名が残っているとしている。このことから『今立町史』は山麓（粟田部集落）を粟田部城、山上の詰城を行事ヶ岳城と称したのではないかと推定している。

　朝倉出雲守景盛は、初代孝景の次男景明を祖とする朝倉一族である。『朝倉始末記』によれば、元亀元年（1570）4月織田信長越前進攻の時、景盛は千余騎を率いて浅井長政の助勢として出陣する予定だったという。そして天正元年（1573）8月刀根坂の戦いで戦死したと記述している。

　城跡は三里山山塊から東に張り出した通称行司ヶ岳と呼ばれる尾根上に築かれている。従って府中方面は全く見えない。逆に東麓を通る朝倉街道や周辺の集落等を一望することができる。朝倉街道を強く意識した選地と言えよう。さらに東麓から見上げる行事ヶ岳は、屹立した秀麗な山容をしており、山容だけで言えば山岳信仰に相応しい山と言える。

　細尾根の山頂に築かれていることもあって、曲輪と呼べる広さの平坦面は存在せず、小平坦面の群集といった感じがする。従って主郭に相当する平坦面も存在しない。あえて主郭に相当する平坦面は平坦面Aであろう。主郭が不明瞭なのは、明確な城主が存在していなかったことを暗示している。

　興味深いのは、平坦面Aの西側に存在する通路である。通路は③から④まで続いており、各小平坦面を繋ぐ通路の役割を果たしている。堀切①や④南側の切岸で一応尾根続きを遮断しているものの、それらは小規模で、敵軍の進攻を遮断しきっているとは到底言い難い。にもかかわらず、通路を設けて連絡性を確保している点に違和感を覚える。つまり遮断性よりも連絡性を重視した縄張りであり、やはり山城としては不自然である。

　通路のような平坦面は、B・Cにも見られ、特にCは小平坦面群を繋ぐ通路の役割を果たしている。大規模な曲輪（平坦面）や堀切を設けず、通路を設けた縄張りは、軍事施設としての機能を発揮しているとは言い難い。

　それでは、この小平坦面群はどのような性格の遺構なのであろうか。中核となるべき主郭が存在しないのは、次の二つの可能性を指摘できる。第一に山岳信仰遺跡である。風の強い山上を避けて若干下に降り、山上部を風除けとして防波堤のように残す姿は、まさに山岳信仰遺跡である。その中核となる遺構は、やはり平坦面Aで、幅5mあり、しかもきれいに削平されていることから、なんらかの建物が存在していたのであろう。そのほかの小平坦面は、小堂が建っていたのか、あるいは修行僧の修行の場と推定される。これらを繋ぐため、通路が設けられたのであろう。そして戦国期に入って、山岳宗教勢力あるいは朝倉出雲守景盛が堀切①・②を新たに構築したとする仮説が立てられよう。

　第二に、平野部の合戦を避けるために地元住人が避難した、いわゆる「村の城」である。住民達の避難場所だから、当然主郭は存在しない（主郭に相当する曲輪は存在する）。雑多な小平坦面の群集体となるのである。

　残念ながら、山上部が山岳信仰遺跡や避難場所ということを記述した古記録や伝承は存在しない。しかし北麓には、鎌倉末～南北朝期の多層石塔（市文化財）を有する国中神社があり、七堂伽藍を具備していたと伝える。従って山岳信仰遺跡が存在していた可能性は捨てきれない。

　以上、筆者の推論を示した。、残念ながら越前では同様の遺構は確認されていない。しかし純然たる城郭とするには不自然である。あるいは名もなき小宗教勢力に多く見られるパターンなのかもしれない。今後はこのような目線で研究していくことが重要になってこよう。

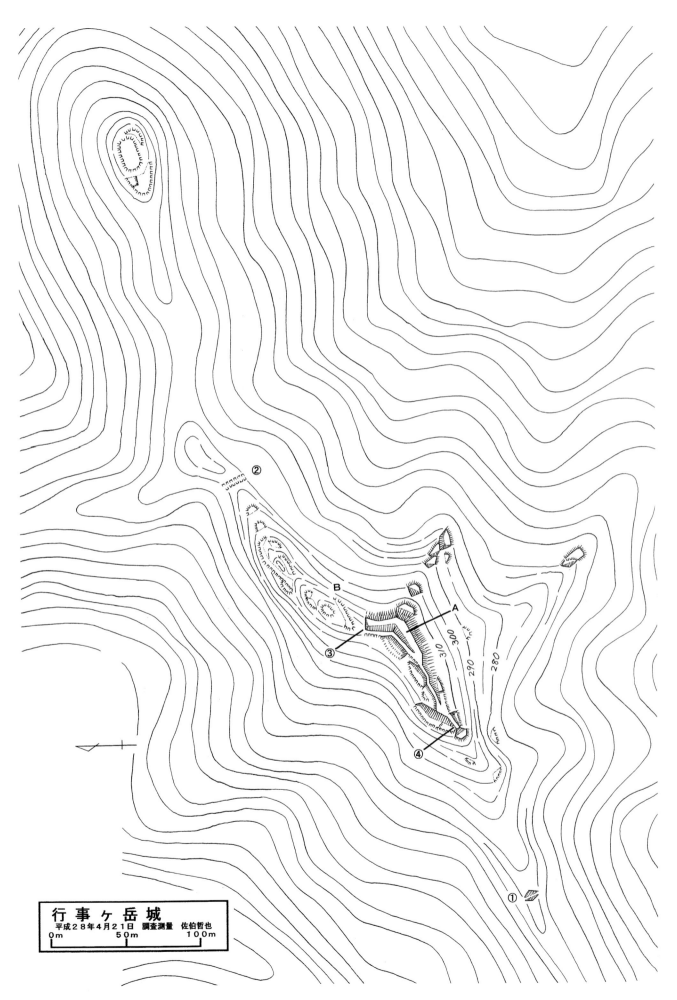

行事ヶ岳城
平成28年4月21日　調査測量　佐伯哲也
0m　　　　50m　　　　100m

20. 玉 ノ 木 城 （たまのきじょう）

①越前市今立町轟井　②殿村城　③天正１１年？　④天正１１年？　⑤天正１１年？
⑥前田利家？　⑦山城　⑧削平地・切岸・堀切　⑨180m×30m　⑩標高240m　比高200m
⑪7

　『越前国今立郡誌』（今立郡役所 1909）によれば、天正１１年(1583)羽柴秀吉が柴田勝家を北之庄城に攻めた時、前田利家が玉ノ木城を築いて勝家を攻めたという。北麓の殿集落は、利家の居館があることから名付けられたと言う。

　縄張り図を見てもわかるように、玉ノ木城は織豊系城郭の特徴を全く示していない。削平地と堀切で構築された縄張りは、在地領主の城郭そのものである。天正１１年という年代を考えれば、臨時的な陣城であったとしても利家の築城とするには、あまりにも不自然である。さらにこの地に築城して北之庄城を攻めたと言う話も不自然である。

　ただし、大滝城に滝川一益が拠ったという伝承から、利家本人でないにせよ、前田軍が一時的に在城した可能性は残る。それは利家が府中三人衆に抜擢された天正３年(1575)の可能性が高い。つまり在地領主の玉ノ木城を、前田軍が一時的に在城した可能性である。この仮説が正しければ、殿集落に残る館も、在地領主の居館を利家が一時的に駐留していたことになろう。

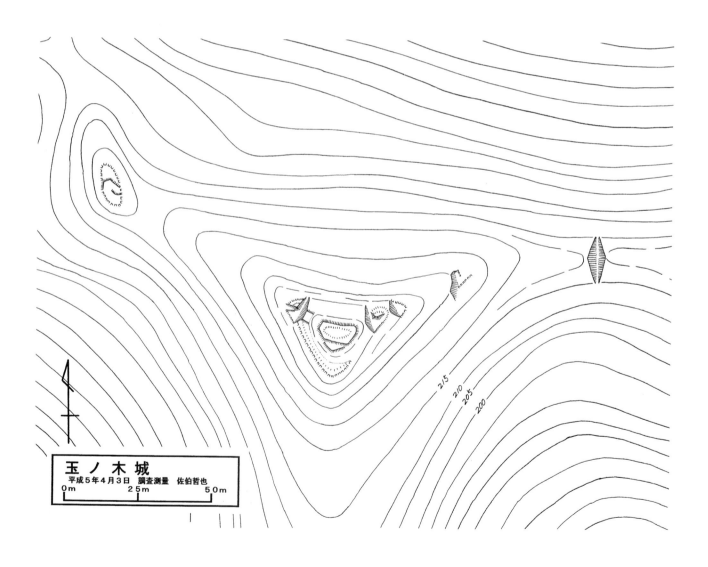

玉 ノ 木 城
平成5年4月3日　調査測量　佐伯哲也
0m　　　　25m　　　　50m

21. 分 野 城 (わけのじょう)

①今立郡池田町上荒谷　②－　③16世紀後半　④16世紀後半　⑤16世紀後半　⑥池田藤内之助？　⑦山城　⑧削平地・切岸・堀切・竪堀　⑨70m×40m　⑩標高265m　比高30m　⑪8

　上荒谷集落を見下ろす尾根の突端に選地している。この地は府中からの街道と足羽川沿いの街道が交差する交通の要衝であり、さらに足羽川の谷幅が最も広まり、多くの集落が存在する池田町の中心部でもある。恐らく中世においても中心部であったと推定される。

　『城跡考』には記載はあるものの、城主等は記載されていない。ただし、「常安村出城」つまり奈津取ヶ嶽城の出城としていることから、山頂の奈津取ヶ嶽城とは本・支城関係にあったようである。『池田町史』（池田町 1977）によれば、池田城主池田勘解由左衛門鍵取り（家老）池田藤内之助の居城としている。

　城跡は林道造設により一部破壊されているが、概ね残存状況は良好である。中心部のA曲輪が主郭で、現在神社の境内となってい。前述の『池田町史』では礎石が残るとしているが、神社関係の礎石なのかもしれない。前後を堀切①・②で遮断しており、①は竪堀を併用して防御力を増強している。堀切②の中央は完全に埋まっているが、前述の『郷土史探求』記載平面図では、土橋を記載している。

　主郭Aの東西に腰曲輪を巡らし、西側の腰曲輪は堀切①・②と繋がる。これに対して東腰曲輪は、竪堀二本を設けており、通行性を妨げている。さらに『郷土史探求』（池田歴史の会　上野久雄 2005）記載平面図では堀切①を東腰曲輪付近まで下げて、完全に通行性を遮断している。

　山麓から上がってきた城道は、一旦西腰曲輪に降り、主郭からの横矢に晒されながら主郭Aに上がっていた可能性がある。このように城道の計画性から、16世紀後半の築城が考えられよう。

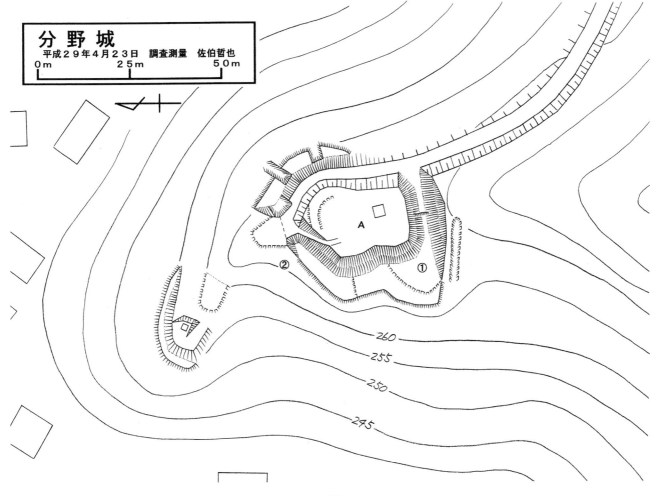

分 野 城
平成29年4月23日　調査測量　佐伯哲也
0m　　　　　25m　　　　　50m

22. 奈 津 取 ヶ 嶽 城 （なっとがだけじょう）

①今立郡池田町常安　②称首嶽城・一尾城　③１６世紀後半　④１６世紀後半　⑤１６世紀後半
⑥池田藤内之助？⑦山城　⑧削平地・切岸・堀切・竪堀　⑨220m × 50m
⑩標高 580m　比高 350m　⑪8

　　池田町最高所の城跡である。比高が３５０ｍもあることから、城跡からの眺望は素晴らしく、足羽川・魚見川沿いに開けた池田町主要集落を広く眺望することができる。

　　城主や事跡等は伝わっていない。『城跡考』には記載はあるものの、「時代不知」と記述するにとどまる。『上池田村誌』（西村佐太郎 1932）によれば、称首嶽城と呼ばれ、城跡一帯は奈津取平と称されていたという。また『池田町史』（池田町 1977）では、一尾城とも呼ばれていたという。存在そのものは、よく知られていたようである。

　　しかし、城主名は伝わっていなかったらしく、前述の『上池田村誌』でも「堀割屋敷跡の形あれども今は一体柴山となり居れり」とあるのみである。

　　一方、奈津取ヶ嶽城の尾根続きの山麓には分野城がある。この分野城の別名は『城跡考』によれば「常安村出城」であり、分野城は奈津取ヶ嶽城の出城と考えられていた。『池田町史』によれば、分野城は池田藤内之助の居城としていることから、奈津取ヶ嶽城も藤内之助関連の山城の可能性を指摘することができる。

　　主郭は城内最高所のA曲輪で、山麓方向に階段状に平坦面を並べている。山麓方向には堀切①や竪堀②・両竪堀③を設けて警戒する一方、背後の尾根続きには切岸④・堀切⑤をもうけているのみである。明らかに違った防御構造であり、城主は背後の尾根続きをあまり警戒していなかった証拠であり、北西の尾根続きが大手方向と判断して良い。

　　注目したいのは、尾根道を監視・掌握するような形で築城されていることである。山麓から登ってきた敵軍を強制的に尾根道を通らすよう、あるいは少人数しか通らせないために、竪堀②・両竪堀③を設けている。そして尾根道と堀切①を接続させて堀底に敵軍を通らせ、曲輪から敵軍を監視できるように設定している。堀切①を設けて尾根続きは遮断するものの、尾根道そのものは遮断していないことにも注目したい。山城を設けて監視していることから、この尾根道は中世から存在し、軍事的にも重要な尾根道だったことが判明しよう。ちなみに堀切①は防御力を増強するために、外側に土塁を構築している。このことから築城は１６世紀後半に下ることを示唆している。

　　尾根道監視に重点を置いたのか、城跡主要部は単純な構造となっている。最高所のA曲輪が主郭と考えられ、階段状に平坦面を並べている。B曲輪の西端は鉤型の土塁となっているが、これがどのような性格なのか、詳らかにできない。城主にとって背後の尾根続きはあまり警戒していなかったらしく、小規模な切岸④と堀切⑤しかない。

　　以上、奈津取ヶ嶽城は尾根道監視の山城と言える。堀切①の構造から、１６世紀後半に池田氏関係の武将が構築したと推定できる。比高が３５０ｍもあることから、在地領主の領地支配の城とは考えにくい。はるか旧武生市・旧今立町の山々まで遠望できることから、広域を意識しての築城と考えられる。池田町の集落を広域的に支配する領主（池田氏？）が、戦乱が激化した１６世紀後半に、各地域の連絡施設（狼煙等）として構築したのかもしれない。この推定が正しければ、⑥の凹みは狼煙施設だったのかもしれない。

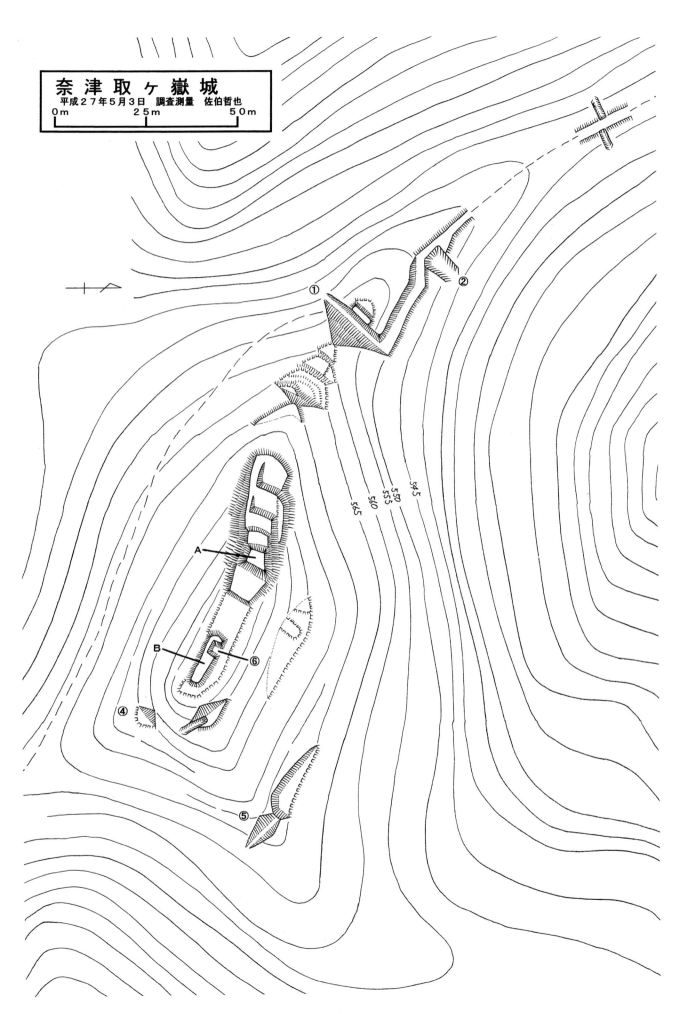

奈津取ヶ嶽城
平成27年5月3日　調査測量　佐伯哲也
0m　　　25m　　　50m

① ② ④ ⑤ ⑥

A B

545
550
555
560
565

23. 上 山 城（うえやまじょう）

①今立郡池田町東角間　②－　③１６世紀　④１６世紀　⑤１６世紀　⑥鞍谷氏？　⑦山城
⑧削平地・切岸・堀切　⑨60m×30m　⑩標高275m　比高30m　⑪8

　伝承・古記録類は残っておらず、城主等は不明。『郷土史探求』（池田歴史の会　上野久雄 2005）
では、中世において鞍谷氏が角間を領有していたことから、鞍谷氏の城ではなかったかと推定し
ている。鞍谷氏が池田庄に所領を持っていたのは、「文亀元年（1501）井田山林寄進状」（『越前市
史資料編３中世一』越前市 2021）に「くら（鞍）谷殿御地（知）行分也」とあることから事実
で、『池田町史』（池田町 1977）によれば、鞍谷氏の所領は常安・市・角間一帯だったと推定し
ている。
　城跡は、東角間集落を見下ろす尾根の突端に位置し、比高が３０ｍと在地領主が領地支配を行
う城として最適な選地と言える。A曲輪が主郭で、周囲を高さ５～８ｍの高切岸を巡らし敵軍の
攻撃を遮断している。唯一尾根続きなのがB方向であり、この方面が大手方向であることが判明
する。土橋を設けて城内外を繋いでいるが、明確な虎口は設けていない。
　背後の尾根続きは、２本の堀切で遮断しており、現存遺構の構築が１６世紀まで下ることを示
唆している。なお、尾根続きの小平坦面の性格は、詳らかにできない。
　以上が上山城の概略である。鞍谷氏の可能性も否定できないが、角間地区周辺を支配する在地
土豪の城郭とするのが妥当な考えであろう。

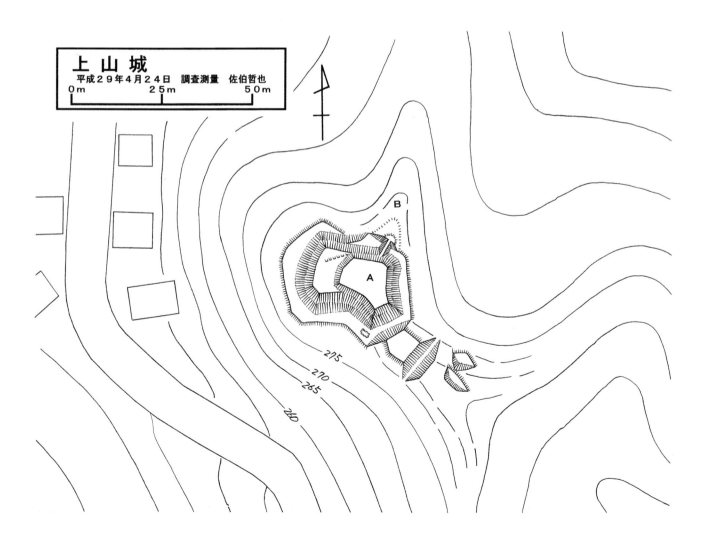

上山城
平成２９年４月２４日　調査測量　佐伯哲也
0m　　25m　　50m

24. 丸 山 城 （まるやまじょう）

①今立郡池田町新保　②新保烽火台？　③１６世紀　④１６世紀　⑤１６世紀　⑥在地領主？
⑦山城　⑧削平地・切岸・横堀・土塁　⑨ 50m × 30m　⑩標高 297.7m　比高 50m　⑪8

　　伝承・古記録類は残っておらず、城主等は不明。　単郭の城郭で、A曲輪が主郭。周囲に切岸
と帯曲輪を巡らし、尾根続きは堀切あるいは横堀で遮断する、純然たる山城である。曲輪の周囲
には一部塁線土塁を巡らす。①は公園化に伴う破壊虎口だが、②は単純な内枡形虎口の可能性が
ある。比高が５０ｍで直下に新保集落があることから、標準的な在地領主の城とすることができ
よう。

　　池田歴史の会では、当地を一向一揆に破却・滅亡した福檀（田）寺跡ではないかと推定し、2004
年４月、簡単な発掘調査を実施した。その結果、柱跡７ヶ所、２２穴が検出された（『郷土史探
求』池田歴史の会　上野久雄 2005)。『郷土史探求』によれば、柱穴の直径は２０～４０ｃｍと小
さく、しかも散在的なので寺跡とは言いきれず、また、焼かれた跡も検出されなかったので焼亡
した可能性も低いとのことだった。従って福檀（田）寺跡は、別の場所ではなかったかと推定して
おられる。

　　『城館跡』では当地を「新保烽火台？」としているが、その根拠は不明。当地の比高は５０ｍ
しかなく、しかも周囲の山々に囲まれ、見下ろされているため、狼煙を上げても非常に見難かっ
たであろう。従って狼煙を上げたという事実があったにせよ、基本は在地領主の城郭としたい。

　　単純ながらも内枡形虎口・塁線土塁が残っていることから１６世紀の城館と考えられる。参道
等の痕跡が確認できないため、宗教遺跡（寺跡）とするには、やはり無理があろう。池田町内の
城館の比高は３０～５０ｍであることから、この推定は妥当なものと思われる。

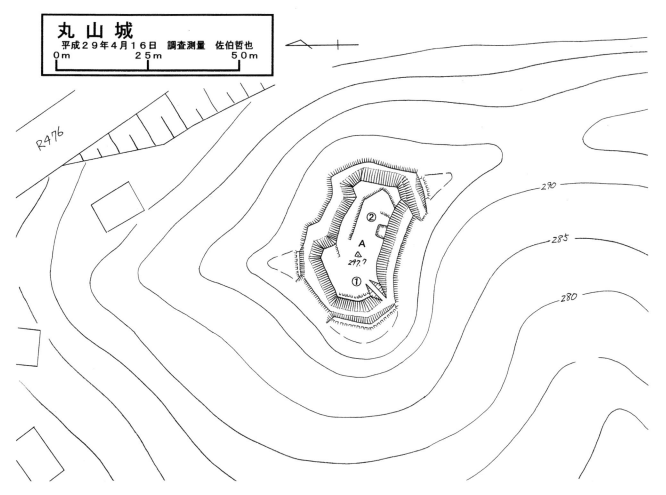

丸 山 城
平成２９年４月１６日　調査測量　佐伯哲也
0m　　　　25m　　　　50m

25. 藤 巻 城 （ふじまきじょう）

①今立郡池田町稲荷　②－　③１６世紀後半　④１６世紀後半　⑤１６世紀後半　⑥平馬之守？
⑦山城　⑧削平地・切岸・横堀・土塁　⑨80m × 50m　⑩標高350m　比高120m　⑪8

　『城館跡』は城主を平馬之守としているが、詳細は不明。『上池田村誌』（西村佐太郎　1932）によれば、藤巻城主は奈津取ヶ嶽城主と戦い続け、年末になってしまった。敵（奈津取ヶ嶽城主）は明日は大晦日なので休戦せんと申し込み、その夜不意に乗じて攻め込み、遂に落城した。このため城跡を大年箬と称したという。

　城跡は足羽川に面した尾根上にあり、足羽川沿いの集落や街道、さらに府中越えの街道も遠望することができる。

　基本的には単郭の城で、A曲輪が主郭。『上池田村誌』や『越前今立郡誌』（今立郡役所 1909）では「礎石遺存し」とあるが、現状では見当たらない。①はコンクリート枡。かなり劣化していることから、太平洋戦争中監視哨として使用されていた痕跡なのかもしれない。この推定が正しければ、主郭Aの平坦面に残る不自然な段差は、監視哨に伴うものと推定できる。

　主郭Aの周囲に約７mの高切岸を巡らし、さらに尾根前後に二重堀切を設けて敵軍の攻撃を遮断している姿は壮観である。堀切間を放置せず、土塁として処理している点も見逃せない。堀切を迂回して、主郭A直下を進攻する敵軍を阻止するため、竪堀②・③を設ける。技術力の高さから、現存遺構は１６世紀後半に構築したことを物語る。

　『城館跡』が記載する城主平馬之守がいかなる人物なのか不詳だが、戦争が激化した１６世紀後半において、足羽川沿いの集落を支配する在地領主が、総合的な監視を奈津取ヶ嶽城、実質的な支配の城として藤巻城を築城したという仮説が成り立とう。

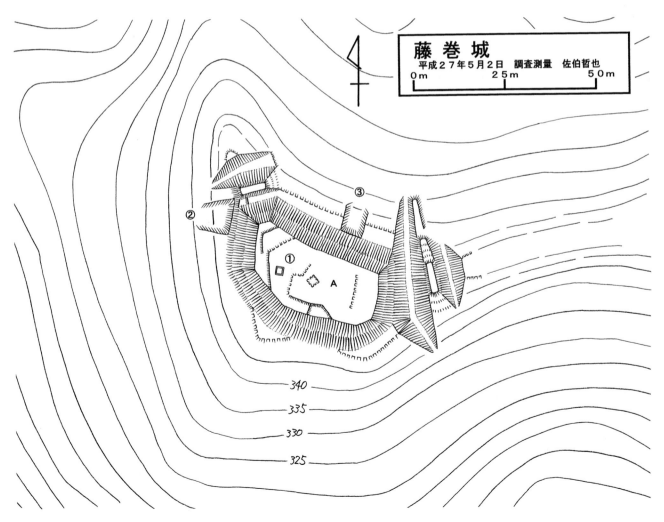

藤 巻 城
平成２７年５月２日　調査測量　佐伯哲也
0m　　　　25m　　　　50m

26. 糀谷山城 （こうじだんやまじょう）

①今立郡池田町月ヶ瀬　②－　③16世紀後半　④16世紀後半　⑤16世紀後半
⑥在地領主？　⑦山城　⑧削平地・切岸・横堀・土塁・堀切・竪堀　⑨100m×50m
⑩標高320m　比高80m　⑪8

　平成5年に発見された山城であり、伝承・古記録は残っていない。南麓直下に足羽川沿いの街道が通る交通の要衝である。
　山頂に主郭Aを配置するが、削平は甘く、ほとんど自然地形。南側の尾根の突端は、急峻な地形となっているため防御は甘く、小規模な堀切①とB曲輪があるのみである。
　防御の主眼は北側の尾根続きで、防御施設が集中する。まず尾根続きを堀切④で遮断し、そのまま高さ4mの切岸②で山麓部を包み込み、堀切④を迂回する敵軍を阻止する。それでも迂回する敵軍に対して、竪堀③・⑤を設けている。3重の防御構造と言えよう。通路状の⑥は、上部が櫓台へと続いている。このことから⑥は虎口の可能性も捨てきれない。
　以上、防御施設の厳重性を考慮すれば、現存遺構は16世紀後半に構築されたと考えられる。曲輪の平坦面はほとんど削平されず、大半は自然地形をそのまま使用していることから、臨時性の強い純軍事施設と推定される。恐らく戦争が激化した16世紀後半に在地領主が臨時性の城郭として築城したのであろう。
　筆者の疑問は、藤巻城と糀谷山城はわずか750mしか離れていないことである。なぜこのような至近距離に二つの城郭が必要だったのか、興味の尽きないところである。

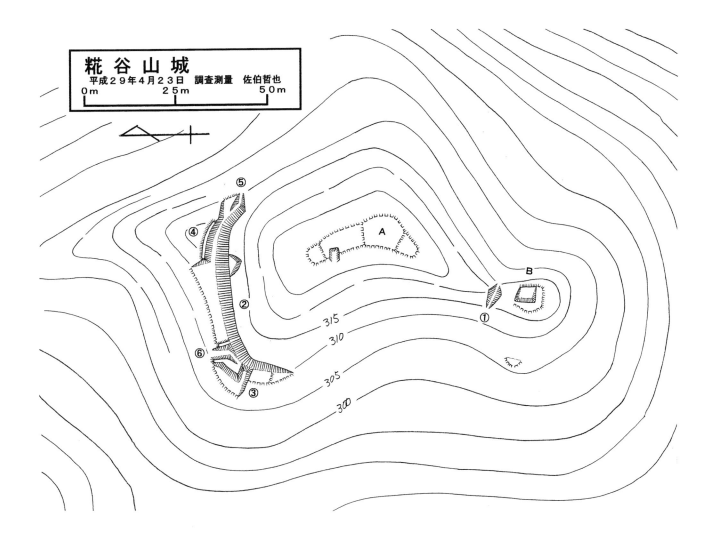

糀谷山城
平成29年4月23日　調査測量　佐伯哲也
0m　　　25m　　　50m

27. 池 田 館 (いけだやかた)

①今立郡池田町山田　②－　③戦国期　④戦国期　⑤戦国期　⑥池田氏　⑦丘城
⑧削平地・切岸・土塁・堀切　⑨80m×90m　⑩標高250m　比高30m　⑪8

『城跡考』によれば、池田勘解由左衛門の館跡になっている。『越前今立郡誌』(今立郡役所1909)
では、池田氏四代の居館とする。池田氏は室町時代越前守護代甲斐氏の代官（又守護代）として
池田庄に土着した領主と考えられる（松原信之「越前国池田庄と池田氏」『福井県地域史研究第
10号』福井県地域史研究会 1986)。15世紀中頃の又守護代に「池田勘解由左衛門尉」の名を
見出すことができる。

池田庄は現在の池田町とほぼ一致し、池田氏より上級の支配者・鞍谷氏が管轄していた。池田
氏が支配していたのは、池田上庄のみである。池田下庄は鞍谷氏代官の氏家氏が支配していた（竹
間芳明「戦国期越前の村落構造」『若越郷土研究四十二号』福井県郷土誌懇談会 1997)。

『朝倉始末記』によれば、池田氏最後の当主景久は元亀3年(1572)朝倉義景が浅井氏救援のた
めに近江に出陣するとこれに従軍する。このとき前波氏等織田信長に内応する家臣が続出すると、
景久（『朝倉始末記』は「池田隼人正」と記述する）も内応する。しかし、内応直前に露見して
しまい、景久は首を刎ねられ、六歳の息子も越前から呼び寄せ首を刎ねられたという。『大系』
では内応の罪により、池田館も破却されたという。

池田館は、山田集落を見下ろす高台に位置する。背後を長さ80mの長大な堀切①で遮断して
おり、さらに城内側を土塁状に加工していることから、戦国期の所産と見ることができる。②の
窪地は炭焼き窯、あるいは氷室と考えられ、城郭遺構ではない。背後の尾根続きには、小規模な
がら堀切③を伴った詰城が存在し、足羽川沿いの集落を広く眺望することができる。

このような説明だけなら、山麓の居館と、山上の詰城がセットになった典型的な在地領主の居
城とすることができる。しかし池田館には自然地形が多く、広大な平坦面はほとんど存在しない。
本来ならば頂部には大規模な平坦面が存在しなければならないのに、小規模な平坦面Aと下段に
平坦面Bしか存在しない。さらにその下方には平坦面Cも存在するが、削平は甘く自然地形が残
る。きれいに削平している平坦面は、A・B・D・Eだけである。これでは大規模かつ堅牢な建
物は建たない。つまり居住空間が存在しないのである。従って池田館を池田氏の居館とするには
違和感を感じてしまう。

それでは、池田館を山城と見るとどうなるのか。山田集落からはF谷を上がり、④地点から入
るのであろうが、これでは平坦面Cから簡単に主郭（山城ならば）Aに到達することができる。
もっとも⑤地点は全くの無防備で、ここから敵軍の進攻を簡単に許してしまう。従って山城とし
ても違和感を感じてしまうのである。

『郷土史探求』(池田歴史の会　上野久雄 2005)でも池田氏の館を池田館にすることに疑問を
抱いている。『郷土史探求』は、山田川を挟んだ対岸の山田集落内に「タチ」という小字がある
ことに着目し、そこが池田氏の館跡ではなかったかと推定している。そして現池田館は城跡では
ないかと推定する。確かに池田氏の館は、山田集落内の小字タチの可能性が高い。だからといっ
て池田館を城跡とするのにも違和感を感じる。背後は長大な堀切で遮断するものの、山麓から進
攻する敵軍を遮断する防御施設は、ほぼ皆無に等しいからである。

それでは池田館は、どのように解釈すれば良いのだろうか。一つの考え方として、宗教遺跡、
つまり寺院跡とすることもできる。つまり当初平坦面A・B・D・Eに寺院としての建物（本堂
等）が建っていたが、戦国期に入り堀切①等の防御施設を構築したとする考えである。当初寺院
として構築されたため、100％城郭化することができず、山麓からの防御施設は未完成に終わ
った、と考えることはできないだろうか。このため小規模ながら、山頂に堀切③を伴う詰城を設
けたのである。

以上が筆者の推論である。しかし、これとて確証があるわけではない。今後は寺院説も含めて
再考していく必要性があろう。

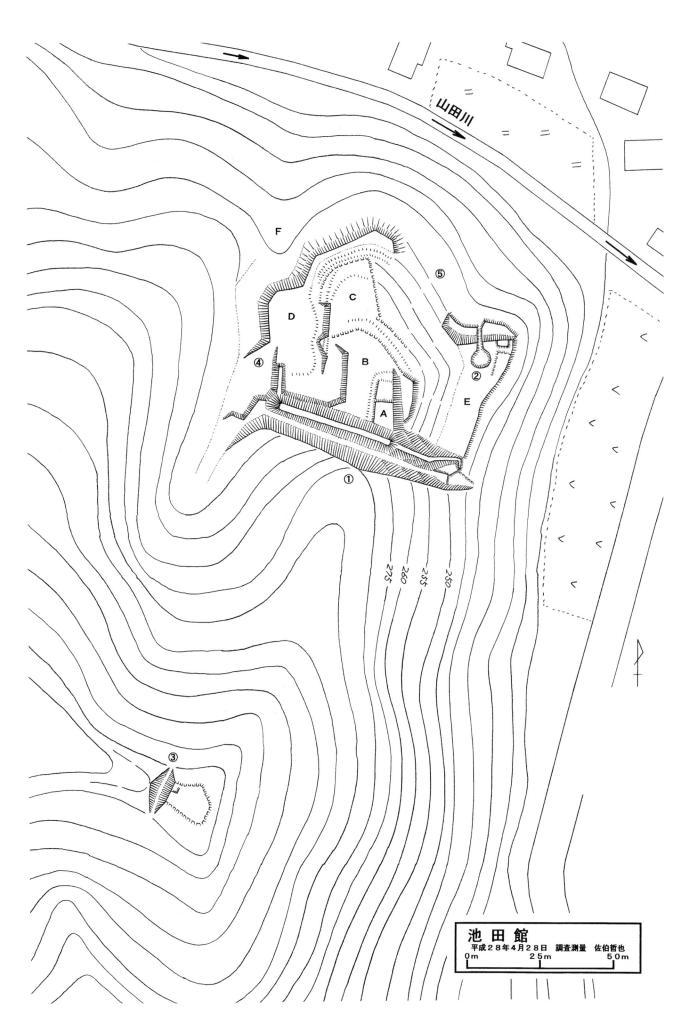

山田川

F

D

④

C

B

A

⑤

E

②

①

275
260
255
250

③

池田館
平成28年4月28日　調査測量　佐伯哲也
0m　　　　　25m　　　　　50m

28. 持 越 城 1 （もちごししじょういち）

①今立郡池田町持越　②亀山城　③１６世紀後半　④１６世紀後半　⑤１６世紀後半　⑥在地領主
⑦山城　⑧削平地・切岸・土塁・堀切・竪堀　⑨190m×90m　⑩標高265m　比高80m　⑪9

　持越城の位置については、現在２説ある。一つは当城のように足羽川が大きく蛇行した離れ小島のような場所で、地元住民が城山と称する場所。『上池田村誌』（西村佐太郎 1932）は当城を持越城とする。本稿ではこれを持越城１とした。

　これに対し、『城跡考』では「持越村ヨリ四町計北山上」とし、持越城２を持越城とする。『郷土史探求』（池田歴史の会　上野久雄 2005）では「仮称」としながらも持越城２を持越城とする。どちらが正しいのか判断し難いので、本稿では持越城１・持越城２として論を進める。

　前述のように、三方を足羽川と断崖絶壁に囲まれた天然の要害である。『上池田村誌』も「東は数十丈の絶壁にして、頗る寄景の地たり」と述べる。それでも防御は厳しく、東西の尾根続きは大規模な堀切を設けて完全に遮断している。特に東側は土塁と竪堀を併用した三重の堀切①を設け、厳重に警戒している。土塁・竪堀・堀切をミックスして防御力を増強していることから、現存遺構の構築は、１６世紀後半であることが推定される。

　一方、唯一の登り口である北側の尾根続きは堀切を設けず、両竪堀を設けて通路を確保している。持越集落との繋がりを感じさせる縄張りと言える。主郭は山頂のＡ曲輪。中央に低い土壇を設ける。城郭施設としては異質で、あるいは祭祀用の宗教施設かもしれない。

　以上、持越城１の概要を述べた。位置から足羽川沿いの街道を強く意識した選地と考えられる。足羽川沿いの街道は、美濃街道と直結する重要な街道である。在地領主が１６世紀後半に築城した城郭と推定できよう。

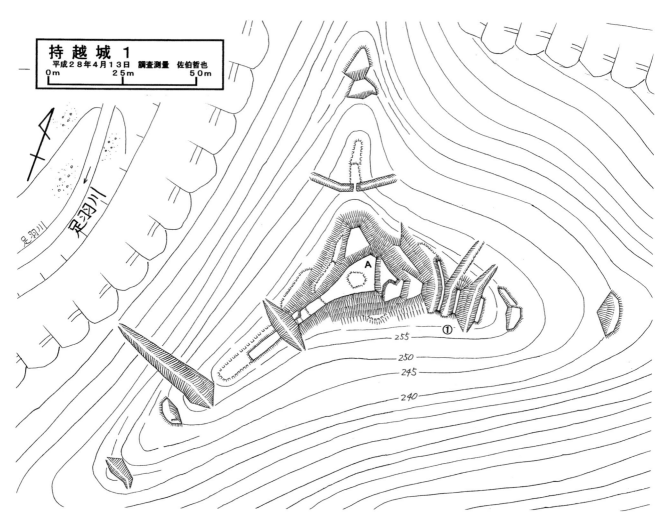

持 越 城 1
平成２８年４月１３日　調査測量　佐伯哲也
0m　　　25m　　　50m

29. 持越城 2 （もちごしじょうに）

①今立郡池田町持越　②－　③１６世紀　④１６世紀　⑤１６世紀　⑥在地領主　⑦山城
⑧削平地・切岸・土塁・堀切　⑨90m×30m　⑩標高240m　比高50m　⑪9

　「28　持越城１」でも述べたように、『城跡考』では「持越村ヨリ四町計北山上」とし、持越城２を持越城とする。『郷土史探求』（池田歴史の会　上野久雄 2005）では「仮称」としながらも持越城２を持越城とする。

　当城は、足羽川沿いの街道の峠である犬戻坂①を強く意識した選地となっている。『郷土史探求』では犬戻坂の掘割をかつての堀切としている。その可能性を１００％排除しないが、主郭Aを防御する堀切②・③と比較しても、あまりにも巨大すぎる。①は峠越えの掘割で、昭和初期まで使用したため、このような巨大な掘割になったと解釈し、城郭遺構ではないと判断した。

　主郭はA曲輪で、尾根の前後を堀切③・④で遮断する。尾根続き方向を土塁②で防御力を若干増強するものの、堀切の構造は単純で、持越城１のように発達していない。先端の遺構Bは、端部を切岸によって遮断しているため、城郭遺構と思われるが、性格については詳らかにできない。

　以上が持越城２の概要である。構造だけに注目すれば、持越城１より一世代古い構造と言える。つまり先に持越城２が存在していた可能性がある。犬戻坂①（足羽川沿いの街道）を監視・使用明くするために持越城２を築城するが、戦国期が激化するにあたり、在地領主が足羽川沿いの街道を完全に封鎖（街道を両側から挟むために）するために、１６世紀後半に持越城１を増築したという仮説が提唱できよう。

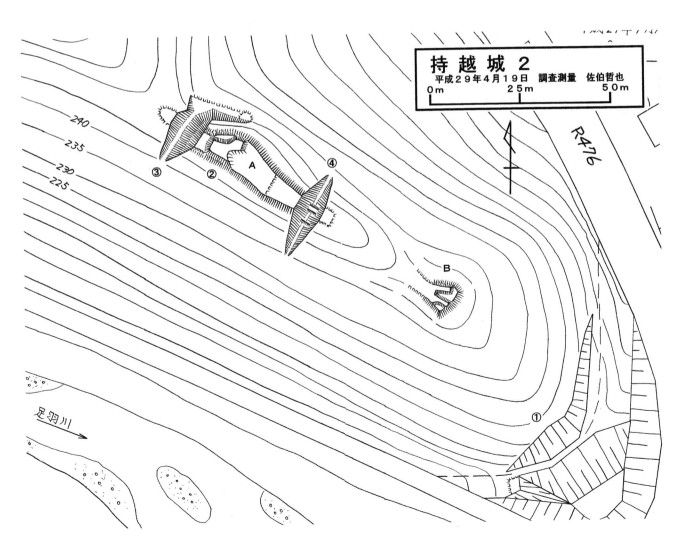

持越城２
平成２９年４月１９日　調査測量　佐伯哲也
0m　　25m　　50m

30. 大谷山城（おおたにやまじょう）

①今立郡池田町野尻　②－　③１６世紀後半　④１６世紀後半　⑤１６世紀後半　⑥在地領主
⑦山城　⑧削平地・切岸・土塁・横堀　⑨40m×30m　⑩標高320m　比高120m　⑪9

　　　古記録・伝承は残っていない。尾根の頂部に位置しているため、眺望は素晴らしく、足羽川沿いの集落、特に持越城１を眼下に見下ろすことができる。
　　　持越城１の役割の一つとして、足羽川下流からの情報をいち早く池田庄中心部に伝達することが推定される。しかし足羽川が大きく湾曲しているため、地形が邪魔をして足羽川上流部の集落を見通すことができず、従って持越城１単独では情報を素早く伝達することはできない。このため大谷山城を築城し、リレー方式で伝達したのではなかろうか。この仮説が正しければ、持越城１と大谷山城は同時代・同一人物によって築城されたことになる。
　　　単郭の城で、A曲輪が主郭。尾根の頂部に位置するものの、広々とした地形になっているので、周囲に横堀を巡らして敵軍の攻撃を遮断する。
　　　注目したいのは、虎口の防御構造である。城内外は横堀で遮断しているため、土橋で繋いでいる。城内側に単純ながら内枡形虎口①を設けて敵軍の侵入を阻止している。ここまでなら特段注目しなくてもよいが、城外側に小規模な平坦面②を設けている点は高く評価できる。恐らくまず平坦面②に入り、土橋を渡って内枡形虎口①に向かったと推定される。勿論平坦面②には、主郭Aからの横矢が効いている。土橋を渡った対岸の平坦面で、しかも横矢が効いていることから、単純ながら馬出曲輪の効果を発揮する平坦面と理解できる。
　　　以上の構造から、大谷山城の築城は１６世紀後半と推定でき、持越城１と同年代となった。恐らく両城は戦国末期に同一人物によって築城されたのであろう。

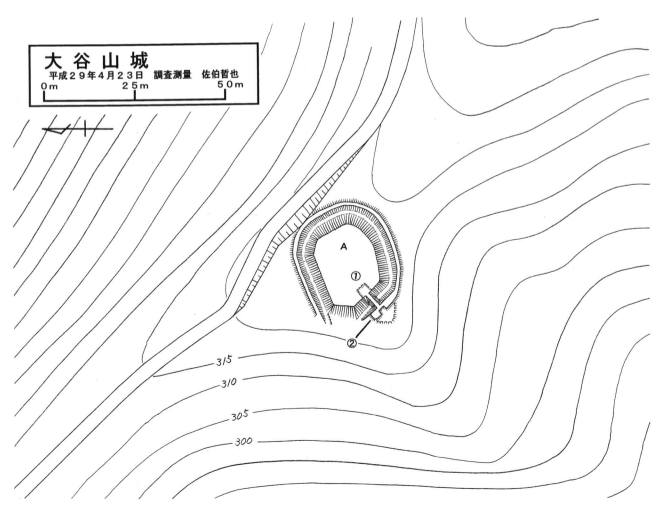

大谷山城
平成２９年４月２３日　調査測量　佐伯哲也
0m　　　　25m　　　　50m

31. 部子城 (へこじょう)

①今立郡池田町松ヶ谷　②松ヶ谷城　③１６世紀後半　④１６世紀後半　⑤１６世紀後半　⑥飯田因幡守・同筑前守・伊賀守　⑦山城　⑧削平地・切岸・土塁・堀切・竪堀　⑨120m × 20m　⑩標高195m　比高40m　⑪9

　『城跡考』によれば、城主は飯田因幡守・同筑前守・伊賀守としている。しかしこの三武将について詳らかにできない。『郷土史探求』(池田歴史の会　上野久雄 2005) によれば、飯田因幡守が守っていたが、織田信長の朝倉攻めの際に焼き払われたと記述している。これが真実だとすれば、天正元年(1573)に落城したと考えられる。この飯田因幡守は、龍淵寺過去帳に見える「天正四年七月十五日雲室浄慶居士　飯田因幡守」と同一人物と考えられる (松原信之「越前国池田庄と池田氏」『福井県地域史研究第１０号』福井県地域史研究会 1986)。

　部子城は足羽川と部子川の合流点に位置し、部子川の断崖絶壁に守られた天然の要害である。さらに足羽川沿いの街道と、越前大野に至る間道が交差する交通の要衝でもある。城跡は松ヶ谷集落に鎮座する神明社の裏山に築かれている。城内最高所のA曲輪が主郭。城跡には近世以降と思われる石塔が建っている。基本的な縄張りは、主郭Aの前後を堀切・竪堀で遮断する単純なものである。

　一点だけ注目したいのは、堀切①は防御力を増強するために櫓台②を設けており、堀切・櫓台がセットになった防御施設と評価できる。この防御施設の存在により、現存遺構の構築年代は、１６世紀後半と推定できる。

　以上の理由により、伝承の落城年代と遺構が一致することが判明した。天正元年と限定はできないが、織田信長との全面対決に突入した元亀年間に築城されたことが推定できよう。

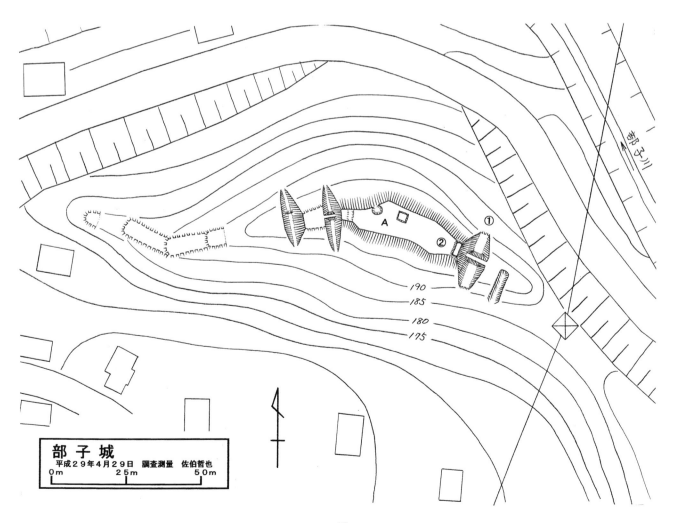

部子城
平成２９年４月２９日　調査測量　佐伯哲也
0m　　　25m　　　50m

32. 黒山城 (くろやまじょう)

①南条郡南越前町南条町鋳物師　②—　③南北朝期　④１６世紀　⑤１６世紀　⑥斎藤氏　⑦山城　⑧削平地・切岸・堀切・竪堀　⑨360m×60m　⑩標高173.7m　比高90m　⑪10

　『史跡杣山城と瓜生保』（南条町 1973）によれば、建武の頃足利勢を防いだ杣山城の出城としている。山頂から北西に１２㎞見通せるので「見山」とも言われている。『南条郡誌』の記述を引用し、杣山城主瓜生保の家臣・斎藤某の居城としている。

　山頂のＡ曲輪が主郭。山頂には、通信施設と宗教建造物（神社）が存在しているため、主郭の削平は曖昧になっている。しかし、影響をあまり受けていない東端もきれいに削平されていないため、当初から主郭Ａの削平は自然地形が多く残った不明瞭な削平だったと考えられる。これは純軍事的な目的で築城された臨時城郭だった可能性を示唆している。

　主郭Ａの両端を堀切①・②で遮断し、堀切①は南側を竪堀状に落としている。堀切②の城内側に箱型の窪地が残るが、性格は不明。このような場所にケシ炭穴あるいは猪穴があるとは思われず、ひょっとしたら城郭遺構としての伏兵穴なのかもしれない。堀切と竪堀を併用していることから、現存遺構の構築は１６世紀まで下ると推定される。

　北西方向に尾根を下ると、土塁状通路⑥と溝⑤が存在する。いずれも小規模かつ不明瞭なので、城郭遺構なのか判断はつきかねる。尾根突端にＢ曲輪が存在し、両端を堀切③・④で遮断する。基本的な構造は主郭Ａと同じである。

　以上が黒山城の概要である。臨時的な要素が強いことから、１６世紀に入って杣山城の出城として急遽築城されたことが推定されよう。

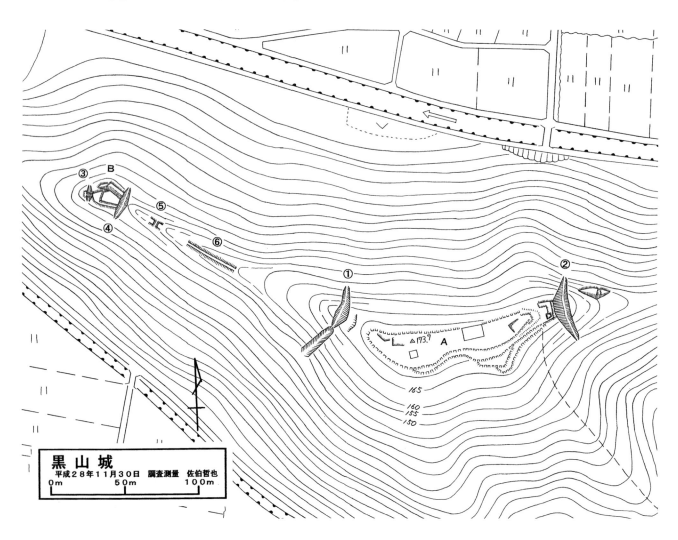

黒山城
平成28年11月30日　調査測量　佐伯哲也
0m　　　50m　　　100m

33. 茶 臼 山 城 (ちゃうすやまじょう)

①南条郡南越前町南条町上別所　②－　③南北朝期　④16世紀後半　⑤16世紀後半　⑥新田
義貞・越前一向一揆？　⑦山城　⑧削平地・切岸・堀切・土塁・竪堀　⑨190m×80m
⑩標高170m　比高80m　⑪10

　『城跡考』では新田義貞の城跡と記述しているが、勿論確証はない。眼下に北国街道が通る交
通の要衝である。比高は80mなので、街道の監視・掌握を目的とした選地と推定される。また、
日野川を挟んだ対岸に杣山城が聳え立ち、直線距離で2.6km離れていることから、本・支城の
関係だったことを物語っている
　城内最高所のA曲輪が主郭。背後を2本の堀切①・②で遮断する。周囲を8～14mの高切岸
を巡らし、完全に遮断している。切岸直下に帯曲輪を巡らしており、最も幅が広いB曲輪と堀切
①の間には土塁を設ける。堀切①・②の間には不明瞭ながらも通路⑤があり、ここからB曲輪に
入ったと推定される。通路を設けた以上、敵軍の進攻も想定される。従って敵軍の進攻を阻止す
るために土塁が構築されたと推定されよう。
　通路⑤からB曲輪に入った敵軍は、一際大きい竪堀③で進攻を止められてしまう。一方、山麓
から進攻してきた敵軍は、これも一際大きい竪堀④のために主郭A東直下を迂回することができ
ず、西直下を迂回することになる。ここにも帯曲輪に小規模な竪堀5本設けて敵軍の進攻速度を
鈍らせている。山上・山麓から進攻してきた敵軍の動きを、遮断性の高い竪堀③・④で阻止して
いるのである。16世紀の所産と考えて問題あるまい。
　さて、この放射状竪堀群は、村国山城に類例を見ることができる。村国山城を天正3年(1573)
越前一向一揆の築城とすれば、茶臼山城も同様のことが推定できよう。

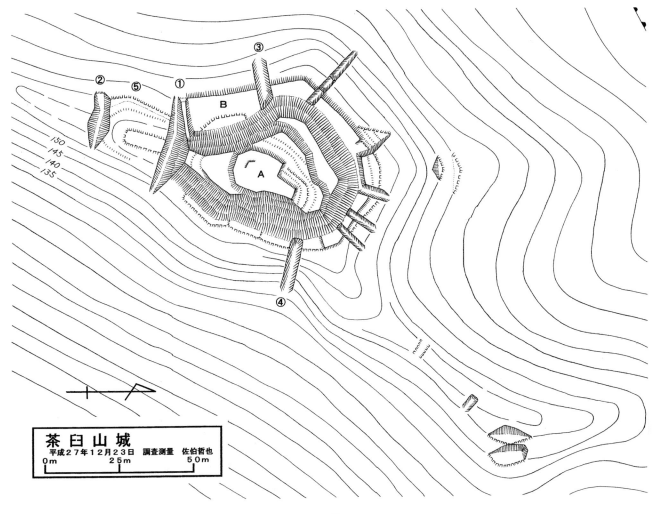

茶 臼 山 城
平成27年12月23日　調査測量　佐伯哲也
0m　　　25m　　　50m

34. 杣 山 城 (そまやまじょう)

①南条郡南越前町南条町阿久和　②－　③南北朝期　④１６世紀後半　⑤１６世紀後半　⑥瓜生氏・河合宗清・越前一向一揆？　⑦山城　⑧削平地・切岸・堀切・土塁・竪堀
⑨ 1060m × 410m　⑩標高 492.1m　比高 380m　⑪ 10

１．歴史

　鎌倉末期以降、杣山庄を支配した瓜生氏代々の居城として知られている。南北朝時代、度々太平記や軍忠状等に姿を見せており、延元元年(1336)金ヶ崎城に入城した新田義貞を瓜生氏が援護したことが知られている。

　戦国期になり朝倉氏が越前を支配すると、家臣の河合安芸守宗清が在城する。永禄１１年(1568)５月足利義昭が朝倉義景亭に御成したときの記録『朝倉義景亭御成記』(『福井市史資料編２』)に「御小者衆相伴」として記載されている「河合安芸守」は宗清であろう。『朝倉始末記』では元亀元年(1570)４月織田信長を追撃すべく一乗谷を出陣した朝倉義景軍の中に、河合宗清の名を記載する。同記によれば、宗清は先陣を掌り二千余騎を率いたという。数字は信憑性に欠けるが、譜代の重臣山崎吉家と同数を率いているということは、宗清は朝倉家臣団の中でも中核を成す武将だったと考えられよう。

　天正元年(1573)８月刀祢坂の合戦で織田信長は朝倉軍を完膚なきまでに叩きのめし、戦死者の名前を上杉謙信に送った書状(「織田信長朱印状」『福井市史資料編２』)で列記している。その中に記載されている「河合安芸守」は河合宗清その人であろう。

　天正２年杣山城に一向一揆が籠城したと言われるが、詳細は不明。ただし『信長公記』によれば、天正３年８月織田軍越前進攻にあたり、一揆軍の大将下間筑後守が「今城・火燧が城」を改修して籠城したとしている。「火燧が城」は燧ヶ城だが、「今城」に該当する城郭は現在確認されていない。発掘調査から杣山城は１６世紀後半にも存在していたことが確実なため、今城は杣山城の可能性が高いと筆者は推定する。ただし、残念ながら根拠は存在しないため、ここでは可能性を指摘するだけにしておきたい。

　以降、杣山城は使用された形跡はない。恐らく天正３年をもって廃城になったのであろう。

２．縄張り

（１）全体的な縄張り

　中世において近江と越前を繋ぐ街道として重要視されてきた北陸街道と、美濃へ抜ける高倉峠越えの街道が山麓直下で交差する交通の要衝である。さらに重要な宿場町だった湯尾と今庄の集落も眼下に見下ろす。これらのことを考慮して選地されたことは言うまでもない。

　杣山城の構造は、山上遺構・城主居館（通称大屋敷）・山麓城戸（通称二ノ城戸）から構成されている。城主居館（通称大屋敷）・山麓城戸は関連遺構で詳述し、本稿では主に山上遺構について説明する。

（２）山上の城郭遺構

　山頂からの眺望は素晴らしく、また、切り立った断崖絶壁に守られた天然の要害である。南北朝期の城郭として相応しい山容と言える（図１）。

　城域は広く、山頂のⅠ地区（通称本丸・東御殿、図２）、Ⅱ地区（通称西御殿、図３）、Ⅲ地区（図４）に遺構が存在する。三地区の中で主城的な地位にあるのが杣山山頂のⅠ地区であろう。しかし、Ⅰ・Ⅱ・Ⅲ共に間には露頭岩が聳え立っているため独立性が強く、各地区の連動性は全く感じられない。各地区に対する求心力が非常に弱い主郭と言える。違った見方をすれば、Ⅰ地区は露頭岩によって防御されていると言える。従ってⅠ地区を防御する大規模な堀切は設けていない。

　Ⅰ・Ⅲ地区の縄張りは単純で、遺構も堀切・竪堀・削平地が認められるのみである。Ⅱ地区も

残存する遺構はほぼ同じだが、二重堀切と竪堀をセットにした防御ライン①や、竪堀で尾根続きを防御した②は、１６世紀後半の様相を示す。従って遺構からは、戦国期にも使用され、改修されたことを読み取ることができる。

　③は通称殿池と呼ばれる井戸で、現在も湧水を認めることができる。城兵達の貴重な飲料水だったのであろう。山上曲輪から竪堀を落としているが、この殿池も防御ラインの一部を形成している。防御ラインの外側には、山麓の城主居館から登ってくる城道が存在している。つまり防御ラインは城道から攻めのぼってくる敵軍を強く意識した構造となっているのである。飲料施設（＝殿池）の外側に城道を設けたのは、敵軍に山城の命とも言うべき飲料施設を奪取されることを恐れたからであろう。この防御ラインの存在からも、１６世紀後半の遺構であることが判明する。

　Ⅱ地区の西尾根にも小城郭が２ヶ所（西尾根遺構１・西尾根遺構２とする。別項で説明）確認できる。杣山城本丸（Ⅰ）からは、北国街道が見えない部分が多く存在する。小城郭からは眼下に見下ろすことができる。このような弱点部分をカバーする支城として、小城郭は築城されたのであろう。②は尾根両側面に竪堀を設けて通りにくくしているものの、二重堀切等を設けて尾根を完全に遮断していないのは、その先に西尾根遺構１・２が存在するからである。つまり戦国期において尾根上に通路が存在していたことを指摘できる。

　西尾根遺構１・西尾根遺構２は後述するのでここでは要点だけ述べる。特に注目したいのは、西尾根遺構１の虎口である。土塁や櫓台は設けていないが、明確な内枡形虎口である。しかも敵軍に直撃されないように堀切に隣接して設けている。明らかに１６世紀後半の遺構である。断定はできないが、西尾根遺構２は時代決定を推定できる遺構は残さないが、同じ尾根上にあることから、やはり１６世紀後半の遺構と考えられよう。１６世紀後半に西尾根の軍事的緊張が高まり、西尾根遺構１・西尾根遺構２が構築されたと考えられよう。

　一方、杣山城東端のⅢ地区は、堀切を用いて尾根続きを遮断しているものの、１６世紀後半に改修された痕跡を見出すことはできない。Ⅱ地区と対照的な縄張りとなっている。

　それでは、なぜⅡ地区（西尾根遺構１・西尾根遺構２を含む）のみが、１６世紀後半に改修・使用されたのであろうか。それはⅡ地区は北国街道に面しており、北国街道から敵軍に直撃される可能性が強かったからと推定される。

　１６世紀後半に北国街道の軍事的緊張が高まった原因はなんであったのだろうか。その可能性として、元亀年間における織田信長との抗争、天正３年に信長と越前一向一揆の抗争が候補として挙げられる。ただし、天正３年一向一揆が築いた城に枡形虎口は見当たらない。従って元亀年間における織田信長との抗争時に朝倉氏が構築した可能性が高いと言えよう。

　ただし、それは天正３年下間筑後守が使用しなかったということではない。下間筑後守は朝倉氏時代の杣山城を改修せず、そのまま使用したと解釈すべきであろう。

３．発掘調査

　昭和45〜56年にかけて南条町による発掘調査が実施され、貴重な事実が判明した（『史跡杣山城跡Ⅲ』南越前町教育委員会2007）。

　西御殿（Ⅱ地区）では、礎石建物④が二棟以上検出されている。建物の性格は詳らかにできないが、東西約３．０ｍ、南北約２．４ｍの規模で、この礎石建物は最上段の平坦面から検出されており、位置・規模等から櫓のような建物だったと考えられる。遺物については越前焼４２点出土している。

　東御殿（Ⅰ地区）からも礎石建物⑤が二群三棟が検出された。二群の間には方位差４度が生じており、これは時期差と考えられる。遺物は、越前焼２０点・土師器２９７点・瀬戸美濃焼６点・染付２点・金属製品２点・石製品５点が出土し、１３世紀末〜１６世紀後半の年代と推定された。

　さて、まず礎石建物であるが、これほど標高の高い山城で礎石が確認できるのは、越前国内では一乗谷城と杣山城のみである。存在そのものが貴重と言えよう。報告書も述べているように、礎石建物の性格は詳らかにできないが、仮に櫓だとしても、それは倉庫のような櫓だったと考えられ、湿気を嫌う品物（火薬・火縄）を格納していたと考えられる。つまり鉄砲の装備品である。

掘っ立て柱建物は一般的に土間であり、床が無かったと考えられる。このような造りでは火薬・火縄は湿気てしまい、いざと言う時に使い物にならなくなってしまう。そこで礎石を使用し、床を持った建物を導入し、湿気を遮断したのである。報告書に礎石建物の年代は記載されていないが、この推定が正しければ、鉄砲が普及した１６世紀後半に構築されたと推定できよう。

　次に遺物から見た年代だが、南北朝期には既に使用され、河合宗清時代まで使用されていたことが判明した。つまり考古学的成果と縄張り成果とが一致したのである。それは遺構的にも認められる西御殿（Ⅱ地区）のみならず、東御殿（Ⅰ地区）も該当したのである。東御殿は使用するに止まったが、敵軍の攻撃をダイレクトに受ける西御殿は、遺構も大改修したのであろう。

　ここで注目したいのは、城主居館である通称大屋敷である。関連遺構で詳述するため、ここでは要点だけ述べる。　遺物は居館に相応しく土師器・越前焼・瀬戸美濃焼・青磁・白磁・瓦質土器・鉄製品・石製品と多種多様に亘り、１４万点も出土した。ところが遺物の年代は１４世紀末～１５世紀後半であり、１６世紀の遺物はほとんど出土しなかった（『史跡杣山城跡保存管理計画書』南越前町教育委員会2008）。つまり１６世紀には館は廃絶していたと考えられるのであり、１６世紀後半まで存続した山城とは存続年代がラップしなくなったのである。

　一般的に戦国期になると、激化した戦闘に対応するために、居住地域を山麓の居館から山上の詰城に移したと言われている。杣山城の場合、西御殿・東御殿に礎石建物が検出されたが、それは居住施設ではなく、倉庫類と考えられる。従って山上（西御殿・東御殿）に居住空間が設けられていたのか考古学的には不明と言わざるを得ない。現段階においては、山上施設は１６世紀後半において、軍事施設として使用されたとするのが無難な解釈である。ただし礎石建物という恒久的建物を導入した本格的な使用だという点は、大いに評価すべきである。

４．まとめ

　以上長々と述べてきた。まとめると下記のようになる。

①文献史料の面からは、南北朝時代に既に使用され、戦国期には朝倉氏、越前一向一揆が使用し、天正３年(1575)の落城をもって廃城になったと考えられる。

②Ⅱ地区及び西尾根遺構は、北国街道から敵軍に直撃される恐れがあるため、１６世紀後半に改修されたと考えられる。

③発掘調査の結果、山上施設は１３世紀末～１６世紀後半に使用されたことが確認された。つまり最終年代は、縄張り研究の成果と一致したのである。ただし、山麓の城主居館の使用年代は１４世紀末～１５世紀後半であり、１６世紀には廃絶していたと考えられている。従って居館と詰城の存続年代はラップしていなかったのである。

④西御殿・東御殿から礎石建物が検出された。それは倉庫のような建物と推定され、火薬・火縄を格納する倉庫だったかもしれない。山上に居住空間が存在していたのか、そこまでは判明させることはできない。ただし、礎石建物を導入した本格的な山城が１６世紀後半に出現したことは、大いに評価できよう。

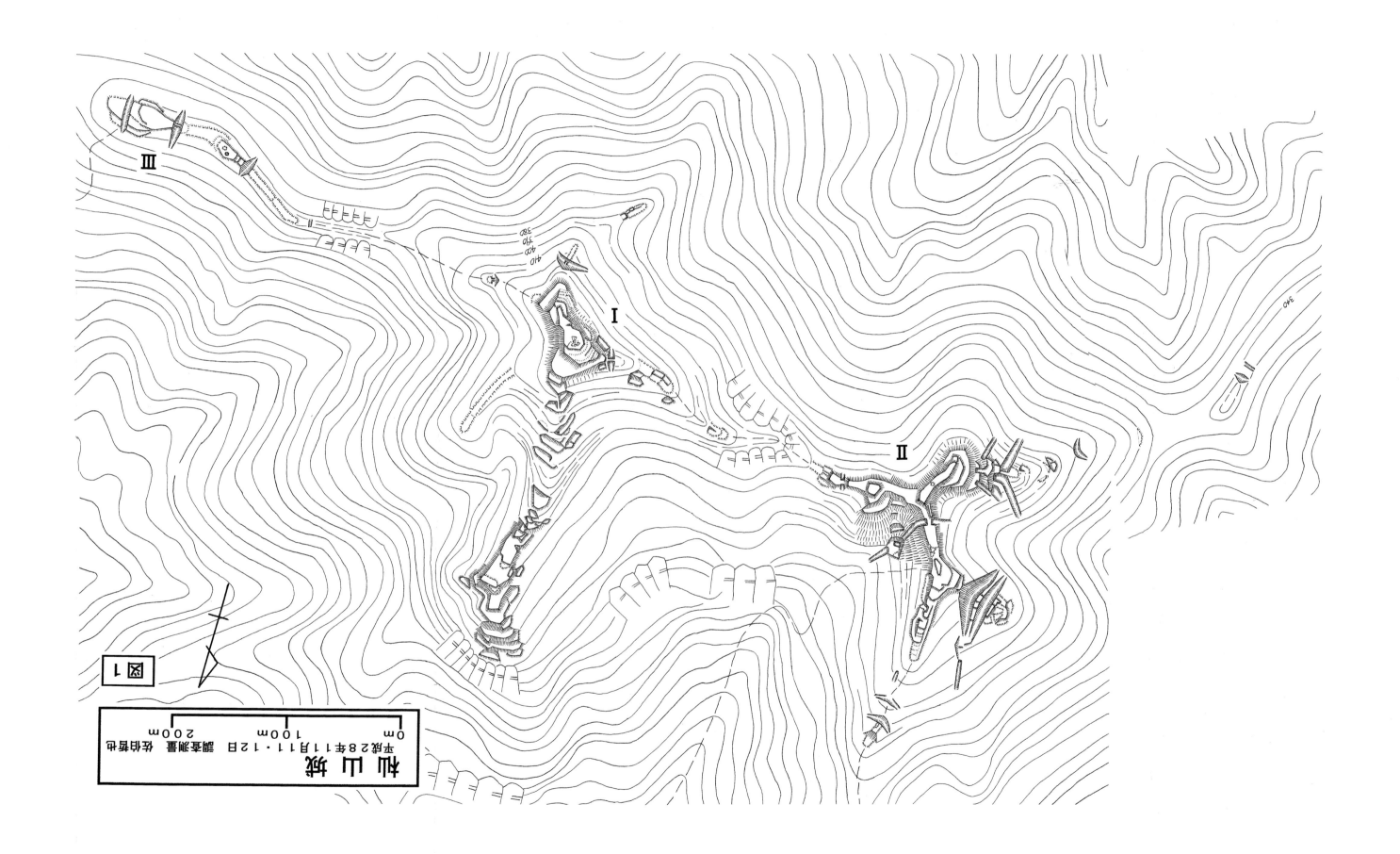

仙 山 城

平成28年11月11・12日　調査測量　佐伯哲也作

0m　　100m　　200m

図 1

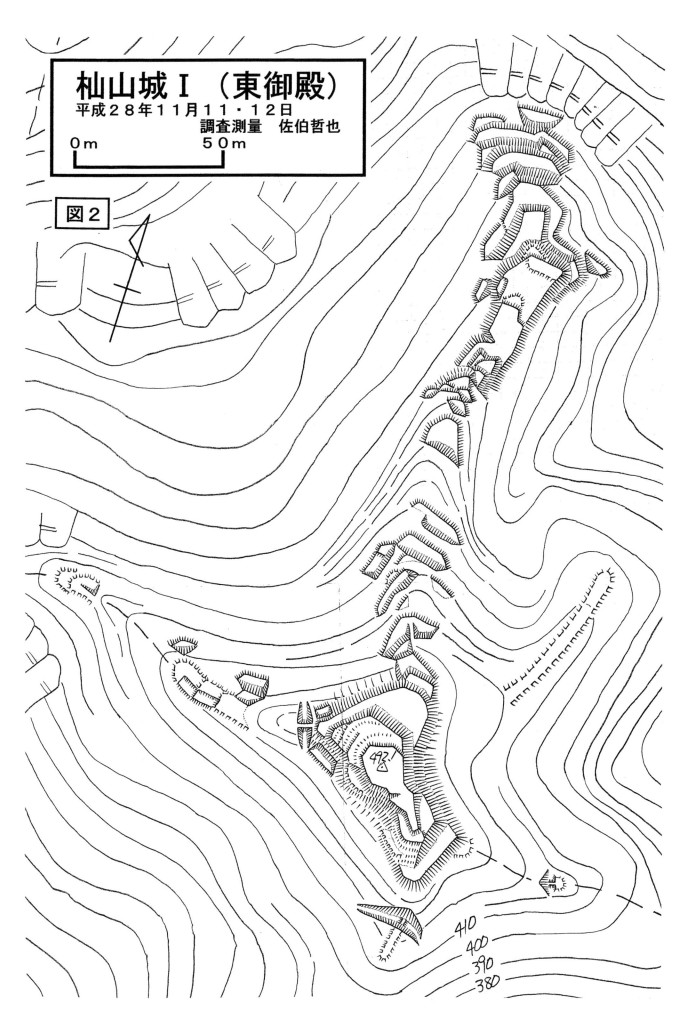

杣山城Ⅰ（東御殿）
平成２８年１１月１１・１２日
調査測量　佐伯哲也

0m　　　　　　50m

図2

杣山城Ⅱ（西御殿）
平成28年11月11・12日
調査測量　佐伯哲也
0m　　　　　　50m

図3

①

②

③

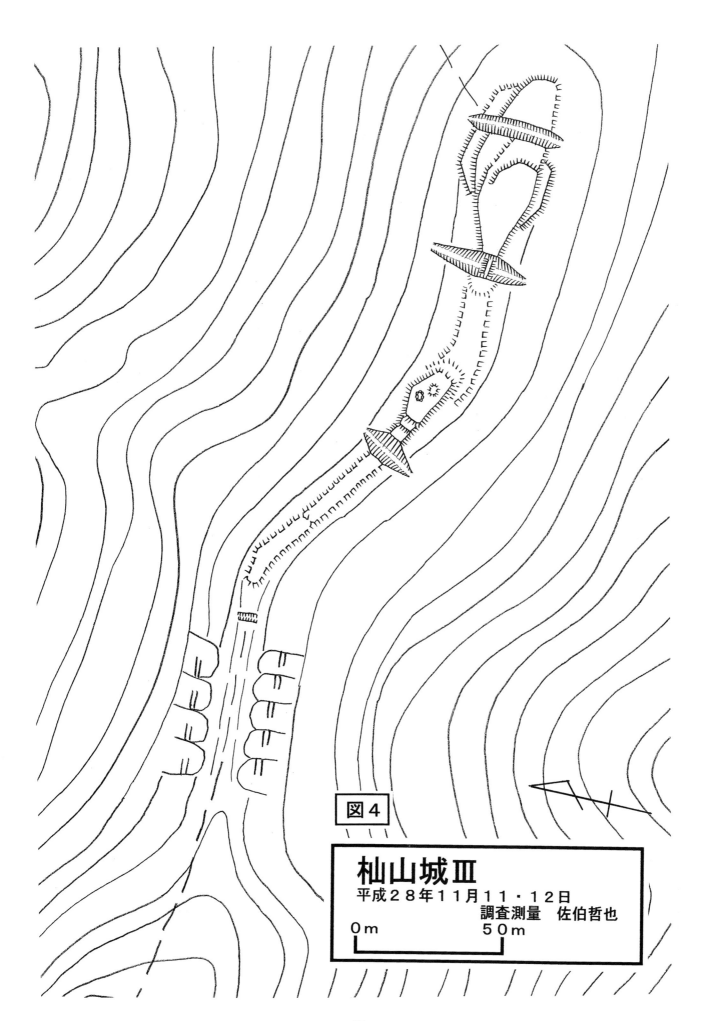

図4

杣山城Ⅲ
平成２８年１１月１１・１２日
調査測量　佐伯哲也
0m　　　　　50m

35. 杣山城西尾根遺構1 （そまやまじょうにしおねいこういち）

①南条郡南越前町南条町八乙女　②－　③１６世紀後半　④１６世紀後半　⑤１６世紀後半
⑥河合宗清・越前一向一揆？　⑦山城　⑧削平地・切岸・堀切・竪堀　⑨50m×30m
⑩標高356m　比高250m　⑪10

　　杣山城Ⅱ地区（西御殿）より西側に派生した尾根上に位置する小砦である。杣山城からは、日野川沿いに展開する北国街道や集落を直下に展望することができない。この死角をカバーするために本遺構を構築したと推定される。従って本遺構からは北国街道や日野川沿いの集落を眼下に眺望することができる。

　　本遺構に関する古記録・伝承は存在しない。しかし杣山城から派生する尾根上に位置することから、杣山城の支城と推定され、北国街道から進攻する敵軍に備えるために築城されたと考えられる。本遺構で注目したいのは、虎口①である。明確な内枡形虎口で、しかも敵軍の直撃を避けるために堀切②を併設して防御力を増強している。この遺構の存在により、１６世紀後半に構築されたことが判明する。

　　一方、西側からの出入り口は、平入り虎口③しか設けておらず、明らかに杣山城方面を警戒している。これは杣山城を敵視しているのではなく、比高が１４０ｍも高い杣山城から敵軍が攻め下ってきた場合のことを考えての縄張りと理解できる。本当に杣山城を警戒しているのなら、杣山城方向に虎口を設けるはずがない。

　　枡形虎口が残っていることから朝倉系であり、元亀年間を含む１６世紀後半に朝倉家臣河合宗清によって改修されたと考えられる。朝倉氏滅亡後の天正２～３年に越前一向一揆が使用した可能性も残るが判然としない。

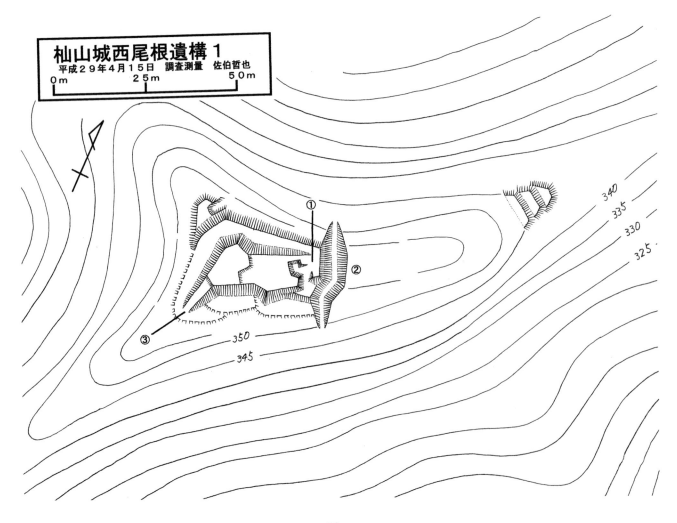

杣山城西尾根遺構1
平成２９年４月１５日　調査測量　佐伯哲也
0m　　　　25m　　　　50m

36. 杣山城西尾根遺構2 （そまやまじょうにしおねいこうに）

①南条郡南越前町南条町八乙女　②－　③１６世紀後半　④１６世紀後半　⑤１６世紀後半
⑥河合宗清・越前一向一揆？　⑦山城　⑧削平地・切岸・堀切　⑨90m×50m
⑩標高360m　比高250m　⑪10

　杣山城Ⅱ地区（西御殿）より西側に派生した尾根上に位置する小砦である。杣山城からは、日野川沿いに展開する北国街道や集落を直下に展望することができない。この死角をカバーするために本遺構を構築したと推定される。従って本遺構からは北国街道や日野川沿いの集落を眼下に眺望することができる。

　本遺構に関する古記録・伝承は存在しない。しかし杣山城から派生する尾根上に位置することから、杣山城の支城と推定され、北国街道から進攻する敵軍に備えるために築城されたと考えられる。城内最高所のA曲輪が主郭。北及び東に接続する尾根を堀切①・②で遮断している。防御施設（堀切）は完成しているが、曲輪の削平は未整形で、本遺構が純軍事施設として築城されたことを物語る。

　本遺構で年代を決定するような遺構は残されていない。しかし西尾根遺構１の構築年代が１６世紀後半と推定されるため、本遺構の築城年代も１６世紀後半としたい。従って元亀年間を含む１６世紀後半に朝倉家臣河合宗清によって改修されたと考えられる。朝倉氏滅亡後の天正２～３年に越前一向一揆が使用した可能性も残るが判然としない。

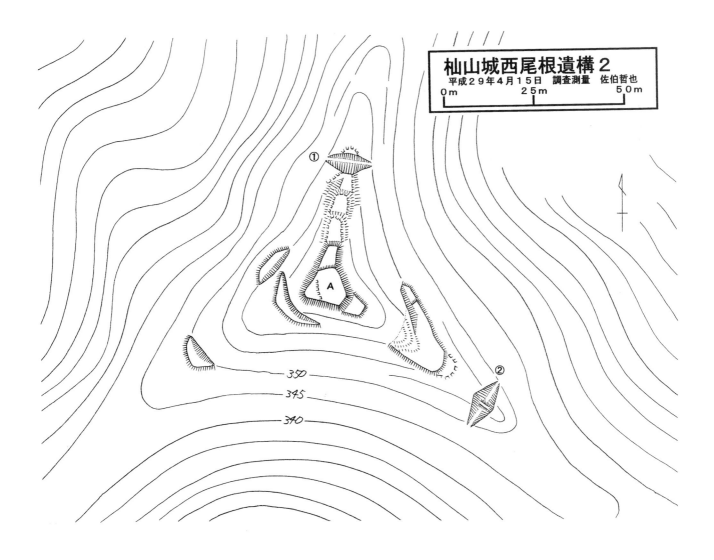

杣山城西尾根遺構2
平成29年4月15日　調査測量　佐伯哲也
0m　　　25m　　　50m

37. 燧ヶ城（ひうちがじょう）

①南条郡南越前町今庄町今庄　②－　③平安末期　④１６世紀後半　⑤１６世紀末
⑥仁科守弘・今庄浄慶・魚住景固・下間筑後法橋・赤座氏　⑦山城　⑧削平地・切岸・堀切・
土塁・石垣　⑨390m×100m　⑩標高270m　比高140m　⑪11

1．歴史

　古代からの要衝に地に立つため、さすがに伝承は古く、『大系』・『城跡考』では寿永２年（1183）
木曽義仲が仁科守弘に命じて築城したと伝わる。その後、南北朝時代には北朝方の今庄浄慶が在
城して新田義貞を攻めたとしている。

　戦国時代には朝倉氏の重臣魚住景固も居城したと伝えている。景固は元亀２年（1571）～４年の
朝倉氏滅亡まで奉行衆を務めた義景の近臣である。燧ヶ城を突破されれば、敵軍は越前中央部に
一気になだれ込んでしまう。杣山城とともに最後の防衛線として、朝倉氏は重臣を置いて防御に
あたらせたのであろう。ちなみに景固は天正元年（1573）朝倉義景を裏切って織田方についたため
一命を許されている。しかし翌天正２年正月２４日、かつての同僚だった富田長繁に謀殺されて
しまう。裏切りによる延命は、わずか５ヶ月間にすぎなかったのである。

　燧ヶ城が良質な史料に登場するのは天正３年（1575）である。すなわち『信長公記』によれば、
同年８月織田信長越前進攻にあたり、越前一向一揆軍の大将下間筑後法橋（頼照）が「今城・火
燧城」を改修して籠城したとしている。「火燧が城」を燧ヶ城として良いであろう。

　『信長公記』によれば、まず織田軍は８月１５日海岸線の杉津城・河野新城へ攻めかかり、簡単
に攻め落とし、同日夜燧ヶ城に襲いかかる。下間筑後法橋が「丈夫に構へ」ていた燧ヶ城だが、
「木目峠・鉢伏・今城・火燧城にこれある者共、跡を焼立てられ胆を潰し、府中をさして罷退き」
とある。つまりさしたる抵抗もせず一揆軍は総崩れとなり、鉄壁と思われた国境線は簡単に突破
されたのである。府中に退却した一揆軍に安住の地はなく、二千余騎が切り捨てられたと信長公
記は述べる。

　さて、一揆軍大将の下間筑後法橋だが、落城後に首を刎ねられているが、諸史料によって若干
違っている。まず『信長公記』では、「下間筑後・下間和泉・専修寺山林に隠居候を引出し頸を
切り、是を御宮笥として、朝倉孫三郎（景健）頸持来り、御赦免の御詫言申候」とあり、味方の
朝倉景健が裏切り、景健によって首を切られたとしている。

　一方、（天正３年）８月２２日村井貞勝宛織田信長書状（『加能史料』）によれば、「下間筑後
事、先度者川へ追はめ候由申候き、風尾へ竹杖にすがり、竹笠にて罷過候を、此方（織田軍）へ
忠節之者、くひをきり到来候」とあり、朝倉景健が籠城する風尾要害（福井市）へ逃亡中、「此
方へ忠節之者」（恐らく在地住民）によって首を切られたとしている。どちらが正解か不明だが、
いずれにせよ凄惨な戦場の姿が見えてくる。

　裏切りに裏切りを重ねた朝倉景健だが、許されるわけも無く、「向駿河に仰付けられ生害させ
られ」と即刻切腹させられている。ちなみに向駿河もかつて朝倉家臣で、天正元年朝倉氏を裏切
って織田家に仕えた武将である。つまり景健もかつての同僚に殺されたのである。

　『福井県今庄町誌』（今庄町 1979）所収『赤座氏系図』によれば、今庄郷は永享年間（1429～41）
以降赤座氏が領有したという。六代吉家は「其頃小法子（吉家）ハ今庄に在之樋口今庄両城へ柴
田修理亮勝家与天正十二年頃迄人数を籠置也」とあり、柴田勝家の下で一時期使用していたと記
述する。赤座吉家は天正４年（1576）織田信長より認められていた火打（燧）村周辺の所領を、府
中三人衆より安堵されており（『朝倉氏関係年表』）、また、天正１７年（1589）今庄大切（桐）村
（燧城の西方約４．５㎞の集落）に制札を下している（『福井県今庄町誌』）。従って織田・豊臣
政権下で今庄周辺の領主だったことは明らかである。つまり吉家が改修して燧城を使用した可能
性も捨てきれないのである。

　吉家の別名は直保とされており、天正１８年（1590）小田原征伐の戦功で今庄２万石を領するが、
慶長５年（1600）関ヶ原合戦で西軍についたため除封されてしまう（藤井謙治「豊臣期における越
前・若狭の領主」『福井県史研究第１２号』福井県総務部県史編纂課 1994）。

いずれにせよ確証は無く、詳細は不明である。しかし縄張りでも述べるが、遺構の残存状況はかなり悪く、これは吉家が西軍だったことから破却された可能性も残っている。

２．立地

古代より北陸と畿内を繋ぐ重要な街道だった北陸街道は、今庄辺りでは両側からせり出した尾根によって関門のように細くなっている。その尾根上に位置するのが燧ヶ城であり、燧ヶ城は北陸街道を監視する関門だったと言えよう。

今庄は中世以来、要衝の地であり、北国街道を往来する人馬・物資は必ずと言うほど今庄を通っている。一例を述べると、まず冷泉為広は延徳３年(1491)京都から越後へ下向するとき、３月７日今庄を通過している（小葉田淳「冷泉為広の越後下向日記と越前の旅路」『福井県史研究第３号』福井県総務部県史編纂課 1986）。ここでは「今ジヤウ　昼ヤスミ也」とあり昼食を取っただけで、その日は国府（府中）で宿泊している。

天正３年(1575)８月越前での所領回復を織田信長に嘆願するために、興福寺大乗院尋憲がはるばる奈良から越前一乗谷の信長陣所まで出向いている。尋憲は８月２６日今庄で一泊している。このときの今庄は織田軍進攻により荒れ果てていたのか、尋憲は『越前国相越記』（『加能史料』）の中で「今城ヲ越テ、荒タル宮後ニ野陣懸、一夜明物也」と述べる。今庄の宿には宿泊する宿が無かったのであろう。戦乱直後で混乱した越前国内の実態が判明して、かえって面白い。

このように今庄は、北国街道の要衝として中世から使用されていたことが判明する。

３．縄張り

城跡からの眺望は素晴らしく、北陸街道や今庄の宿場町を一望することができる。宿場町から城跡までは遊歩道が整備され、また、説明板や案内板も設置されているため、迷うことなく城跡へ行くことができる。宿場町は江戸時代の雰囲気が色濃く残り、時間があればこちらも散策してほしい。

燧ヶ城の縄張りは、Ａ・Ｂ・Ｃの三曲輪に大別できる（図１）。Ｂ曲輪には、後世のものと推定される石垣基壇の小堂跡が二ヶ所残る。小堂に伴う参道が麓からＡ曲輪を経由して設けられており、この結果、Ａ曲輪にも後世の改変が認められ、後世のものと思われる石垣が残る。

燧ヶ城は、近世以降に使用された藤倉山・鍋倉山を繋ぐ山岳信仰ルート上にあり、展望の良い燧ヶ城もその一画として山岳信仰施設として当然使用されたと考えられる。つまり現存する遺構全てが、戦国期の形状を示しているのではなく、当然近世以降に改修されている可能性を含んでいるわけである。このような目で現存遺構を考える必要性がある。

上記のように、現在の登城路は後世の参道であり、城本来の登城路ではない。当時の登城路は土塁道①（図２）を通過し、外枡形虎口②を入ってＡ曲輪に到達したと考えられる。勿論土塁道①を通過するとき、Ａ曲輪から長時間横矢に晒される。つまり外枡形虎口②は従来の考え方だとＢ曲輪の内枡形虎口と思われていたが、Ａ曲輪の大手虎口だったのである。

Ａ曲輪と土塁道①との間に設けられた横堀の堀底には、石材が累々と横たわっている。恐らく近世以降に改築するにあたり、旧石垣の石材が余り、堀底に廃棄されたのであろう。このようなことを考えれば、Ａ曲輪の土塁道①側は、高石垣で固められていた可能性を指摘できよう。

外枡形虎口②は石垣で構築されているが、残存状況はかなり良く、その点Ｂ曲輪南斜面の石垣とは対照的である。あるいは外枡形虎口②も近世以降の新築もしくは改修なのかもしれない。新築であったとしても、土塁道①を通路とする考え方は微塵も揺らいでおらず、やはりここを大手道としたい。外枡形虎口②が従来通り石垣で構築された虎口とするのなら、その構築年代は豊臣期まで下ろう。

従来の考え方と大きく異なっている点がある。それは、Ａ曲輪はＢ曲輪の馬出ではないということである。Ａ・Ｂ曲輪の間には広々とした自然地形Ｄが広がっており、これでは馬出になりえない。Ｂ曲輪にとって、尾根の先端を守る出曲輪、あるいは街道（宿場町）を監視する出曲輪としてＡ曲輪が構築されたのであろう。それにしてもＡ・Ｂ両曲輪の連携は悪い。織豊系城郭では

考えられないことである。なにか特別な事情があったのであろうか。

　B曲輪の虎口は、③地点付近に存在していたと考えられるが、山麓からの参道が通過しているため、詳細な形状は不明である。一応堀切④を設けて、敵軍から直撃されないように虎口を防御していることから、この推定は妥当なものと考える。現状の形状から③地点に存在していた虎口は、多少折れて入る単純な枡形虎口だったと推定される。それにしても、見事な外枡形虎口②と比較すると、あまりにも見劣りする虎口と言える。

　B曲輪の南側に、帯曲輪二段が構築されている。現状の縄張りだと帯曲輪は敵軍に直撃されて、簡単に陥落してしまう。本来ならば堀切④を帯曲輪まで南下させ、敵軍の攻撃を遮断しなければならないのだが、何故かそうしてない。不思議である。このような不自然な縄張りは、前述のように破却されたことに起因しているかもしれない。

　B曲輪でもう一点注目したいのは、南側切岸に残る石垣である。特に帯曲輪⑤の切岸に残る石垣は残存状態が良く、高さ４ｍ以上の高石垣だったと推定される。さらに石垣の残骸と思われる石材が散乱していることから、かつて切岸は総石垣で固められていたと推定される。石垣の高さが北陸で４ｍが越えるのは、天正１１年(1583)年以降と推定される。この推定が正しければ石垣構築年代は豊臣期、構築者は豊臣系大名ということになる。前述の赤座直保の可能性を指摘しておきたい。石垣の残存状況の悪さも、破却されたためかもしれない。

　B曲輪西端は、長さ１００ｍの長大な堀切⑥で完全に遮断する。A・B曲輪の間には自然地形が広がり、両曲輪を明確に繋ぐ曲輪は存在しないが、明確に遮断する堀切も存在しない。釈然とはしないが、A・B曲輪を一つの城域と理解することができよう。苦しい説明ながら、尾根先端方向からの敵軍の攻撃は、A曲輪が遮断してくれるため、B曲輪はA曲輪側に明確な遮断施設を設けなかった、という解釈も成立しよう。

　堀切⑥の土橋、あるいは堀切⑥の東側（B曲輪側）にも石垣が認められる。このことから、かつては広範囲に石垣が使用されていたことが推定される。現在B曲輪には、近世以降に構築されたと推定される石垣基壇の小堂跡が二ヶ所残る。石垣基壇構築の際に旧石垣の石材を相当数使用したため、現存の石垣の範囲・残存状況が極端に悪いのであろう。土橋に石垣が使用されているのは、近世以降に山岳信仰ルートとして利用するときに、多数の信者が通行するので、崩壊防止用として用いられた可能性もある。

　堀切⑥を越えたC地点も、ほぼ自然地形である。ただし、西端に土塁で構築した平虎口⑦・⑧（図１）を構築し、城域を設定している。このような構造が燧ヶ城の旧状を保っているならば、城域の端部は明確な遮断施設（あるいは曲輪）を設けて敵軍の攻撃に対処するが、城域内は曖昧で、ほとんど自然地形として使用していたことが推定される。豊臣期になって石垣を用いた城造りが試みたのではなかろうか。

　さらに西側には、堀切⑨を設けて藤倉山側の尾根を遮断する。離れた地点に堀切を配する縄張りは、中世城郭の特徴を示す。⑩は尾根方向に対して斜めに設けられていることから、近代以降の溝と考えられる（図１）。

４．まとめ

　基本的な縄張りは、朝倉・一向一揆時代に構築されたと考えられる。ただし現存する高石垣は、やはり豊臣期に構築されたと考えて良い。豊臣政権武将にとっても燧ヶ城は、越前平野部を防御する重要な城郭だったのである。外枡形虎口②が旧状を保っているならば、石垣構築年代は天正後半に下ると考えられよう。

　あえて憶測を許していただけるのなら、豊臣期に入って赤座吉家（直保）が石垣を使用して近世城郭として改修したが、赤座氏が除封されたとき燧ヶ城も破却された。A曲輪の虎口が不自然なこと、石垣の残存状況が悪いことも、これで説明がつく。

　それでも平虎口⑦・⑧は原形を保っており、天正３年越前一向一揆が臨時的に構築した遺構の可能性が出てくる。そうであれば一向一揆は土塁造りの虎口は構築するものの、枡形までには発達させなかったことになる。この推定は天正３年における一向一揆の城郭を考える上で、重要な推定となろう。

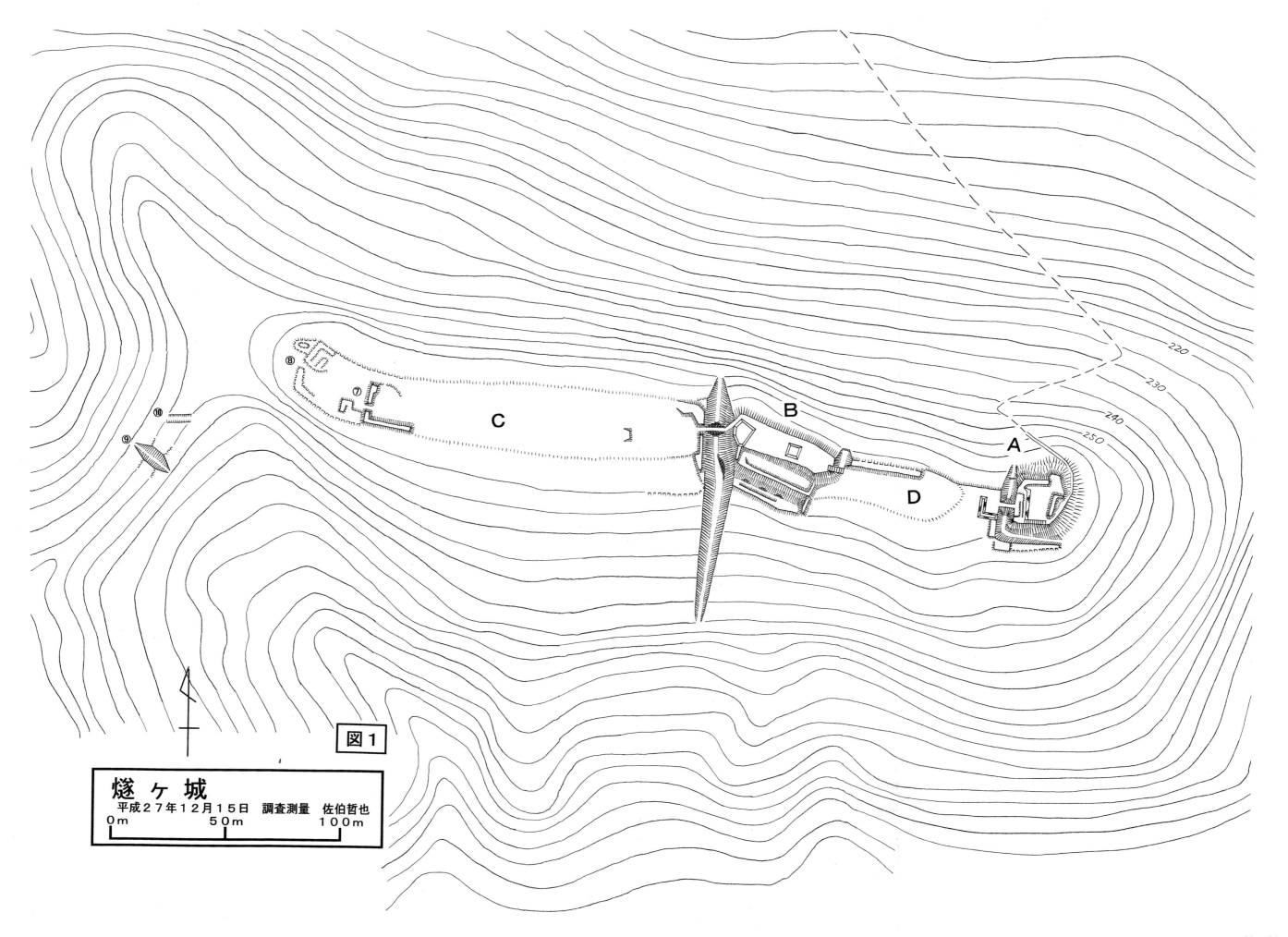

図1

燧ヶ城

平成27年12月15日　調査測量　佐伯哲也

0m　　　　50m　　　　100m

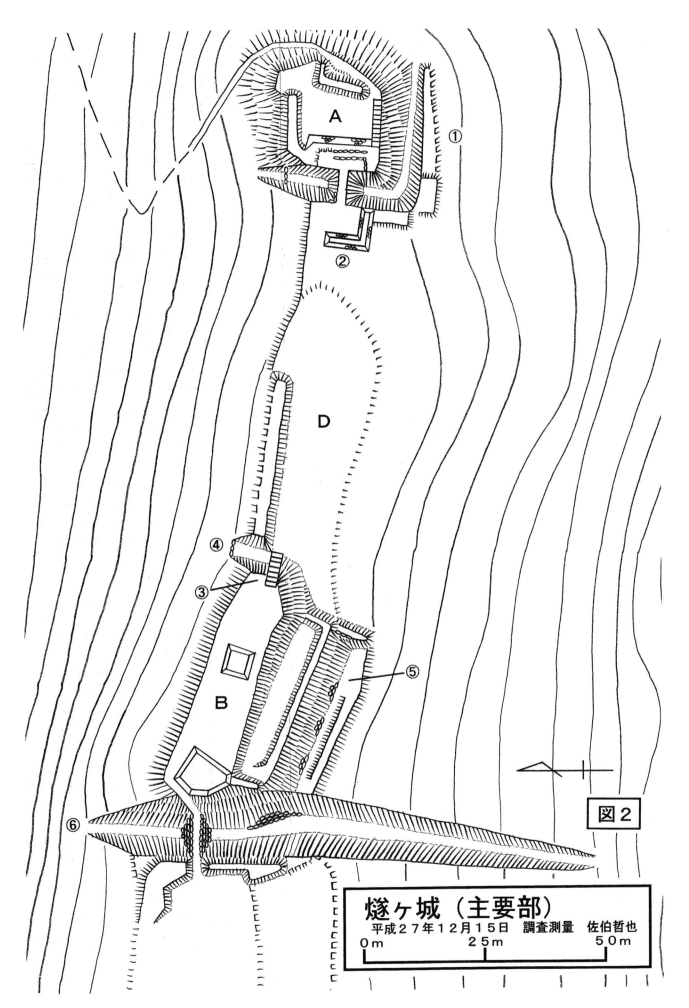

燧ヶ城（主要部）

平成２７年１２月１５日　調査測量　佐伯哲也

0m　　　25m　　　50m

図2

38. 北 柚 尾 城 (きたゆのおじょう)

①南条郡南越前町南条町湯尾　②−　③１６世紀後半　④１６世紀後半　⑤１６世紀後半
⑥越前一向一揆?　⑦山城　⑧削平地・切岸・竪堀　⑨90m×30m　⑩標高190m　比高90m　⑪10

眼下に北国街道が通る交通の要衝である。城跡に立てば湯尾集落や北国街道を眺望することができ、北国街道・湯尾集落を強く意識しての選地と考えられる。本遺構に関する古記録・伝承は存在しない。

尾根続きを両竪堀で遮断し、それでも不安だったのか、前後に竪堀を各一本配置している。竪堀を重ねて防御力を増強していることから、１６世紀後半の使用が推定される。堀切で完全に遮断していないことから、尾根上に通路が存在していたことが推定できる。主郭はＡと推定されるが、削平は甘く、純軍事使用目的の臨時城郭の可能性を指摘できる。

以上が縄張りの概要である。これだけでの推定は危険だが、使用が１６世紀後半と推定されることから、天正３年(1575)織田信長越前進攻に備えて、越前一向一揆が臨時的に築城したとすることは、仮説の範疇であれば許されるであろう。

※柚尾(湯尾峠)城について

福井県遺跡地図および『城館跡』では、本遺構の南の尾根に柚尾(湯尾峠)城を記載しているが、未踏査のため記載しない。また多くの論文では、湯尾峠に城郭遺構を報告しているが、峠に存在するのは近世以降の峠関連遺構であり、中世の城郭遺構は確認できない。尾根上には多少の平坦面は存在するが、通信施設あるいは重機等による撹乱で破壊され、遺構を確認できない状況となっている。以上の理由により柚尾(湯尾峠)城は記載しないこととした。

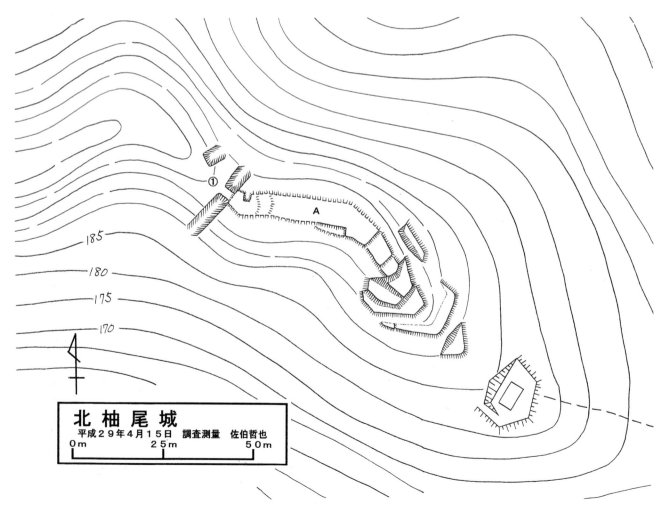

北 柚 尾 城
平成２９年４月１５日　調査測量　佐伯哲也
0m　　　25m　　　50m

39. 虎杖城 （いたどりじょう）

①南条郡南越前町今庄町板取　②－　③天正2年？　④天正2～3年　⑤天正3年　⑥下間和泉
⑦山城　⑧切岸・堀切・横堀　⑨270m×90m　⑩標高678m　比高400m　⑪12

1. 立地

　近江と越前を繋ぐ街道の一つ、北国街道（栃ノ木峠）が山麓直下に走る交通の要衝である。さらに山麓には、宿場町として有名な板取の集落がある。

　近江から北上した北国街道は、木之本から二手に分かれ、メインルートは敦賀・木ノ芽峠を経て今庄に至る。サブルートは栃ノ木峠を経由して今庄に至る。つまり北国街道を完全に抑えるためには栃ノ木峠道も押さえなければならないのである。従って虎杖城は、脇道ともいうべき北国街道（栃ノ木峠）街道を監視するために、急遽築城されたのであろう。

　ちなみにメインルートである木ノ芽峠道を通ると、中世において板取宿を通らないことが判明している。冷泉為広が延徳3年（1491）京都から越後へ下向するとき、木ノ芽峠から「フタツヤ（二ツ屋）」・「シンドウ（新道）」を経由して今庄に至っていることからも判明する（小葉田淳「冷泉為広の越後下向日記と越前の旅路」『福井県史研究第3号』福井県総務部県史編纂課 1986）。木ノ芽峠と板取宿では比高が約300mもあり、直接繋ぐことはできなかったのである。

2. 歴史

　『信長公記』によれば、「虎杖の城丈夫に拵へ、下間和泉大将にて賀州・越州の一揆共罷出相拘へ候なり」とあり、下間和泉を大将に、加賀・越前の一向一揆軍が籠城していたことが判明する。『福井県今庄町誌』（今庄町 1979）によれば、下間和泉の他に、久米照厳寺・宇坂本光寺が立て籠もったとしている。また、『城跡考』も「本願寺坊官下間和泉守」と記載しており、城主として下間和泉の名は定着していたようである。

　築城時期は判然としないが、北国街道（栃ノ木峠）を挟んだ対岸の鉢伏山城に、専修寺賢会が天正2年（1574）8月に鉢伏山城に在城していることが確認できるので、下間和泉の虎杖城築城・在城もその頃と考えて問題なかろう。つまり天正2年8月頃には木ノ芽峠一帯を含む越前一国は一揆軍によって制圧されたと考えられる。

　丁度この頃、木ノ芽峠城の城主樋口直房が城を放棄してしまう（『信長公記』）。浅井氏家臣だった直房は、元亀元年（1570）織田家に内通した人物である。城を放棄した理由は不明だが、『越州軍記』（『加能史料』）によれば、一揆軍の攻勢に耐え切れず、無断で和議をしてしまい、退去したと述べる。この無断行為によって直房は織田家にとどまれず、妻子を連れて甲賀目指して逐電する。しかし直房は妻子共に羽柴秀吉の追手によって途中で成敗され、その首を伊勢長島の信長陣所へ運ばせている（『信長公記』）。

　越前一向一揆が国境線にズラリと城を構えた様子について『信長公記』は、「かくのごとく塞々取続、足掛り堅固に相拘ふべきの旨に候」と、鉄壁の構えと述べる。しかし翌天正3年（1575）8月15日夜、織田軍が総攻撃を開始すると「木目峠・鉢伏・今城・火燧城にこれある者共、跡を焼立てられ胆を潰し、府中をさして罷退き」とあるように一揆軍はほとんど防戦することなく総崩れとなり、府中目指して敗退したのである。

　（天正3年）8月22日村井貞勝宛織田信長書状（『加能史料』）によれば、下間和泉等の首は「刎首候」と落城直後に首を刎ねられたように記述する。しかし『信長公記』では、「下間筑後・下間和泉・専修寺（賢会）山林に隠居候を引出し頸を切り、是を御宮笥として、朝倉孫三郎（景健）頸持来り、御赦免の御詫言申候」とあり、山中に隠れていたところ、味方の朝倉景健が裏切り、景健によって首を切られたとしている。どちらが正解か不明だが、いずれにせよ凄惨な戦場の姿が見えてくる。

　裏切りに裏切りを重ねた朝倉景健だが、許されるわけも無く、「向駿河に仰付けられ生害させ

られ」と即刻切腹させられている。ちなみに向駿河もかつて朝倉家臣で、天正元年朝倉氏を裏切って織田家に仕えた武将である。つまり景健もかつての同僚に殺されたのである。

　天正3年8月落城後、虎杖城は史料上に登場しない。天正3年8月落城をもって終止符を打ったのであろう。

３．縄張り

　城跡はブッシュに覆われており、説明板は一切ない。また案内板もなく、登城道もない。麓からブッシュを掻き分け、延々と2時間ほど歩かなければならない。相応の覚悟が必要なので、初心者は経験者と同伴されることをお勧めする。

　現在板取集落の住民の方々に聞き取り調査を実施しても、城跡のことを知っておられる方に出会えなかった。ただし、城跡東直下に城ヶ谷という谷が存在しており、僅かだが伝承は残っている。

　山頂部は広々とした自然地形が広がっており、曲輪としての削平は一切加工されていない。城兵がテント等の簡単な施設で籠城するだけなら、十分な広さと言える。筆者が登城したときは、猪等が掘った穴が、既に青々とした沼になっていた。つまり穴を掘り天水を溜めておけば、飲料水は簡単に確保出来たのではないかと推定できる。とくに当地は豪雪地帯で、恐らく4月頃まで残雪があったと思われる。穴に残雪を入れ、藁を敷きつめておけば、8月頃まで溶けずに残っていたことであろう。

　ほぼ自然地形だが、唯一織田軍の進行方向にあたる南側の尾根続きには、横堀①と堀切②を設け、尾根続きを遮断する。

　明確な城郭遺構はこれのみだが、実に興味深い事実を我々に与えてくれる。まず横堀を用いて城域を囲い込もうとしていることが判明する。そして明確な虎口が存在しないことである。勿論攻撃方向だから虎口を設けなかったのかもしれないが、少なくとも木ノ芽峠城塞群の西光寺丸城のような馬出をもうけるという縄張り思想は無かったことが判明する。これが天正3年における越前一向一揆の築城思想なのである。

　平坦面が全くの自然地形なのは、臨時城郭だったことを如実に物語る。いかにも小屋が建っていた感じがする。下間和泉が築城した城郭として良いであろう。

　虎杖城は、越前一向一揆下間和泉法橋が天正2年(1574)8月頃築城し、翌天正3年織田軍の攻撃によって落城したことが判明する。従って現存遺構の全てが天正2年に越前一向一揆が構築したものであり、当時の一揆の築城思想を物語る貴重な城郭なのである。今までのイメージとは程遠いかもしれないが、これが実態なのである。

　訪城をお勧めできない難路だが、一向一揆城郭を肌で感じることができるため、激汗をかいて登城すれば、充実感満ち溢れること間違いなしと言えよう。

　なお、『福井県今庄町誌』では、上板取集落背後の山、あるいは西光寺丸城南方の小屋ヶ谷頂上付近にも城跡があった可能性を述べている。この情報を基に筆者は現地調査を実施したが、残念ながら城跡の遺構を確認することはできなかった。ただし、上板取集落背後の山には神社と思われる平坦面が存在し、これが『福井県今庄町誌』が記載する城跡なのかもしれない。さらに『城跡考』では板取集落の西方約100mの地点に堀切の存在を記述するが、詳細は不明である。

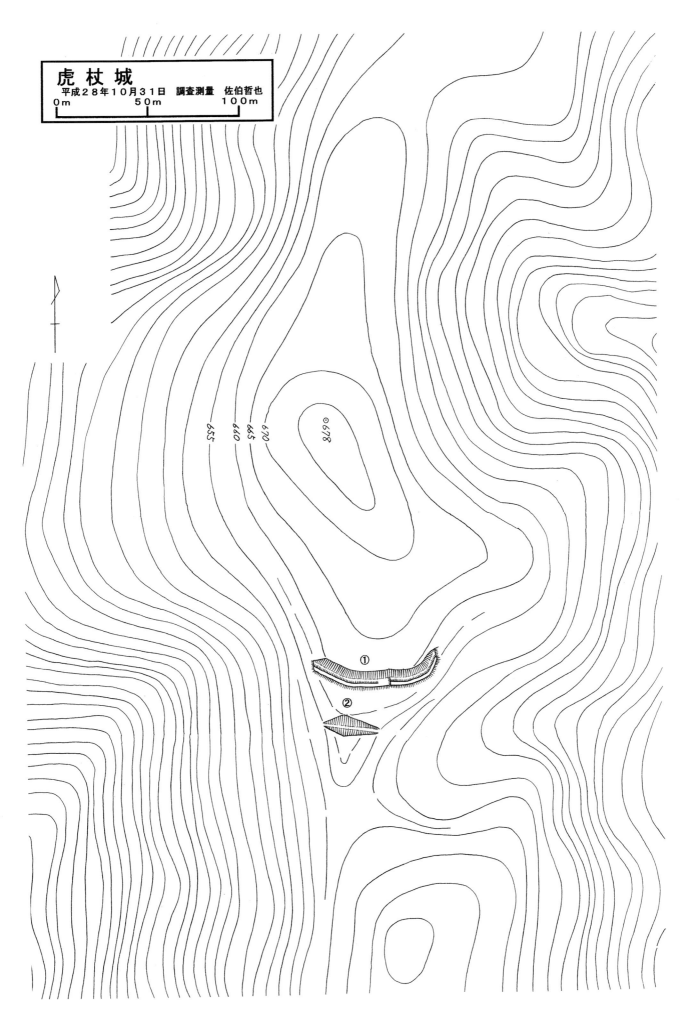

虎杖城

平成28年10月31日　調査測量　佐伯哲也

0m　　　　50m　　　　100m

① ②

655 660 665 670 678

40. 木ノ芽峠城塞群 （きのめとうげじょうさいぐん）

（1）鉢伏山城
①南条郡南越前町今庄町二ツ屋　②－　③１６世紀後半　④１６世紀末　⑤天正３年
⑥朝倉氏・越前一向一揆　⑦山城　⑧削平地・切岸・堀切・横堀・土塁・畝状空堀群
⑨220m×140m　⑩標高761.6m　比高450m　⑪12

（2）観音丸城
①南条郡南越前町今庄町二ツ屋　②－　③１６世紀後半　④１６世紀末　⑤天正３年
⑥朝倉氏・越前一向一揆・樋口直房　⑦山城　⑧削平地・切岸・堀切・横堀・土塁・石垣
⑨180m×90m　⑩標高630m　比高320m　⑪12

（3）木ノ芽城
①南条郡南越前町今庄町二ツ屋　②三頭丸・三度丸　③１６世紀後半　④１６世紀末
⑤天正３年　⑥朝倉氏・越前一向一揆・樋口直房？　⑦山城　⑧削平地・切岸・堀切・土
塁　⑨130m×130m　⑩標高620m　比高310m　⑪12

（4）西光寺丸城
①南条郡南越前町今庄町板取　②－　③１６世紀後半　④１６世紀末　⑤天正３年
⑥朝倉氏・越前一向一揆　⑦山城　⑧削平地・切岸・横堀・堀切・土塁・竪堀
⑨170m×100m　⑩標高643m　比高330m　⑪12

１．木ノ芽峠城塞群について

　越前本国と若狭地方を分ける分水嶺として、木ノ芽峠がある。この木ノ芽峠を挟んだ北側に鉢伏山城・観音丸城、南側に木ノ芽城・西光寺丸城の計４城が築かれており、これらを総称して木ノ芽峠城塞群と呼んでいる。城塞群のほぼ中央に木ノ芽峠が位置していることが、城塞群の名の由来となっている。城塞群の長さは約１．１kmに及ぶ。

２．木ノ芽峠の歴史

　木ノ芽峠城塞群のほぼ中央に位置する木ノ芽峠は、ミクロ的に見れば越前中央部の関門であり、マクロ的に見れば畿内と北陸を繋ぐ重要な関門となる。従って戦国期といえども、北陸の主要な峠の一つとして多くの著名人が通過している。

　まず冷泉為広は、延徳３年(1491)京都から越後へ下向するにあたり、３月７日「キノメタウゲ（木ノ芽峠）坂遠」（『越後下向日記』　小葉田淳「冷泉為広の越後下向日記と越前の旅路」『福井県史研究第３号』福井県総務部県史編纂課 1986）と木ノ芽峠を越えている。「坂遠」と難路だったことを端的に表現している。

　永正１４年(1517)陸奥の伊達稙宗が将軍足利義稙から一字と官途を与えられ礼として、家臣を遣わすことになり、家臣頤神軒存奭が木ノ芽峠を通っている（『頤神軒存奭算用状』『福井市史資料編２』）。このとき存奭は「壱貫文　きのめたうげ（木ノ芽峠）にて、人足共ニさけ（酒）のれう（礼）」と書き綴っている。恐らく木ノ芽峠で休息したときの飲酒の礼として壱貫文支払ったのであろう。

　奈良興福寺大乗院門跡の尋憲は、奈良からはるばる越前の織田信長陣所まで出かけ、越前の所領回復を信長に懇願している。このとき（＝天正３年(1575)８月２６日）「木メタウケ（木ノ芽峠）」を越えている（『越前国相越記』『加能史料』）。

　天正１４年(1586)５月４日、越後の上杉景勝は上洛するために「木之目峠御越山」（『天正十四年上洛日帳』『上杉氏文書集二』）と木ノ芽峠を越えている。「御越山」とあることから、峠に何らかの施設があったのかもしれない。このように平常時においても広く利用されていた峠だったことが判明する。

　木ノ芽峠は越前中央部に入る関門のため、越前内外の武将からは軍事上重要拠点として常に重

要視され続けた。まず『信長公記』は、元亀元年(1570)天筒山・金ヶ崎城を落とした織田軍は「木目峠打越し」て進攻する予定だったが、背後の浅井長政謀叛により撤退している。天正元年(1573)8月近江から越前に敗退する朝倉軍は、刀祢坂から木ノ芽峠を越える予定（『信長公記』）だったが、刀祢坂で織田軍に追いつかれ、大敗している。そして織田軍は「木目追越」して越前中央部に進攻している（「織田信長条書」『上杉氏文書集一』）。

　天正3年(1575)越前一向一揆を討伐するため、再度越前に進攻した織田信長は「木目峠打越し」て越前中央部へと進軍している（『信長公記』）。

　天正11年(1583)4月賤ヶ嶽合戦で敗退した柴田軍は、「惣人数ハ木目之弓手・馬手之栄（山？）中ヘ逃入候事」（「羽柴秀吉書状」『七尾市史武士編』）と、木ノ芽峠の左右の山中に逃亡したと述べている。柴田軍も木ノ芽峠を越えて越前中央部に敗退したのである。ちなみに同秀吉書状には、「小姓共計にて柴田旗本ヘ切り懸、即時衝崩、五千余討殺候」と、小姓達が活躍したいわゆる「賤ヶ嶽の七本槍」を述べている。

　以上述べたように木ノ芽峠は、一般的のみならず、軍事的にも軍隊が通行する軍事道路としても使用されていたことが判明する。

３．木ノ芽峠城塞群の歴史

（1）朝倉氏時代

　木ノ芽峠城塞群は、何時・誰が築城したのであろうか。前述の冷泉為広が延徳3年(1491)に木ノ芽峠を通過したとき、城の存在を記述していない。為広は『越後下向日記』の中で、在地の城郭を簡単な内容ながらも記述している。従ってこの頃まだ峠には関所のような施設は存在していても、城郭は存在していなかったと推定できる。これは永正14年(1517)頤神軒存奭が木ノ芽峠を通過したときも同様で、休息・飲酒していることからも推定できる。

　木ノ芽峠が軍事上重要視されるのは、元亀元年(1570)からである。『朝倉始末記』によれば、元亀元年(1570)4月織田信長越前進攻にあたり、朝倉氏家臣印牧弥六左エ門能信が「木ノ目峠ノ上ナル鉢伏セノ要害」に籠城したという。『城跡考』にも鉢伏山城の城主として、「安波賀三郎・朝倉家印牧丹後守能俊（又、能信トモ）」と記述しているので、印牧能信の在城は事実のようである。ただし築城は、織田家との軍事的緊張が高まった永禄12年(1569)あたりに遡る可能性はある。

　二次史料ではあるが「鉢伏セノ要害」と鉢伏山城の名が記述されているところに注目したい。憶測の域を出ないが、このとき存在していたのは鉢伏山城のみで、城塞群は形成されていなかったと考えられる。後述するが、西光寺丸城に残る馬出は、朝倉氏特有の馬出である（佐伯哲也「朝倉氏城郭の馬出について」『越前中世城郭図面集Ⅰ』佐伯哲也 2019　桂書房）。従って織田氏との抗争が最終局面を迎えた元亀末年頃に、西光寺丸城を含む城塞群が形成されたと推測することができよう。

　印牧能信は、天正元年(1573)8月刀祢坂の戦いで捕虜となり一命を助けられたが、生き恥を晒したくないと言って切腹している（『信長公記』）

　印牧氏は、丹生郡・今立郡・南条郡を管轄する府中奉行人（松浦義則「中世越前の諸地域について」『福井県文書館研究紀要6号』福井県文書館 2009）で、このようなことから鉢伏山城に在城したのであろう。ただし、少なくとも永禄5年(1562)～元亀3年(1572)の府中奉行人は印牧新右衛門尉景忠であり（『発給文書』）、能信ではない。

　阿（安）波賀三郎・与三兄弟は、天正3年(1575)織田信長越前進攻時の戦死者の中に名が見えている（『信長公記』）。『城跡考』の記述は、元亀元年と天正3年の事跡が混同しているようである。

（2）織田氏時代

　天正元年(1573)8月、朝倉氏が滅亡すると、木ノ芽峠城塞群には樋口直房を置いたと推定される。すなわち『信長公記』に「木目峠に取出を拵へ、樋口（直房）を入置かれ候」とある。樋口直房とその主人堀秀村は浅井氏の家臣で、共に元亀元年(1570)浅井氏を裏切って織田家に仕えて

いる。しかし、直房はいかなる理由によるものか城を放棄し、妻子を連れて甲賀方面へ逃亡したが、羽柴秀吉が追手を差し向けて成敗し、その首を伊勢長島の信長陣所へ運ばせている（『信長公記』）。直房が城を放棄した時期を『信長公記』は明記していないが、前後の事跡から８月頃と推定される。

これとほぼ同時期、専修寺賢会等越前一向一揆が木ノ芽峠城塞群に在城し、改修している（「専修寺賢会書状」『福井市史資料編２』）。専修寺賢会書状により、賢会は少なくとも８月２０日には木ノ芽峠城塞群に在城していることが確認できる。従って越前一向一揆の攻撃に耐えかねた直房が城を放棄し、甲賀に逃亡したと考えるのが自然であろう。

それでは、なぜ直房は逃亡しなければならなかったのか。信憑性には多少欠けるが、『越州軍記』（『加能史料』）によれば、「城中ノ者トモ、敦賀・江州ノ合力勢後攻ヲ待ト云ヘトモ、其儀モ無キ故ニ、城ヨリ中人ヲ出シテ和議ノ扱ヲナシ、ハウハウ命ヲタスカリ、城守ハ江州ヘソ帰ヘケル」とある。つまり木ノ芽城主は助かりたいために、織田の援軍を待たずに和議を結んでしまったのである。この身勝手な行動により、直房は甲賀に逃亡しなければならず、そして秀吉に成敗されたのである。ちなみに『越州軍記』は木ノ芽城主を堀秀村・阿閉貞征とし、攻城時期を天正２年９月中旬としている。「専修寺賢会書状」により９月中旬は有り得ない。ただし、城主を堀秀村・阿閉貞征とすることについては、再検討の余地はあろう。

天正元〜２年の間、樋口直房は木ノ芽峠城塞群のどこに在城していたのであろうか。後述するが、木ノ芽峠城塞群の中で唯一石垣を使用しているのが観音丸城である。朝倉氏・越前一向一揆の城郭で、石垣はほとんど確認できない。従って直房は観音丸城を改修して在城していたと考えられよう。

（3）越前一向一揆時代

天正２年(1574)正月、越前一向一揆が蜂起し、織田信長から越前一国の支配を任された桂田長俊（前波吉継）を攻め滅ぼす。そして信長の代官である北之庄三人衆（木下祐久・三沢秀次・津田元嘉）を越前から追放する。この結果、一時的にせよ８月頃までには越前一国を支配してしまう。この一連の軍事行動の中に、前述の木ノ芽峠城塞群攻めがあるのであろう。

越前一国を支配した一向一揆は、織田信長の進攻に備えて国境線付近の城郭を改修する。織田軍の主力の進攻が最も予想される国境城郭は木ノ芽峠城塞群であり、専修寺賢会等を守将として置いた。賢会の在城は「専修寺賢会書状」『福井市史資料編２』）により、少なくとも８月２０日には木ノ芽峠城塞群に在城していることが確認できる。

専修寺（福井県福井市大町にあったが現在は廃絶）住職賢会は、天正２〜３年木ノ芽峠城塞群に在城し、在城中の様々な様子を詳細に１３通の書状として、加賀諸江坊（恐らく賢会の弟）に書き送っている。宛て主が弟のため、挨拶等の形式的な書状ではなく、ホンネを述べた稀有な書状群である。特に当時の一向一揆の実情を述べている点に注目したい。少し長くなるが、主要部分を抜き出して紹介する。なお、差出し人は全て賢会、宛て主は全て加賀諸江坊、差出年は全て天正２年である。

①八月廿日書状

賢会は「我等陣所者はちふせ（鉢伏）要害相拵踏候事候」と述べているが、後述のように「はちふせ」は木ノ芽峠城塞群全体を示しているものと思われる。このときの木ノ芽峠城塞群は「普請ニ取乱候」と述べていることから、改修の真っ最中だったのであろう。そして賢会は加賀諸江坊に「三尾河内（木ノ芽峠の麓）迄可有御登候間、乍大儀御上候て、城可御覧候」と、自分が主将を務める城を見に来いと述べる。自分の勇姿を見せたかったのであろうが、これも宛て主が弟だったからであろう。

賢会は「鉢伏、西光寺・正圜坊・今少路（常楽寺）・照護寺・我等五人して相踏候」と述べる。鉢伏山城のみに五人もの守将が在城することは考えられないので、この書状が述べる「鉢伏（はちふせ）」は木ノ芽峠城塞群全体を示していると考えられる。そして鉢伏山城に賢会が在城していたのであろう。賢会は最後に「一段手広なる山候間難儀まで候」と述べ、守備範囲が広すぎて、籠城は困難と泣き言を述べる。

１３通の書状で、最初の書状は当書状で、しかも賢会の木ノ芽峠城塞群が知れる最初の書状でもある。従って一向一揆は少なくとも８月２０日までに木ノ芽峠城塞群を支配下に置き、賢会等を主将として置いていたことが判明する。

②八月廿四日書状
　賢会は「拙者ハふせ（鉢伏）の要害相踏候、雪のふり候ハんするまてハ可相抱覚語（悟）迄候、仏法之御一大事と存候、身命捨□馳走申まて候」と、降雪期まで籠城し、仏法の一大事なので命をかけて奉公する覚悟と述べている。賢会の戦意は極めて旺盛だが、「風雨只なをさりの事にても候ハす候、こや（小屋）のもり（漏り）候事難儀」と、小屋の雨漏りを修理もせず住みにくいと弱音も述べる。戦場とはいえ、一揆上層部の居住施設が、雨漏りする小屋程度だったが判明し、当時の作事状況が判明して興味深い。
　賢会は「我々具足おもくて候て迷惑候」と述べる。なんとも情けない発言だが、普段から具足をつけて戦場を駆け巡っていなかったことを推定させる。初めて具足をつけたのであろうか。以前の一揆上層部は「口は出すけど手は出さず」という状態で、戦場に出るのは在地の土豪であり、後方から指示することが多かった。今回は実際に最前線で出てしまったのである。これが一揆上層部の実態なのであろう。
　地元住民の心は、既に一揆上層部から離れていた。同書状で賢会は四十文ほど地元から徴発しようとした。当然賢会は地元は素直に応じるものと思っていたが、地元は「礼銭の御請取候様沙汰之限、以日記（金品の受け取りを明記した証書のようなもの）つけこわせ候とて候」と、いきなり徴発するのではなく、証書を書いてほしいと要求したと述べる。これについて賢会は「さてさてなにとしたる事候哉、不能分別候、左様に候へハ当座ニ用ニ不立候」と怒りを露わにしている。そしてこのような無礼な態度をとられたことに対して「何とて左様ニそさう（粗相）ニめされ候や、我々ハ捨物候哉」と自虐的な言葉を述べ、地元住民に「うつけたる事のあほうか」と聖職者にあるまじき罵詈雑言を述べる。賢会は憎悪を露わにしたこの書状が、４５０年後に大衆の面前にさらけ出されるとは、夢にも思っていなかったであろう。

③九月廿四日書状
　賢会は「我々ハ当城に可越年覚語（悟）候」と、②では降雪期までの籠城予定だったのを、越年まで伸ばすと意気込む。しかし「深雪迷惑ニ候」と弱音もチラリ。
　普請用人夫の徴収については「就其普請衆其辺之儀日記を以て申候、六十を限、十五を限、一人も不残可被出候」と、１５～６０才の人夫（恐らく男子）を出すように命じており、当時の普請人夫衆の構成の一端が窺えて面白い。

④十月十二日書状
　賢会の覚悟とは裏腹に、一揆軍全体の戦意は極めて低かった。賢会は「仍昨日（１１日）酉刻、当寺坊主衆善覚・老原与七郎・勝秀・祐喜悉懸落候、既小屋小屋皆明候、言語道断沙汰之限迄候、従苻（府）中表之者共も同心候、彼右衛門二郎を始、悉退候」と、守備兵が逃亡してしまったことに驚愕しており、小屋がカラッポになったと述べている。越年の覚悟を述べた僅か１８日後の出来事なので、賢会のショックも大きかったのであろう。
　この有様に賢会は「我々の首を切たる程の事者不及申候」・「拙者ハ腹を切迄候」と嘆いている。腹心のものまで逃亡したのに、仲の悪かった円宮寺については「円宮寺者無同心候哉、小やの者共其まま有よし申候、相構々々御驚候ハて、能々御調候而可給候」と従前通り守備しているのを見て、多少皮肉って驚いている。いずれにせよ、一揆軍は信長との交戦前から既に内部崩壊が始まっていたのである。ここでも「小屋」という建物が登場する。やはり守備兵が居住する施設は、小屋程度だったのである。
　残った守備兵も「此方ニ残人数者、大野衆少、円宮寺手輪、専光寺、あさふ（莇生）田藤兵、都合百計残候、言語驚入タル事迄候」と僅か百人ばかりでしかなく、途方に暮れる。仮に４城で割ると、１城当たりの守備兵は２５人となる。これで防戦できるはずもなく、賢会が途方に暮れたのも当然であろう。

ちなみに円宮寺は、後に河野丸砦（敦賀市）の守備に就いている（『信長公記』）。そして天正３年８月１５日戦死する。賢会と仲が悪かったため河野丸砦に移動させられたと思われるが、他の門徒衆とは違い、最後まで戦意と忠誠心は衰えず、勇猛果敢に戦い、そして果てたのである。浅ましいばかりの命乞いをする一揆上層部が存在する一方で、最後まで阿弥陀如来に忠義を尽くした門徒衆もいたことを忘れてはいけない。

⑤十一月五日書状
　賢会は常時在城していたのではなく、時々下山していたと思われる。「昨日従筑法（下間頼照、一揆の総大将）御状候而、八（鉢）伏用心一大事候間、早々可登城候由承候間、明日上候事候」とあるのはそれを物語る。１１月に登城したのなら、予定通り越年したのであろう。
　一揆軍は既に内部分裂の状態だった。賢会は登城するにあたり「紀伊此方へ返可給候、惣別鉄炮之者共門徒衆いやかり候間無用にて候」と、恐らく一揆上層部が手配した紀伊の鉄砲隊（雑賀？）も同行させる予定だったが、門徒衆（守備兵）が拒否したので登城させなかったと述べる。「よそ者は受け入れない」という頑迷な意志表示である。遠路はるばる紀伊からやってきた鉄砲隊を追い返すわけにもいかず、賢会は自分の使い番として使用すると述べている。このように不協和音が流れる一揆軍では、信長軍に勝てるはずが無かった。
　賢会の書状は、この十一月五日書状が最後となる。翌天正３年（1575）８月、越前に進攻した信長軍の前に一揆軍はなす術も無く壊滅状態となり、賢会は戦死するからである。

　天正３年（1575）８月、織田信長は３万余騎を動員して越前に攻め入る。『信長公記』によれば、このとき「木目峠、石田の西光寺大将として一揆共引率し在陣なり」・「鉢伏の城、専修寺（賢会）・阿波賀三郎兄弟、越前衆相拘へ。」とある。明確に木ノ芽峠と鉢伏山城を区分していることから、ここに記述された鉢伏山城は、木ノ芽峠城塞群全体をさすのではなく、一個の城郭としての鉢伏山城として良い。やはり鉢伏山城に賢会が主将として在城していたのである。そして西光寺丸城に西光寺が在城していたのである。
　多聞院日記（『福井市史資料編２』）にも「越前国之事、去月（８月）十六日ニ木ノ辺（木ノ芽）・鉢伏追」とある。また（天正３年）８月２２日村井貞勝宛織田信長書状（『加能史料』）にも「木目・鉢伏追破」とある。木ノ芽峠と鉢伏を分けて明記していることから、この「鉢伏」も鉢伏山城を述べていると考えて良かろう。
　さらに『信長公記』では８月１５日の戦闘についても「木目峠・鉢伏・今城・火燧城」と記述し、木ノ芽峠と鉢伏を分けて明記する。
　このような文献史料から、当時の木ノ芽峠城塞群は、鉢伏山城と観音丸城・木ノ芽城・西光寺丸城の二つに大別されていたことが推定される。西光寺は西光寺丸城のみの守将ではなく、観音丸城・木ノ芽城・西光寺丸城全体の守将と理解した方がよさそうである。
　『信長公記』によれば、信長軍は天正３年（1575）８月１５日の朝から総攻撃を開始する。まず海岸線の杉津城・河野新城を攻め、簡単に落城させる。そして夜には木ノ芽峠城塞群に進攻し、「近辺放火候。木目峠・鉢伏・今城・火燧城にこれある者共、跡を焼立てられ胆を潰し、府中（越前市）をさして罷退き候」という状態となった。つまり一揆軍はほとんど防戦することなく総崩れとなり、府中目指して敗退したのである。この結果、西光寺は戦死する（８月１７日村井長頼宛織田信長書状『加能史料』）。
　鉢伏山城に在城していた阿波賀三郎・与三兄弟は降伏し赦免を願い出たが、許されず生害させられる。そして賢会も山中に隠れていたところを引きずり出されて首を切られてしまう。首を切ったのは、かつての同僚朝倉景健で、賢会をはじめ下間筑後・下間和泉の首を土産として赦免を願い出る。勿論許されるはずがなく、景健も生害させられる。もはや「助かるためならなんでもする」という状況である。予想された結果だが、生き仏として崇められていた一揆首領達の、あまりにもあっけなく、あわれな末路と言えよう。
　面白いことが、村井長頼にあてた織田信長書状（８月１７日付、『加能史料』）に書いてある。信長は１６日「木目追崩」したが、木ノ芽峠は「羽柴筑前守（秀吉）も去年木目城被取候遺恨」のある城と述べる。これは去年（天正２年）木ノ芽峠守将樋口直房が逐電し、秀吉が成敗したこ

とを述べている。信長は秀吉が「遺恨」を持った城なので、明智光秀と相談させ、木ノ芽峠を攻める一方で、逃げてきた一揆軍を府中で待ち構え、一網打尽で一揆軍を打ち取ってしまったという。何から何まで織田軍の思惑通りに事は進み、もはや戦いではなく、一揆軍の屠殺に等しかったのである。

天正3年8月落城後、鉢伏山城は史料上に登場しない。勿論木ノ芽峠は使用され続けるが、城郭としては登場しない。城郭としての歴史は、天正3年8月落城をもって終止符を打ったのであろう。ただし、関所等の施設として存続したことは推定される。

４．縄張り
（1）鉢伏山城（図1）

木ノ芽峠城塞群の最高所、鉢伏山山頂に位置する。他の城郭とは比高が百m以上あり、見下ろすことから、城塞群の主城と考えられる。山頂からの眺望は素晴らしく、敦賀湾を一望することができる。遊歩道は整備され、主郭A周辺はきれいに苅り払われ、非常に観察しやすくなっている。ただし、近年の改変で遺構の一部が破壊されたのは惜しまれる。

主郭はA曲輪。ほぼ単郭の城郭である。城塞群の北端に位置することから、北側の尾根続きを2本の堀切で完全に遮断する。これに対し、東側の尾根続き（西光寺丸城側）は、竪堀や横堀で遮断するが、完全に遮断しておらず、西光寺丸城との親密性を窺うことができる。

現在開口している虎口①は、マイクロウエーブ建設用に設けられた道路によって多少切り拡げられている。ただし、入る時に横矢が掛かり、屈曲して入る構造となっており、さらに横堀によって防御されていることから、基本的な構造は旧状を保っていると思われる。

1点気になる事がある。それはBの空間である。現在は途切れているが、仮に横堀が②まで繋がっていたとしたら、Bは馬出曲輪となり、③から出入りしていたことになる。Bが馬出曲輪ならば、敵軍を左右に迂回させず、B曲輪に強制的に入らすために竪堀⑥・畝状空堀群⑦を設けたことも理解できる。この仮説が正しければ、①は破壊虎口の可能性も有り得ることになってしまう。さらに破壊虎口①の土塁と馬出曲輪Bの土塁、畝状空堀群⑦と馬出曲輪の横堀も繋がっていたことになる。①が破壊虎口なのかどうか、現状では判断できないため、結論は保留したい。縄張りを考える上で重要なパーツなだけに、非常に残念である。

虎口④は平虎口だが、⑤は城外に小規模な土塁を設け、屈曲して入る枡形虎口である。現在天正2～3年に越前一向一揆が単独で築城した虎杖城・杉津城・河野新城に枡形虎口は見られない。従って虎口を含む遺構の大部分は、朝倉氏時代と考えて良かろう。従ってB曲輪（馬出虎口）とセットである畝状空堀群⑦も、朝倉時代の遺構と考えられる。

木ノ芽峠城塞群の北端は鉢伏山城で、南端は西光寺丸城である。西光寺丸城にも、小規模だが畝状空堀群が存在する。広域な城塞群で、両端の城に畝状空堀群が存在するのは、統一された強固な意志統一が感じられる。やはり朝倉氏時代の考えて良いであろう。

主郭Aの西側に土塁は存在しないが、これもマイクロウエーブ建設のために破壊されたのである。従って、かつては全周に土塁を巡らしていた。

虎口④・⑤は土塁で構築された明確な虎口だが、虎口①（もしくは③）と比較すれば単純な構造である。恐らく北西尾根連絡用として使用されたのであろう。これに対して虎口①（もしくは③）は、土塁を屈曲させて横矢を効かし、横堀を設けて東側の尾根続き（西光寺丸城側）を警戒する。これは西光寺丸城より格上の存在だったことを物語っており、縄張りからも城塞群の主城が鉢伏山城だったことが判明する。

さて、鉢伏山城は、朝倉・一向一揆・織田三氏の複合遺構である。天正3年(1575)に越前一向一揆が構築した城に、虎杖城・河野丸砦・河野新城がある。三城は土塁や横堀で曲輪を囲んではいるが、虎口は単純な平虎口でしかない。これが天正3年における越前一向一揆の実情だったのである。それに対して虎口①（もしくは③）は複雑な構造になっていることから、現存遺構の構築者から一向一揆を省くことができる。従って朝倉か、織田か、である。

破壊されて詳細な構造は不明だが、⑥が朝倉氏馬出特有の土塁状通路の可能性があり、この推定が正しければ、朝倉氏が構築したことになる。同じことは西光寺丸城にも言え、朝倉氏城郭の

特徴が各所に残っていることも、木ノ芽峠城塞群の特徴である。従って現存遺構は、永禄末年～元亀年間に朝倉氏が構築したと推定したい。

（2）観音丸城（図2）

　木ノ芽峠を挟んだ両側に築かれている。峠の西側が観音丸城、東側が木ノ芽城である。現在木ノ芽城の一画に前川永運氏の自宅（峠茶屋）が建っている。『福井県今庄町誌』（今庄町　1979）記載の図面によれば、①は「観音堂」と記述されており、これが城名の由来になったと推定される。また前川氏の御教示によれば、尼寺があったともされている。いずれにせよ、宗教施設が存在していたようである。

　A曲輪が主郭。背後に長大な二重堀切を設け、完全に遮断する。一方、峠と一体化を図るため、遮断施設は設けていない。これは木ノ芽城も同様であり、観音丸城・木ノ芽城の役割が、峠の監視・掌握だったことを物語る。

　峠方向に虎口⑤は単純ながらも外枡形虎口で、土塁部を石垣で固める。虎口③も外枡形虎口で、やはり一部を石垣で固める。さらに竪堀④を併用して大人数での敵軍進入を阻止している。いずれも平虎口でないことに注目したい。

　このように、観音丸城は木ノ芽峠城塞群唯一石垣を使用する城郭であり、主郭Aの塁線土塁の内側、あるいは虎口③・⑤に重点的に用いる。現在塁線土塁の外側に石垣はほとんど認められない。しかし、横堀の堀底には石材が散乱しているため、外側にも石垣が存在していた可能性がある。つまり塁線土塁は、内外を石垣で固めた頑丈な土塁だったのである。

　塁線土塁で唯一外側に石垣が認められるのが、虎口⑤の土塁である。虎口③の外側にも石垣は認められるものの、石列程度で、格の違いを見せつけている。従って虎口⑤が大手虎口で、峠から登ってきた武士等が出入りすることから、外側にも石垣を設け、視覚効果の拡大を期待したのであろう

　さて、越前国内において朝倉氏城郭や一向一揆城郭には、ほとんど石垣は確認できない。石垣の高さは最大で約2m、裏込石は無く、石材も30～50㎝と小ぶりであり、高さが4m以内であることから、天正前半の石垣と推定される。従って天正元年（1573）8月～天正2年8月までの織田氏（樋口直房）時代の石垣と推定されよう。

　石垣の存在から、樋口直房が改修したのは観音丸城のみで、使用したのは観音丸城・木ノ芽城のみだったと考えられる。織田政権は、占領地域の旧城を使用する場合、規模を縮小して使用するケースが多い。直房も広大な木ノ芽峠城塞群を使用する不利を知り、規模を縮小して守りやすい観音丸城と木ノ芽城のみを使用したのであろう。恐らく直房の任務は国境線を「線」で固めるのではなく、木ノ芽峠を「点」で固めることだったのであろう。

　峠を監視・掌握するという観点から、観音丸城と木ノ芽城をワンセットで扱わなければならない。しかし、木ノ芽城に石垣を使用した痕跡は認められない。このことは観音丸城が上位の城、すなわち主城であることを物語る。観音丸城のほうが比高で10mも高く、木ノ芽城を見下ろしていることからも察せられよう。

　なお、二重堀切よりさらに北西約60mの地点に、土橋状遺構⑥が存在する。はたしてこれが城郭遺構なのか、判然としない。

（3）木ノ芽城（図2）

　木ノ芽峠の東側に位置する城郭であり、現在一画に前川永運氏の自宅⑦（峠茶屋）が建っている。前川氏は代々峠の関守をしておられた家柄で、前川氏の献身的な作業により、峠や峠道は言うに及ばず、城跡の整備・保存が図られている。前川氏の永年における地道な努力は高く評価され、そして深く敬意を表したい。木ノ芽城の別名三頭丸・三度丸は、『福井県今庄町誌』によれば三之丸が訛ったものだという。つまり鉢伏山城が本丸、観音丸城が二ノ丸、そして木ノ芽城が三之丸に相当するという。

　木ノ芽城も観音丸城と同様に、背後を長大な堀切⑨で完全に遮断する一方、峠側に遮断施設は設けない。観音丸城・木ノ芽城の役割が、峠の監視・掌握だったことを物語る。恐らく峠そのものには、関所のような施設が存在していたのであろう。そのような目で見るならば、竪堀⑩の峠

を挟んだ反対側に、竪堀状窪地⑪がある。これがかつて竪堀であったならば、⑩と⑪で竪堀ラインを引くことができ、このライン上に柵列等の施設を想定することができよう。

⑧は通称御膳水で、現在も青々とした泉が滾々と湧いている。明治天皇行幸の際にお出しした御清水として有名だが、勿論城兵の飲料水であり、峠を行き交う旅人の喉を潤す水でもあった。単なる湧水ではなく、清らかな御清水の存在は、宗教施設（観音堂）が存在するための必須アイテムでもある。

木ノ芽城は長く耕作地として使用していたため、遺構の残存状況は良くない。それでもB・C曲輪の間に土塁を伴った空空堀が存在し、そのラインの延長線上に竪堀⑬の存在を認めることができる。

鉢伏山城・観音丸城・西光寺丸城は、大規模な塁線土塁を広範囲に使用している。しかし木ノ芽城は、B曲輪の一部にしか塁線土塁は認められない。ただし、これは耕作による破壊の結果で、かつては広範囲に存在していたのかもしれない。

地表面で観察できる虎口は⑫で、C曲輪からの横矢が効いている。さすがにここは耕作の影響は受けていないと考えられるが、それでも土塁は存在しない。元々木ノ芽城は土塁の少ない城郭だったことが推定される。やはり遺構でも木ノ芽城は、観音丸城よりも格下ということを物語っているようである。

（4）西光寺丸城（図3）

木ノ芽峠城塞群の南端を守備する城である。木ノ芽峠を守備するだけなら、峠の両側に位置する観音丸城・木ノ芽城の二城だけで良いと思われる。しかしさらに国境を警備するとなれば、約1kmにわたる広大な範囲の守備が必要になるのである。その南端の守備を任されたのが西光寺丸城と言えよう。

『城跡考』によれば、石田西光寺が守備したと記述し、多くの資料もそれに従う。城名も西光寺が籠城したことに由来しているのであろう。

木ノ芽峠城塞群に西光寺が籠城していたことについては『信長公記』に明記されている。すなわち天正3年(1575)8月、織田信長が越前に進攻したとき、「木目峠、石田の西光寺大将として一揆共引率し在陣なり」とある。ただし、同書によれば「鉢伏の城、専修寺（賢会）・阿波賀三郎兄弟、越前衆相拘へ。」とあり、明確に木ノ芽峠と鉢伏山城を区分している。このことから「木目峠」は西光寺丸城・観音丸城・木ノ芽城の三城と考えられ、守将として西光寺が在城していたと考えられよう。

『信長公記』によれば、信長軍は15日夜に攻撃を開始すると、一揆軍はほとんど防戦することなく総崩れとなり、府中目指して敗退してしまう。この結果、西光寺も戦死する（8月17日村井長頼宛織田信長書状『加能史料』）。

遺構の保存状態は良好。主郭Aの周囲に土塁が巡り、土塁で構築された虎口が三ヶ所で開口する。北側の尾根方向（観音丸城・木ノ芽城側）には目立った防御施設は設けていないが、南側には堀切・竪堀・横堀・土塁を設けて厳重に警戒している。特にB曲輪の高さ10mの切岸と、長さ80mの堀切⑥は圧巻である。南側を完全に遮断しており、木ノ芽峠城塞群の南端を守備する城郭の縄張りであることを如実に物語る。

さて、西光寺丸城で最も注目したいのは、B曲輪である。横堀の対岸に位置した小曲輪で、B曲輪から外部へ連絡していることが確認できるので、B曲輪は馬出とすることができる。問題は長く伸びた土塁状通路①が付属していることで、この形式の馬出は朝倉系馬出の典型（佐伯哲也「朝倉氏城郭の馬出について」『越前中世城郭図面集Ⅰ』佐伯哲也 2019 桂書房）と言える。少なくとも馬出Bの構築者は、朝倉氏だったことを物語る。通路の入口は②で、長時間C曲輪の横矢を受け続けて馬出B曲輪に進まなければならない。しかも細長い土塁状通路のため、一列縦隊でしか進めないため、無傷で馬出Bに進めたのはごく少数だったことであろう。

馬出Bの南側は、高さ10mの切岸で完全に分離され、主郭Aと馬出B・C曲輪が無理なく縄張りはまとまっている。つまり一連の縄張りと評価でき、同時代・同一人物の縄張りとして良い。少なくとも主郭Aと馬出B・C曲輪は朝倉氏の遺構なのである。D曲輪は主要曲輪群から隔絶した位置に構築されていることから、一世代古い遺構なのかもしれない。

同じく朝倉系馬出を持つ城郭として狩倉山城があり、永禄9年(1566)朝倉氏の築城と考えられる。土塁の使い方は西光寺丸城の方が発達しているので、主郭Aと馬出B・C曲輪の現存遺構は、永禄9年以降、具体的には元亀年間の構築として良いであろう。但しD曲輪は古い構造なので、永禄年間頃（永禄12年？）に西光寺丸城が朝倉氏によって築城され（このときD曲輪も構築される）、元亀年間に朝倉氏によって主郭Aと馬出B・C曲輪が改修されたという仮説を立てることができよう。

　もう一点注目したいのは、堀切⑥西端に位置する畝状空堀群③である。畝状空堀群とは言えないが、連続竪堀④や⑤地点にも竪堀が見られる。つまり竪堀を防御施設として用いている縄張りは、鉢伏山城と同じであり、木ノ芽峠城塞群の両端に用いていることから、木ノ芽峠城塞群全体の縄張りに改修指示が出せれた人物が、畝状空堀群を構築したのであろう。その人物は、越前一向一揆とは考えにくく、やはり朝倉氏と考えるのが自然であろう。

　このように西光寺丸城には、朝倉氏時代の遺構が多く残る。天正2～3年越前一向一揆（石田西光寺）が在城したときは、遺構の改修までは実施せず、建物（柵・塀・木戸・櫓）等の補修に止まったと考えられよう。

（4）その他の遺構

　『福井県今庄町誌』によれば、西光寺丸城の南方小屋谷頂上に「砦跡らしきものがある」と記載していることから現地調査を実施した。自然地形ではあるが、平坦な場所は数ヶ所確認されるので、それを砦跡としているのかもしれない。いずれにせよ、城郭遺構は確認できなかった。また「鷹打嵩」には本覚寺及び諸坊主が籠城したとあるが、「鷹打嵩」の位置が不明であり、遺構は未確認である。鷹打嵩とは御鷹山のことと推定され、藩主の鷹狩場とするならば、今庄には多数の鷹狩場があったとされている（『福井県今庄町誌』）。場所を特定するのは困難ではあるが、今後も地道な現地踏査を続けたい。

５．まとめ

　木ノ芽峠城塞群の築城は、残念ながら良質の史料で明らかにすることはできないが、永禄末年頃には朝倉氏によって使用されていたと思われる。ただし、鉢伏山城単独で存在していた可能性が高い。一次史料では天正2年～3年に登場し、城主は織田氏・越前一向一揆ということが判明している。しかし遺構の大部分は朝倉氏時代のものということが判明した。織田氏は規模を縮小して観音丸城・木ノ芽城のみを改修・使用し、一揆軍は朝倉氏の城郭を改修せず、そのまま利用したということになる。

　筆者は馬出Bは、朝倉氏系馬出の典型と評価したが、問題が無いわけでもない。それは同じく元亀年間近江で構築した朝倉氏城郭に馬出は導入されていないからである。この相反する事実は何を物語るのであろうか。さらに事例を増やして研究を深化させたい。

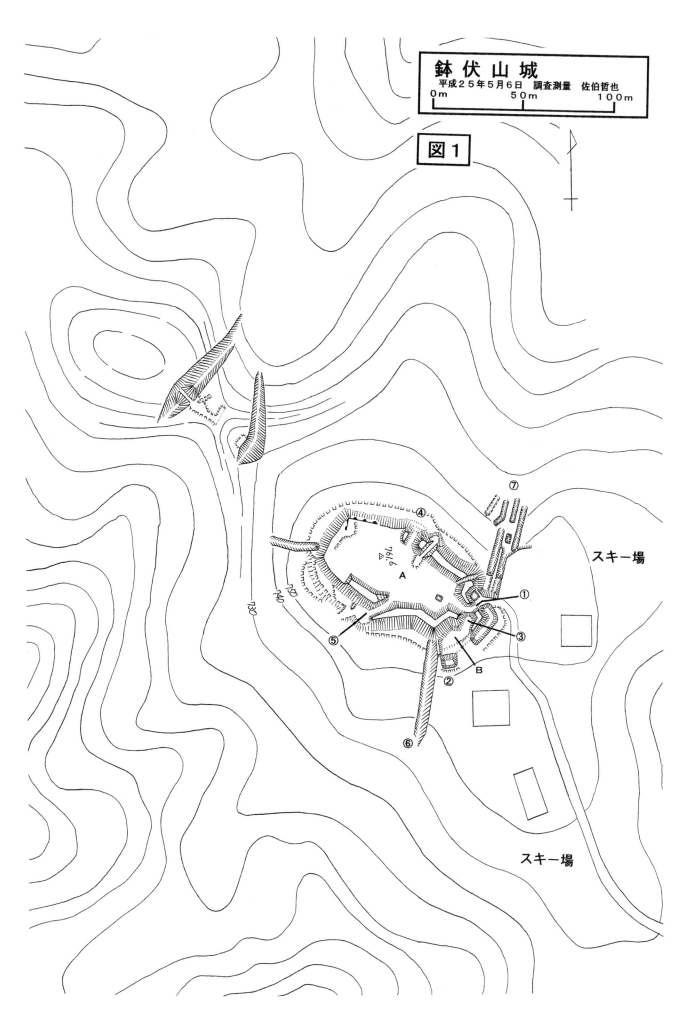

鉢 伏 山 城
平成25年5月6日　調査測量　佐伯哲也
0m　　　　　　　50m　　　　　　100m

図1

スキー場

スキー場

- 79 -

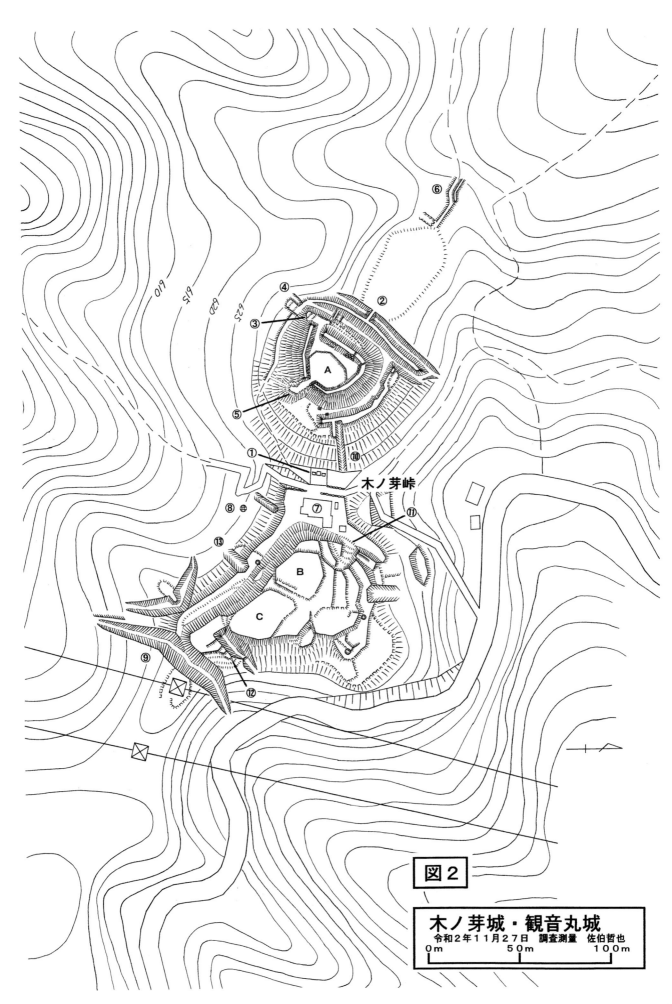

木ノ芽峠

図2

木ノ芽城・観音丸城

令和2年11月27日　調査測量　佐伯哲也

0m　　　　　50m　　　　　100m

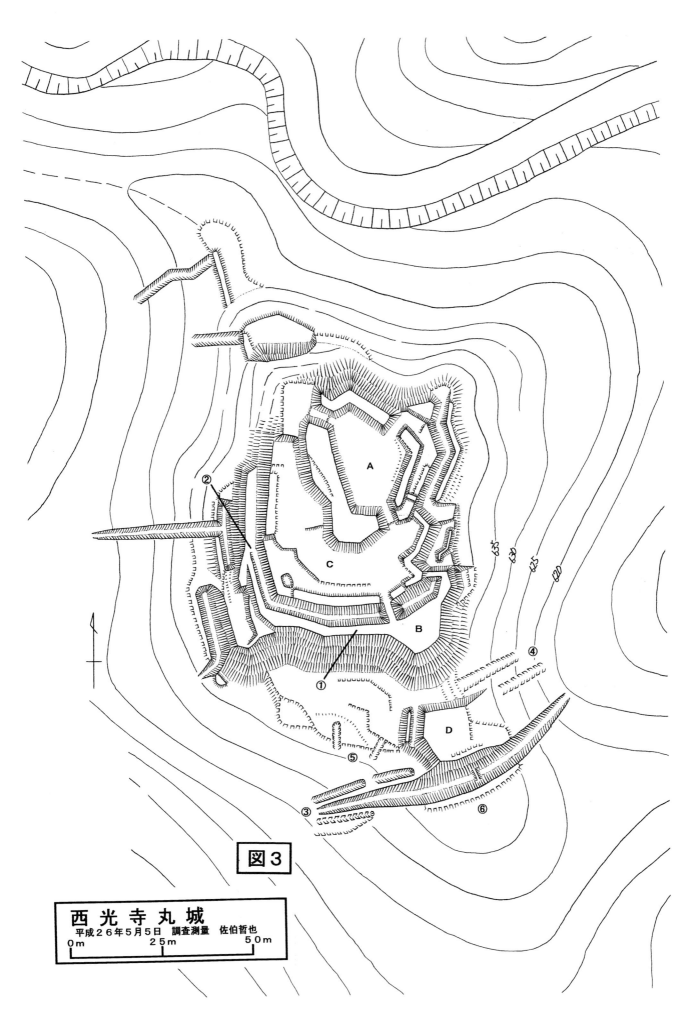

A

C

B

D

② ① ④ ⑤ ③ ⑥

635 630 625 620

図3

西光寺丸城

平成26年5月5日　調査測量　佐伯哲也

0m　　　25m　　　50m

41. 河野新城 (こうのしんじょう)

①南条郡南越前町河野村河野　②－　③天正２年　④天正２～３年　⑤天正３年　⑥若林長門
⑦山城　⑧削平地・切岸・堀切・土塁　⑨110m×40m　⑩標高190m、比高180m　⑪13

『河野村誌』（河野村 1984）と『福井県遺跡地図』で表示する河野新城の位置は違っている。『福井県遺跡地図』が表示する場所は自然地形で遺構は存在しない。『河野村誌』に表示する位置に遺構は存在する。従って本稿では『河野村誌』が表示する河野新城を述べる。
木ノ芽峠城塞群・虎杖城が陸路の織田軍を食い止める城としたら、河野新城や河野丸砦は海路の織田軍を食い止める城と言える。河野新城や河野丸砦に立てば、敦賀湾や海岸線を広く眺望することができる。水軍を監視するには絶好の選地と言えよう。
　『信長公記』によれば、「海手に新城拵へ、若林長門・息甚七郎父子大将にて、越前衆罷出で警固なり」とあり、海岸線に新城を築き、若林長門・甚七郎父子を大将として置いたと述べている。その「新城」が河野新城と考えられる。築城時期は、木ノ芽峠城塞群や虎杖城と同じく、天正２年(1574)８月頃として良いであろう。
　この他一向一揆は海岸線を防御するために幾つかの城を築いているが、その中で位置が明らかで遺構を残しているのが河野丸砦（敦賀市河野）である。『信長公記』では大塩円強（宮）寺と加賀衆が在城していると述べる。記録には登場しないが、岡崎山砦（敦賀市）も使用していたと考えられる。一向一揆は河野新城・河野丸・岡崎山砦の三城で海岸線を防御しようとしていたのである。
　鉄壁の布陣と見えた海岸線の城郭群だが、天正３年(1575)８月15日、明智光秀・羽柴秀吉両将が若狭・丹後衆を率いて総攻撃を開始すると、河野新城・河野丸砦を攻め、「ものともせず追崩し二・三百討捕り、両人の居城乗込み焼払いひ」、若林父子・円宮寺の首を、敦賀在陣中の織田信長に進上したとしている（『信長公記』）。ほぼ無抵抗の状況で落城したのであろう。もはや一揆軍は織田軍の敵ではなかったのである。
　さて、『信長公記』では若林父子の首を討ち取ったとしている。しかし８月17日村井長頼宛織田信長書状『加能史料』）で信長は「定くせものにて候間」と首が偽物の可能性が高いと述べる。信長の疑念は的中し、若林父子はこのとき生き延びて加賀一向一揆に加わり、船岡山城（石川県白山市）に籠城する。天正８年(1580)11月柴田勝家の攻撃により船岡山城が落城し、このときは戦死したらしく、若林父子の首は安土に送られている。
　天正３年８月落城後、河野新城は史料上に登場しない。天正３年８月落城をもって終止符を打ったのであろう。
　河野新城は、よく使用された尾根道に接して築かれている。『河野村誌』によれば尾根道は「ゆで笹峠」に続いているというから、重要な生活道路として使用されていたらしい。土橋状通路①は、尾根上を通路しやすくするため設けられた近世以降の通路であり、城郭遺構ではない。
　尾根道によって大半が埋まってしまっているが、尾根続きを堀切②で遮断している。主郭はA曲輪で塁線土塁を巡らしている。しかし本来土塁に設けられる虎口は存在していない。③は虎口と推定されるが、単純な坂虎口である。自然地形が各所に残っていることから、臨時城郭ということを物語っている。
　このように塁線土塁を巡らし防御ラインを設けていることは評価できるが、虎口は存在していても単純な平虎口で、枡形や馬出まで発達していないことに注目したい。これが天正２～３年における越前一向一揆、それも上層部の築城レベルなのである。これが一向一揆（上層部）の実態という事実を水平展開していくべきであろう。
　なお『河野村誌』によれば、「城址を十数ヶ所試掘してみた」が、なにも出てこなかったという。また、城跡で鏃や鉄砲玉を採取したと伝えているが、現物の所在は不明である。さらに「新城」に対して「古城」の存在を指摘して、上方に曲輪の存在を指摘している。筆者も現地調査を実施したが、遺構は確認できなかった。

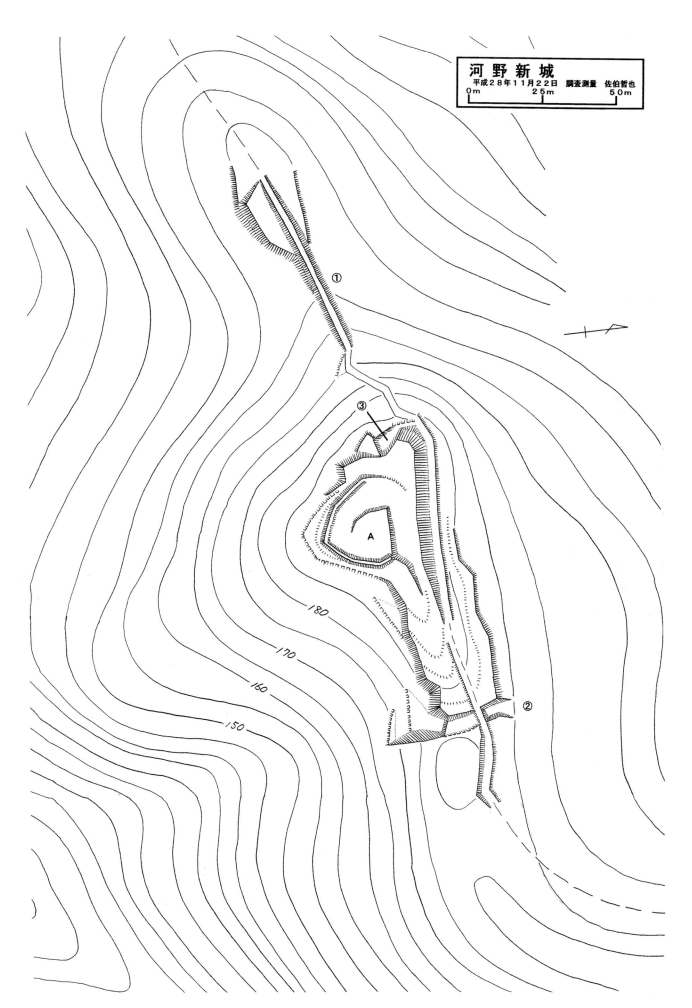

河野新城
平成28年11月22日　調査測量　佐伯哲也
0m　　　　25m　　　　50m

A

180
170
160
150

①
②
③

42. 河野丸砦 (こうのまるとりで)

①敦賀市杉津　②杉津城？　③天正２年　④天正２〜３年　⑤天正３年　⑥大塩円宮寺　⑦山城
⑧削平地・切岸・堀切・土塁・石垣　⑨100m×40m　⑩標高270m、比高250m　⑪14

　『城館跡』及び『福井県遺跡地図』によれば、当城とは別に、当城より約３００ｍ西方の三角点(202.6ｍ)に「杉津砦」を記載し、遺構平面図も記載する。しかし「杉津砦」の地点は、全くの自然地形で、遺構は確認できなかった。従って本稿では、河野丸砦のみ記述する。
　『信長公記』によれば、天正３年(1575)織田信長越前進攻にあたり、越前一向一揆は国境及び海岸線の城郭を築城・改修している。それによれば「だいらこへ・すい津の城、大塩の円強（宮）寺、加賀衆相加り在城なり」とある。杉津砦には遺構が確認できないことから、「すい津の城」とは河野丸砦のことと推定される。なお、「だいらこへ」は大良城のことと考えられ、『城館跡』及び『福井県遺跡地図』に位置を記載する。筆者も現地調査を実施したが、全て自然地形であり、遺構は確認できなかった。これについて『河野村誌』（河野村 1984）も「大良城の所在については、地元には何の口伝も遺構も伝えられていない」と述べる。
　さて「専修寺賢会書状」（『福井市史資料編２』）により、木ノ芽峠城塞群は天正２年８月頃から改修が始められたと考えられ、恐らく河野丸砦も同時期に築城されたと思われる。『信長公記』の記載により、天正３年８月における河野丸砦の城主は大塩円宮寺であることが判明する。しかし「専修寺賢会書状」により、円宮寺は天正２年１０月まで木ノ芽峠城塞群にいたことが判明している。移動の理由は不明だが、木ノ芽峠城塞群主将専修寺賢会との不仲が推定される。
　天正３年８月１５日の朝、織田軍は総攻撃を開始する。羽柴秀吉・明智光秀は若狭・丹後衆の船団を先陣として海岸線から上陸し、海岸線を守っていた河野丸砦は、真っ先に猛攻を受けてしまう。この結果、河野新城と河野丸砦は「屑せず追い崩し二・三百討捕り、両人（若林長門・円宮寺）の居城（河野新城・河野丸砦）乗込み焼払ひ、八月十五日に頸を敦賀へ進上」する。つまり、あっけなく河野新城と河野丸砦は落城し、若林長門・円宮寺は戦死（若林長門は誤報）するのである。８月１７日村井長頼宛織田信長書状（『加能史料』）にも「十五日（中略）先浜之方ニ有篠尾・杉津両城攻崩、数多くひをきり」と同様の記述があり、『信長公記』の信憑性の高さを物語る。なお「篠尾」の場所は不明。河野新城のことなのであろうか。
　その後、河野丸砦は史料上に登場しない。恐らく１５日の落城をもって廃城になったのであろう。従って天正２〜３年のみに使用されたことが判明する貴重な城郭と言えよう。
　河野丸砦は、海岸線を守備する砦だったこともあり、砦跡からは海岸線や沿岸の集落を広く眺望することができる。大挙襲来する織田軍の船団も、ハッキリと見えていたことであろう。
　Ａ曲輪が主郭。堀切①・②を設けて尾根続きを遮断する。注目したいのは、主郭Ａに塁線土塁を設けて、虎口を明確にしている点である。不明瞭だが、北から東側にかけては低い塁線土塁を設け、二重の防御線を構築している。
　虎口は③・④・⑤に認められるが、基本的には平入り虎口となっている。ただし、虎口④は、外側の塁線土塁からは折れて入る構造となっており、入るときに櫓台⑥から横矢が効いている。さらに櫓台⑥は、尾根続きからの敵軍にも備えている。単純な平虎口から若干の技術進歩が認められる。虎口⑤の穴は猪穴と推定され、城郭遺構とは考えられない。とすれば、当時は尾根伝いからほぼストレートに入ることが出来てしまい、構造的に不可解な虎口となる。
　虎口③には、小規模な石垣が残る。横矢も掛からず、防御的意図に乏しいため、はたして城郭の石垣なのか判断し難い。近世以降の再利用（航海安全の宗教施設）も再検討する必要があろう。
　河野丸砦・河野新城・虎杖城の縄張りからは、天正２〜３年の越前一向一揆城郭は、土塁で防御線を構築する縄張りが一般的であったことが判明する。さらに地表面観察で確認できる虎口は存在しないか、存在していても、基本的には平虎口でしかなかったことも物語る。これは朝倉氏・織田氏の遺構が混在する木ノ芽峠城塞群を研究する上で、重要な事実といえる。この事実を用いて水平展開をすることが重要な課題と言えよう。

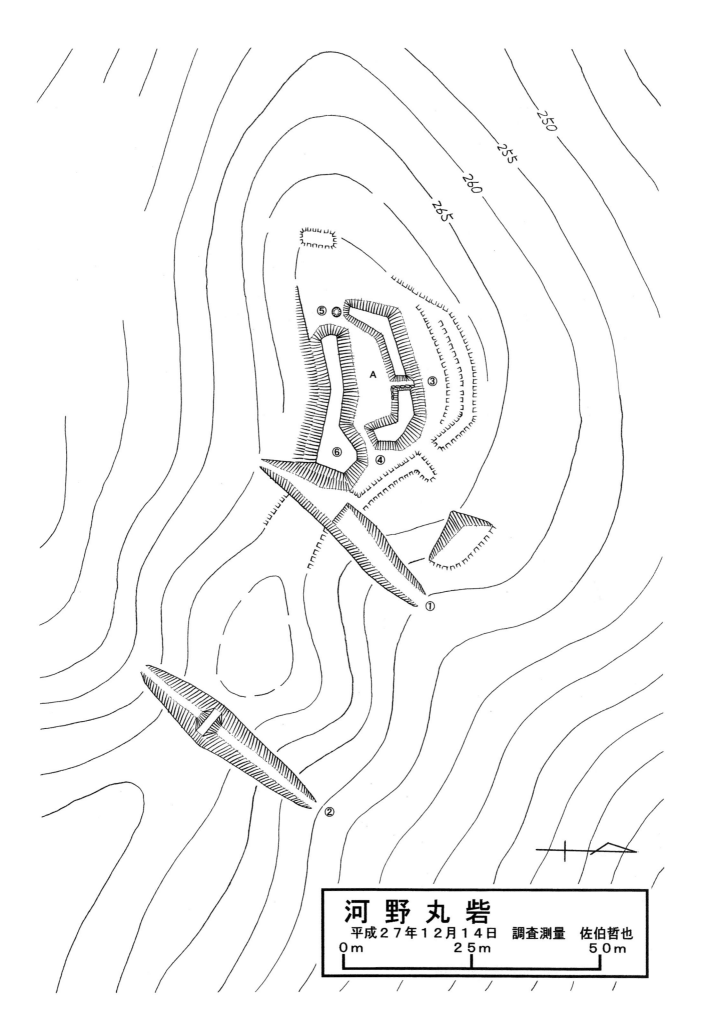

河野丸砦

平成27年12月14日　調査測量　佐伯哲也

0m　　　　　　　25m　　　　　　　50m

43. 岡崎山砦（おかざきやまとりで）

①敦賀市杉津　②大比田城　③１６世紀後半　④１６世紀後半　⑤天正３年？　⑥猪鹿子孫左衛門　⑦山城　⑧削平地・切岸・堀切・土塁・竪堀　⑨１：200m×80m　２：100m×60m　３：110m×40m　⑩標高80m、比高70m　⑪14

　日本海に突き出た半島上に位置し、三方を断崖絶壁・日本海に囲まれた天然の要害である。城跡からの眺望は素晴らしく、広く日本海（敦賀湾）をみわたすことができる。

　『大系』所収の『東遷基業』によれば、元亀元年(1570)織田信長越前進攻の際、朝倉義景は大比田城に朝倉景氏を置いたとしている。この大比田城は岡崎山砦のことと考えられる。また『城跡考』によれば、城主を大町専修寺・猪鹿子孫左衛門・堀江中務丞景忠としている。これは天正２～３年のことであろう。ただし、このとき大町専修寺は木ノ芽峠城塞群に籠城しているので、誤りである。『敦賀郡誌』（敦賀郡役所 1915）では、越前一揆猪鹿子孫左衛門が守ったとしている。元々は猪鹿子孫左衛門の城として存在していたようである。

　ちなみに景忠は、開戦直後に一揆軍を裏切って背後から攻撃し、一揆軍壊滅の一因をつくることになる（『戦国期越前の領国支配』）。景忠は、天正２年(1574)７月織田信長より知行宛行いを約束され（『福井県史資料編５』）人物であり、裏切りの不安要素を抱えたままの守将登用ということになる。恐らく人材が極度に不足しており、苦渋の決断だったのであろう。

　岡崎山砦は、三つの小砦から構成されている。便宜上、中央部を１砦、南端を２砦、北端を３砦とする。かつて岡崎山砦は、景勝の地だったことから観光化が図られたらしく、幅２ｍ程度の遊歩道が通り、建物跡も残る。このため各所に重機等による破壊の跡も残っている。

　岡崎山砦の中で、中心となるのが１砦（図１）であろう。現在地表面観察で城郭と確認できるのは１砦のみである。Ａが主郭である。遊歩道で一部破壊されているが、前後を堀切①・②で遮断する。特に西端の防御は固く、堀切①は両端を竪堀状に落として遮断性を強め、さらに竪堀④を設けて迂回を阻止する。櫓台③は堀切①方向を厳しく監視している。虎口状の遺構⑥は城郭としての虎口なのか、公園造成時の破壊虎口なのか、判然としない。

　Ｂ曲輪の北側には、塁線土塁が残る。塁線土塁は、海と断崖絶壁に守られた南側には設けず、比較的緩やかな山容の北側に設けている。このことから塁線土塁は、防御施設だったことを物語っている。

　２砦（図２）は南端に位置する砦である。現在砦内に、近世以降の墓石が存在し、墓地として使用されていたらしい。Ｃが主郭と推定されるが、明確な城郭遺構は存在せず、２砦を城郭として良いのか、判断に迷う。ほぼ山頂から山麓まで続く溝状遺構⑦も、防御施設としてはあまり機能しておらず、城郭遺構とは言い難い。ただし、Ｅ曲輪からＤ曲輪への登城路と推定される⑧に対しては、⑦を設けることにより、より登りにくくしている。このようなことを考慮すれば、２砦は城郭と判断されよう。

　３砦（図３）は北端に位置する砦である。遺構としては、削平地と切岸しかなく、はたして城郭としてよいのか、さらに判断に迷う。ただし、岡崎山三砦の中で最も日本海に突き出た場所なので、敦賀湾に入ってくる船にとって見付けやすい存在だったと考えられる。従って見張り台のような存在だったのではなかろうか。縄張りもそれを物語る。

　以上が岡崎山砦の概要である。前述のように地表面観察で城郭と確認できるのは、１砦のみである。１砦は櫓台と堀切がセットになった防御線を構築していることから、１６世紀後半の遺構と判断して良い。しかし、主郭には塁線土塁や虎口は確認できず、天正２～３年に使用した一向一揆城郭とは一世代古い縄張りの様相を示す。永禄年間頃に在地領主の城郭として築城され、その後『東遷基業』が述べるように朝倉氏が使用し、最後は一向一揆が使用して天正３年に廃城になったという仮説が提唱できよう。

　なお『城館跡』には、この他にウツモト山砦・鵜の屎陣・帰山砦を記載する。踏査の結果全て自然地形で、城郭遺構は確認できなかったので、記載しないこととする。

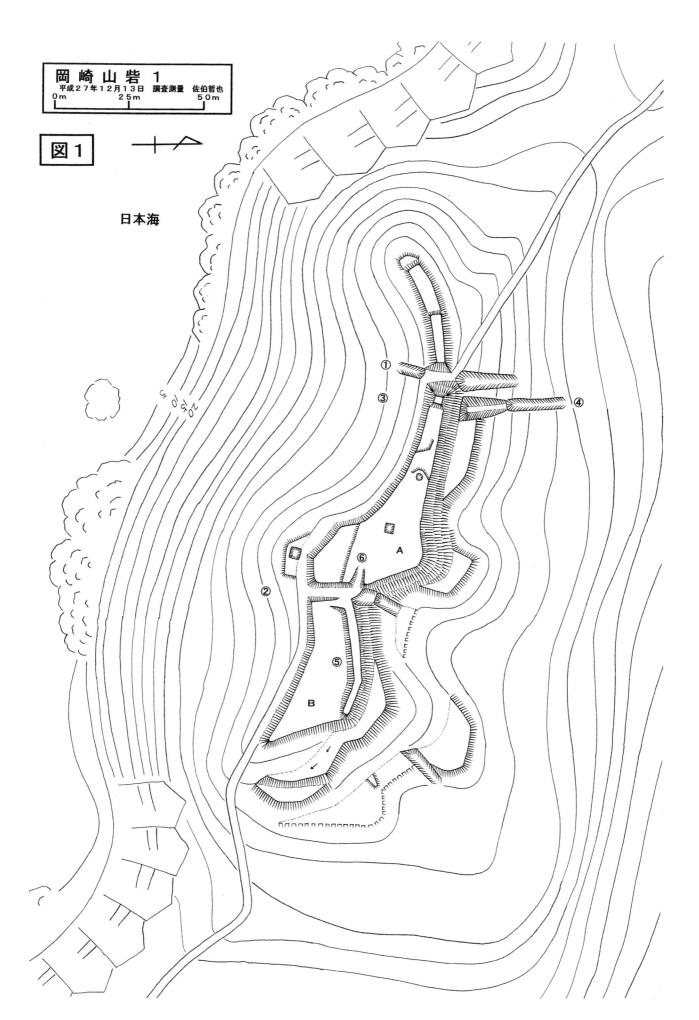

岡崎山砦1
平成27年12月13日　調査測量　佐伯哲也
0m　　　　25m　　　　50m

図1

日本海

① ③ ④
② ⑥ ⑤
A B

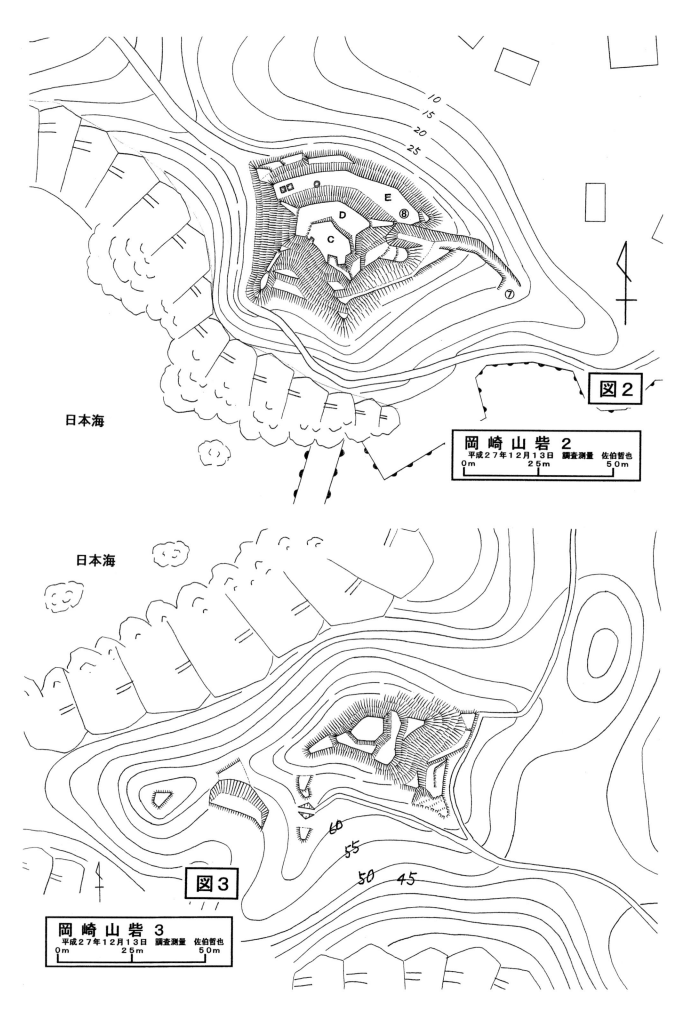

日本海

D

C

E

⑧

⑦

図2

岡崎山砦2
平成27年12月13日　調査測量　佐伯哲也
0m　　　　25m　　　　50m

10
15
20
25

日本海

図3

60
55
50　45

岡崎山砦3
平成27年12月13日　調査測量　佐伯哲也
0m　　　　25m　　　　50m

44. 金ヶ崎城 (かながさきじょう)

①敦賀市金ヶ崎　②－　③南北朝期　④１６世紀後半　⑤１６世紀後半　⑥新田義貞・甲斐常治・朝倉氏　⑦山城　⑧削平地・切岸・堀切・畝状空堀群　⑨330m×170m
⑩標高 86.3m、比高 80m　⑪15

１．歴史

　金ヶ崎城は、南北朝時代に北朝方・南朝方争奪の場として幾度となく登場する。しかし現存する遺構は、堀切と連動した畝状空堀群が残るように、明らかに 16 世紀後半のものである。従って城歴も 16 世紀後半を中心にして述べる。

　織田信長と朝倉・浅井氏の抗争が本格化した、いわゆる元亀の争乱は、この金ヶ崎城から出発する。元亀元年(1570) 4 月近江から若狭に進軍した信長は、同月 23 日粟屋勝久の国吉城に入り、そこで軍容を整える。そして 25 日、越前の玄関とも言うべき天筒山・金ヶ崎城を猛攻する。『信長公記』によれば天筒山城はその日のうちに攻め落とし、1370 の首を打ち取っている。

　この勢いに乗り、翌 26 日金ヶ崎城を猛攻する。金ヶ崎城には敦賀郡司の朝倉景恒（中務大輔）が籠城していたが、防ぎきれぬと悟った景恒は、開城して退却する。救援途中だった朝倉義景・景鏡がいずれも途中で引き返し、孤立無援と知った景恒にとって退却は、やむを得なかったのである。それにしても、よく一命を許されたものである。信長としては、一刻も早く中央部へ進軍したかったのであろう。あるいは、当初から背後の浅井の動向が気になっていたのであろうか。ちなみに景恒は人望を失い、永平寺に蟄居し、義景からも赦されず、元亀 2 年(1571) 9 月病死する（『古文書が語る朝倉氏の歴史』）。

　天筒山・金ヶ崎城を手中にした信長は、作事のため番匠・鍛冶・大鋸引等７０人ばかり京都より下向させている（『朝倉氏関係年表』）。金ヶ崎城を軍事拠点として改修し、越前中央部に進軍しようとするが、背後の浅井長政が反旗を翻したため、同月２８日夜急遽反転し、近江朽木谷を経て、同月３０日京都へ逃げ帰る。このとき殿軍として金ヶ崎城に木下藤吉郎秀吉が置かれたことは有名である。

　その後の金ヶ崎城は、一次史料に登場しない。『信長公記』では、天正元年 8 月織田軍が攻め落とした朝倉方十城の中に「敦賀」城は記載されているが、金ヶ崎城の名は登場しない。同月信長は１４～１６日に「敦賀に御逗留」しているが、やはり金ヶ崎の名は見えない。また天正 3 年(1575) 8 月越前に進攻した織田信長は『信長公記』では、「十四日敦賀に御泊。武藤宗右衛門（舜秀）所に御居陣」とあることから、敦賀城に布陣したと考えられる。勿論同年蜂起した越前一揆軍は、金ヶ崎城を使用していない。

　このような一次史料の結果に基づけば、手筒山・金ヶ崎城は元亀元年の落城をもって廃城になったと考えたい。それは後述の縄張り調査結果とも矛盾しない。

　ただし、多少問題は存在する。それは『越前国相越記』（『加能史料』）に、天正 3 年 8 月２５日大乗院尋憲が宿泊した宿は「六十（武藤）城之麗（麓？）也」とあるからである。敦賀城は平城なので、「麓」で宿泊したと表記するのはおかしい。あるいは「六十城」は敦賀城ではなく、金ヶ崎城のことで、その麓に宿泊したのかもしれない。一考を要する記述である。

２．縄張り

　越前・若狭・近江三国の国境に位置し、さらに中世以降日本海有数の良港だった敦賀湊を掌握できる要衝である。さらに比高は 80 mとさほど高くないが、日本海に突き出た半島に位置し、三方を海に囲まれた天然の要害でもある。近江・若狭へ数多くの出兵を繰り返した朝倉氏が、出
　知名度のわりに遺構の残存度は悪く、というよりも当初から存在していなかった可能性が高い。まず主郭（本丸）に相当するのが、城内最高所のＡで、通称月見御殿跡。尾根の突端に位置することから眺望は抜群で、いかにも月見御殿があったことを彷彿させる場所である。しかしほぼ自然地形で、古墳（円墳）が残っていることからも、中世において人工的な土木施工はほとんど実

施されていなかった可能性が高い。それに続く尾根上にも明瞭な曲輪は配置されておらず、従って大規模かつ堅牢な建物の存在は否定したい。

焼米出土伝承地であるB地点は、緩やかな斜面が広がっているため、曲輪を構えるには最適な場所である。しかしここも不明瞭な段が残るのみで、主要曲輪群は形成されていない。

一方、防御施設は顕著に残る。まず尾根続きの最低鞍部を浅い堀切①（通称一の木戸）で遮断する。そして二重堀切②（通称二の木戸）で完全に遮断する。この堀切では物足りなかったらしく、北側に切岸とセットになった畝状空堀群③を構築し、敵軍が北側に迂回するのを防止している。二重堀切と連動した見事な防御ラインと言えよう。現存遺構の構築年代が 16 世紀後半であることを物語る。ちなみに敦賀から木の芽峠を越えて越前中央部に至る街道沿いに位置する堂山砦（敦賀市）にも、堀切と連動した畝状空堀群が残る。同時期に同一人物によって構築されたと考えられよう。

切岸とセットになった畝状空堀群は、朝倉氏の居城一乗谷城（福井市）で大規模に残る。敦賀一帯は敦賀郡司朝倉氏が支配した地域であることを考えれば、現存する防御施設（二重堀切②・畝状空堀群③等）の大部分は、敦賀郡司朝倉氏が構築したと考えられる。一乗谷城畝状空堀群の構築年代が天文～永禄年間と推定されるので、金ヶ崎城畝状空堀群も永禄年間、それも信長進攻を間近に控えた永禄 12 年(1569)年頃とするのが最も妥当であろう。

それにしても遺構の残存度は非常に悪い。これは明治４２年(1909)東宮（後の大正天皇）行啓にあたり、遺構（土塁・切岸・堀切等）が破壊されたことも考えられる。しかし『史跡金ヶ崎城跡保存活用計画書』（敦賀市教育委員会 2018）所収の「金崎宮建設以前の金ヶ崎絵図」（明治２６年以前作製）や「官幣中社金崎宮域内風致及建物形容見取図」（明治３９年作製）を見ても、遺構は全く描かれていない。従って遺構は破壊されたのではなく、もともと少なく、現況に近い状況だったのではないだろうか。

背後の尾根続きには、天筒山城が存在する。天筒山城の遺構そのものが非常に散在的なため、どこまでが城域で、金ヶ崎城との境界線がどこなのか、線引きは難しい。ただし、虎口⑥は多少遊歩道で破壊されているが、明らかに堀切①方向を城外としている。さらに堀切⑤は堀切①より若干高所にある。このことから堀切⑤から東側は天筒山城の遺構とみなすことができ、金ヶ崎城の城域は堀切①とすることができよう。

二重堀切とセットで畝状空堀群を設ける等、金ヶ崎城は天筒山城方向を最も警戒している。しかし、これは天筒山城を敵視しているわけではない。標高が８０m余りも高い天筒山城が乗っ取られ、そこから敵軍が攻め下ってくることを警戒していたのである。後にこれは現実の話となる。

３．敦賀城の発掘調査

敦賀城は遺構を全く残していないが、平成 21・23 年度敦賀市教育委員会により発掘調査が実施され、興味深い事実が判明した（『敦賀町奉行所跡』敦賀市教育委員会 2012）。

調査結果によれば、15 世紀から何らかの施設が存在しており、16 世紀後半に遺物量が増加し、さらに礎石建物まで出現する。おそらくこれが武藤舜秀が居城した敦賀城と考えられる。ここで注目したいのは、敦賀城そのものは 15 世紀から存在しており、当然天筒山・金ヶ崎城と併存していたと考えられる。敦賀郡司朝倉景恒の居城は敦賀城であり、織田軍との交戦にあたり一時的に金ヶ崎城に籠城したと考えて良かろう。

４．まとめ

切岸とセットになった畝状空堀群は、朝倉氏城郭そのものである。しかし明確な曲輪はほとんど存在せず、臨時的な野戦築城という感じが強い。また、元亀年間に朝倉氏が好んで使用した土塁造りのほとんど虎口も残っていない。つまり元亀年間に使用されていなかったことを物語る。従ってほとんど自然地形だった金ヶ崎城を、織田軍越前進攻に備えるため、永禄 12 年頃に改修したと考えられ、そのときの遺構が現存遺構と考えられるのである。そして元亀元年落城し、廃城となる。

敦賀郡司朝倉氏の居城はあくまで敦賀城であり、金ヶ崎城は一時的に使用したにすぎないことになる。それは文献調査結果とも矛盾しないのである。

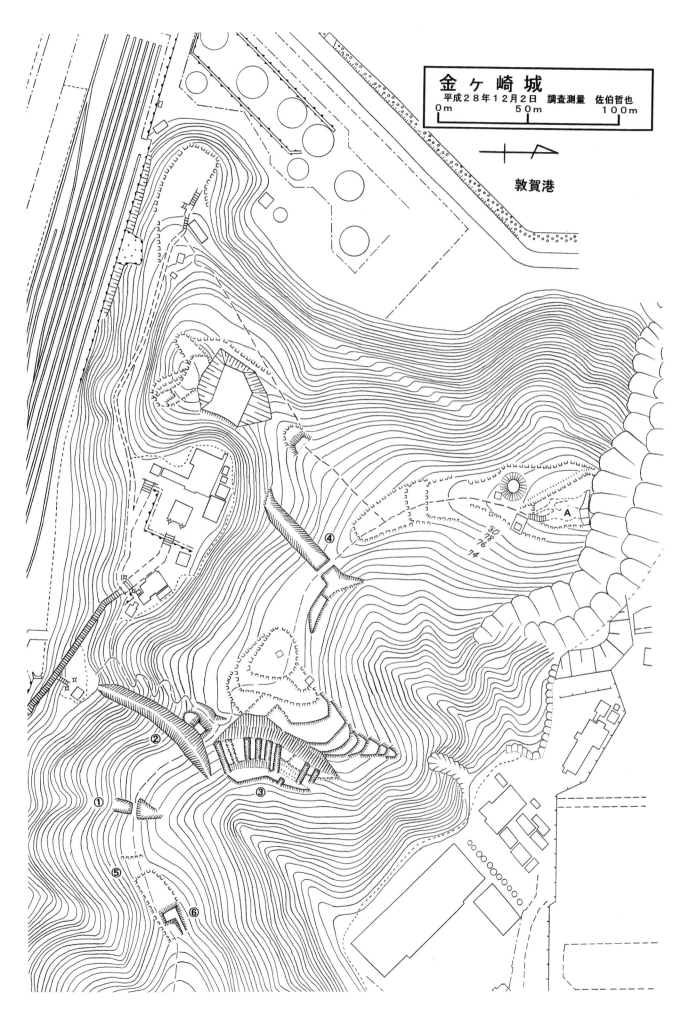

金ヶ崎城
平成28年12月2日　調査測量　佐伯哲也
0m　　　50m　　　100m

敦賀港

45. 天筒山城（てづつやまじょう）

①敦賀市天筒　②手筒山城　③南北朝期　④１６世紀後半　⑤１６世紀後半　⑥寺田畝采女正
⑦山城　⑧削平地・切岸・堀切・竪堀・土塁　⑨１．５㎞×０．６㎞
⑩標高171.3m、比高160m　⑪15

１．歴史

　金ヶ崎城と同じく、元亀の争乱出発点の城郭として有名である。金ヶ崎城と城域が接しており、両城はセットで扱われることが多い。『大系』によれば、南北朝期に新田義貞が金ヶ崎城に籠城したとき、天筒山城に足利勢が布陣し、新田勢の動向を監視していたとしている。

　『朝倉始末記』では、寺田畝采女正の居城としており、『大系』では朝倉義景が織田信長の進攻に備えて寺田畝采女丞（正？）を置いたとしている。いずれも確証に欠けるが、越前国境防御の城郭として、朝倉氏が１６世紀中頃には使用していたと考えられる。

　『佐柿国吉之城粟屋越中以下籠城次第』によれば、永禄６年(1563)天筒山城主朝倉太郎左衛門及び半田又七が粟屋勝久が籠る国吉城を攻めたと記述する述べる。『朝倉氏関係年表』では太郎左衛門を敦賀郡司朝倉景紀としている。後述するが、天筒山城に居住空間は、ほぼ存在せず、そのような城に敦賀郡司が居城していたとは考えられない。さらに永禄６年の朝倉軍国吉城攻めそのものが疑問視されており（河村昭一「『国吉籠城記』における朝倉軍の侵攻年次について」『若越郷土研究』第６５巻２号　福井県郷土誌懇談会 2021）、景紀の天筒山城居城説は極めて信憑性が低いと言える。

　天筒山城が歴史上に登場するのが、元亀元年(1570)４月である。すなわち越前進攻を目指す織田信長は、同月２５日猛攻し、その日の内に落としている。『信長公記』によれば、頸1370討ち取ったとしている。仮にその３倍の人数が籠城していたとするならば、4000 強の大人数が籠城していたことになる。散在的でまとまりに欠ける縄張りだが、１．５㎞もある広大な縄張りなので、説得力のある数字と言える。

　天筒山城を奪取された結果、金ヶ崎城の運命は、風前の灯だったと言える。天筒山城から織田軍が攻め下ってきたら、一巻の終わりである。援軍も期待できず、徹底抗戦の不利を悟った朝倉景恒が降伏して開城したのも、無理も無かろう。

　以後、天筒山城は史上に登場しない。改修された形跡も無い。元亀元年の落城をもって廃城になったと考えられよう。

２．縄張り

（１）１地区（図１）

　前述のように、天筒山城の遺構は散在的でまとまりが無く、そして広範囲に存在している。ただし、各地区ごとに多少のまとまりを見せているので、各地区ごとに説明する、

　まず山頂地区１である。ここが天筒山の山頂(171.3 m)で、本来なら主郭が存在する場所である。現在山頂は展望台建設により遺構が破壊されたこともあるが、広々とした自然地形で、曲輪として削平した痕跡は残っていない。もっとも古墳①・②が存在していることから、あまり人工的な手は加わっていないようである。

　削平地等居住施設の存在はほとんど窺えないが、尾根続きを堀切③・④・二重竪堀⑤で完全に遮断しているため、軍事施設としては完成している。なお二重竪堀⑤は、破壊される前は堀切だった可能性がある。

（２）２地区（図２）

　金ヶ崎城と城域を接するのが２地区である。ここでも目立つのが古墳⑥である。⑦も古墳なのかもしれない。ここで注目したいのが虎口⑨である。遊歩道で一部破壊されているが、土塁で構築された明確な虎口である。朝倉氏は永禄年間には土塁を用いた虎口を、若狭の中山の付城で使用している。従って虎口⑨も、織田信長越前進攻にあたり、永禄１２年頃朝倉氏が改修したとし

ても全く問題はない。

虎口⑨は、明らかに金ヶ崎城側（西側）を城外としている。従って虎口⑨は天筒山城の虎口とすることができる。さらにその先に不明瞭だが堀切⑩があるため、ここまでを天筒山城の城域とすることができよう。

⑧は堀切土橋。ここでも明確な平坦面は存在しないが、軍事施設は完成している。軍事を優先した臨時城郭の性格を読み取ることができる。

（３）３地区（図３）

山頂の１地区に隣接するのが３地区である。ここでも古墳⑪が残る。長大な堀切⑫で尾根続きを完全に遮断し、主郭方向を防御する。その内側に竪堀⑬があり、北側には竪堀状の落ち込みや円墳状の高まりがある。この高まりが円墳なのか筆者に判断できないが、一種の畝状空堀群効果をもたらしていることは事実である。

竪堀⑬を見下ろすのが⑭で、小曲輪の機能を有していることから、やはり竪堀状の落ち込みや円墳状の高まりは軍事施設と捉えることができ、小曲輪⑭がそれを監視していたのであろう。ここも明確な削平地は存在せず、軍事を優先した臨時城郭の性格を読み取ることができる。

（４）４地区（図４）

３地区から東に派生する尾根に存在する。堀切⑮・⑯で尾根続きを遮断する。ここも明確な削平地は存在せず、軍事を優先した臨時城郭の性格を読み取ることができる。

（５）５地区（図５）

３地区から南に尾根を下った地区である。ここでも古墳⑰が残る。東側の尾根続きを堀切⑱で鋭く遮断する。単純に遮断するだけでなく、両側に土塁を設けて堀切を渡る敵兵の動きを著しく阻害している。さらに堀底にも動きを制限する土橋を二本設けている。単純な堀切から、技術的な進歩を読み取ることができる。１６世紀後半の遺構と推定できる。

尾根上に竪堀を設けて通行を阻害しているが、堀切を設けて遮断まではしていない。戦国期に尾根道が存在していた証拠である。北端には、竪堀と土塁をセットで設けた見事な枡形虎口⑲が存在する。やはり１６世紀後半の遺構である。２地区の虎口⑨と構造が酷似しており、虎口⑨も遊歩道で破壊される前は、虎口⑲のような構造をしていたのかもしれない。

ここも明確な削平地は存在せず、軍事を優先した臨時城郭の性格を読み取ることができる。

（６）６地区（図６）

南端の遺構である。大半が土砂採取で破壊されてしまったが、２本の竪堀を確認することができる。不明瞭な平坦面⑳は、破壊されて断定はできないが、かつて古墳だった可能性もある。いずれにせよ、ここも明確な削平地は存在せず、軍事を優先した臨時城郭の性格を読み取ることができる。大規模な堀切が存在せず、竪堀を設けて通行を阻害しているだけなので、この地区に天筒山城の登り口の一つがあったかもしれない。この仮定が正しければ、５地区の虎口⑲の存在もうなづける。

３．まとめ

以上、縄張りを説明した。残存している遺構は、１６世紀後半に構築された可能性が高いことが判明した。堀切等防御施設は完成しているが、削平地等居住施設は完成していない。軍事を優先した臨時城郭であることが判明する。さらに遺構は散在し、まとまりに欠けている。はたして一つの城として扱って良いのか、という疑問も生じる。

このような事実からは、現存している遺構は、軍事的緊張が極度に高くなった結果構築された純軍事施設の可能性が高いと言える。やはりそれは、信長の越前進攻を目前に控えた永禄１２年（1569）とするのが妥当であろう。

各遺構が広範囲に散在し、かつ主郭からの求心力が及びにくくなっている縄張りは、明確な城主が存在せず、雑多な集団が存在していたことを物語る。寺田畝采女正がどのような人物なのか知らないが、『朝倉氏関係年表』では朝倉軍の他に、気比神社の気比社家衆も在城していたという。気比神社等朝倉氏の支配力が及ばない集団が在城していたからこそ、このような散在的かつ独立的な縄張りになったのではなかろうか。

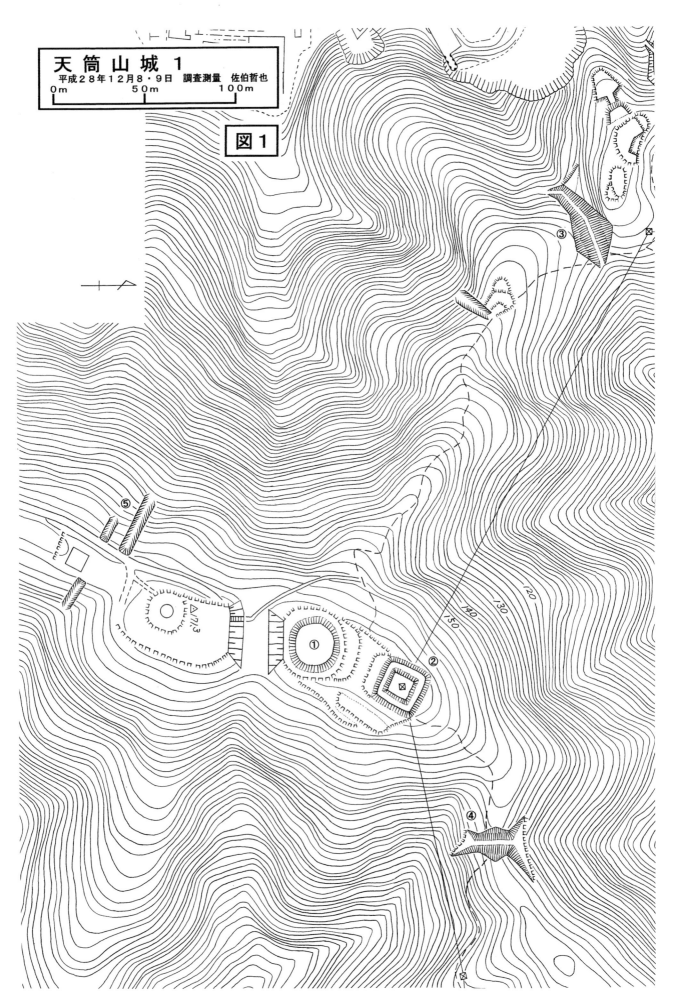

天筒山城 1
平成28年12月8・9日　調査測量　佐伯哲也
0m　　　50m　　　100m

図1

① ② ③ ④ ⑤

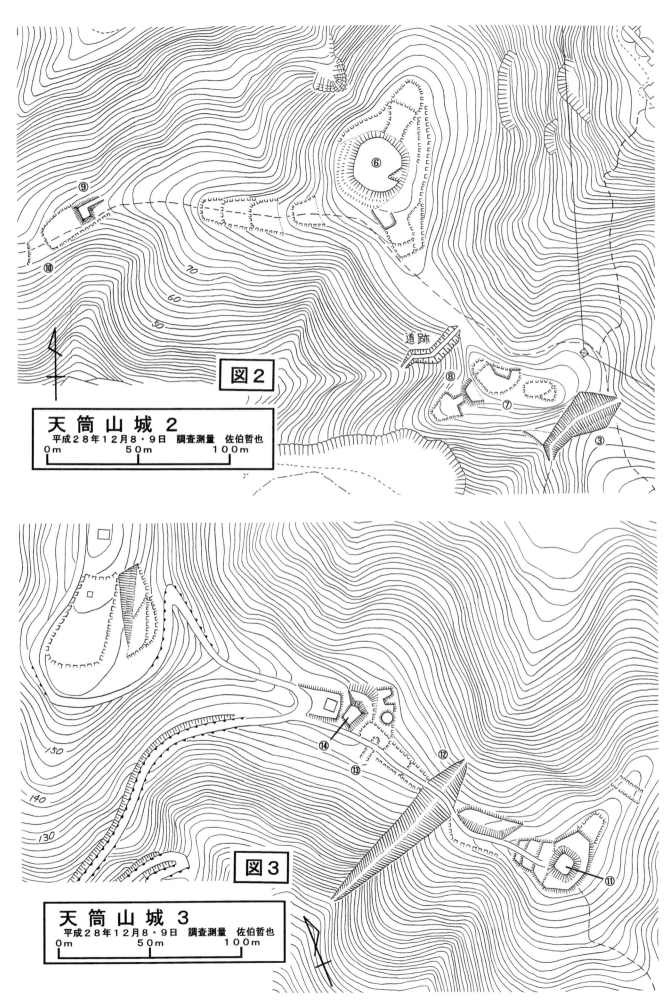

図2

天筒山城2
平成28年12月8・9日　調査測量　佐伯哲也
0m　　　　50m　　　　100m

図3

天筒山城3
平成28年12月8・9日　調査測量　佐伯哲也
0m　　　　50m　　　　100m

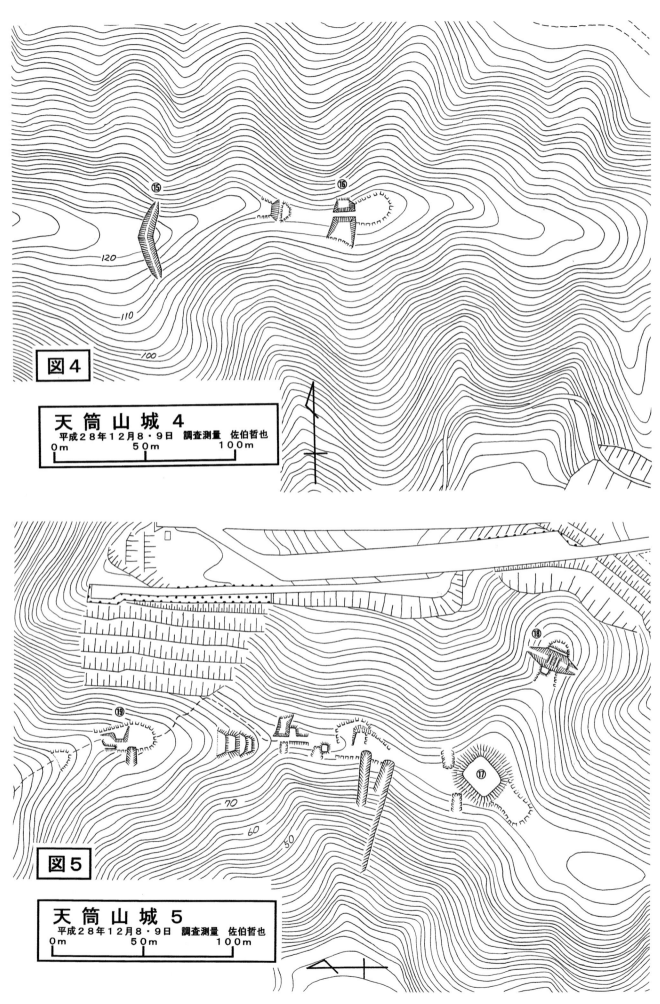

図4

天筒山城 4
平成28年12月8・9日　調査測量　佐伯哲也
0m　　　　50m　　　　100m

図5

天筒山城 5
平成28年12月8・9日　調査測量　佐伯哲也
0m　　　　50m　　　　100m

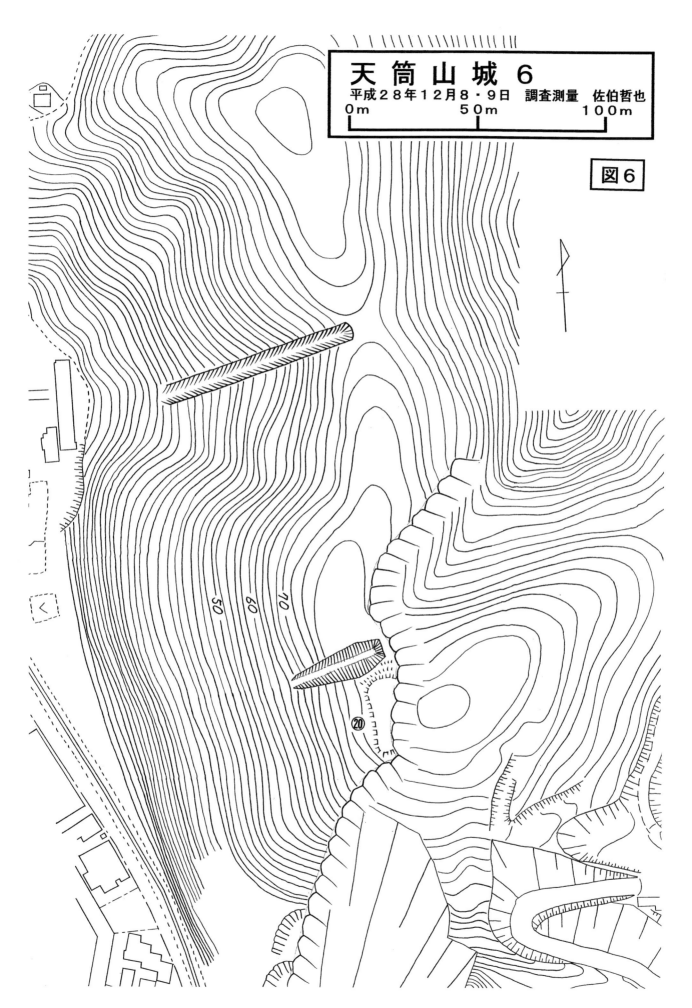

天筒山城6

平成28年12月8・9日　調査測量　佐伯哲也

0m　　　　　50m　　　　　100m

図6

46. 花城山城 （はなじろやまじょう）

①敦賀市櫛川　②櫛川城　③１６世紀後半　④１６世紀後半　⑤１６世紀後半
⑥織田信長？・武藤舜秀？　⑦山城　⑧削平地・切岸・堀切・竪堀・横堀　⑨ 400m × 190m
⑩標高 171.3m、比高 160m　⑪ 16

『城跡考』には、「信長秀吉陣取山」とあり、織豊政権に関与した城郭であることを臭わせている。『敦賀郡誌』（敦賀郡役所 1915）では、元亀元年(1570)織田信長が天筒山城を攻めた時、「櫛川城之鉢山に居陣せりと伝ふ（中略）城之鉢山は松原の西に当り、今俗に花城山と称す」と述べ、天筒山城攻めのときの信長陣所とする。

さらに『敦賀郡誌』は『敦賀志稿』の記述として、「花城山城を武藤宗左衛門尉（舜秀）の城址とす。又沓見東山の北に城伏と云ふあり。天正元年(1573)八月、信長の陣所なりと伝ふ」と信長陣所、あるいは武藤舜秀の城址としている。

以上のように、江戸期の地誌類では花城山城を信長の陣所、そして武藤舜秀の城址としている。残念ながらこれを一次史料で確認することはできないが、元亀元年信長は若狭国吉城から敦賀に攻め入っているので、花城山城を本陣としたことは十分考えられる。ただし天正元年は「（8月）十四日・十五日・十六日敦賀に御逗留（『信長公記』）」、天正3年については「（8月）十四日敦賀に御泊。武藤宗左衛門（舜秀）所に御居陣（『信長公記』）」とあり、いずれも敦賀城に在陣していたことが判明している。さらに舜秀についても、天正3年には既に敦賀城に在城していることが判明している。

武藤舜秀は天正2年越前守護代桂田長俊（前波吉継）が戦死して混乱状態に陥ると、羽柴秀吉と共に敦賀に派遣されている（『信長公記』）。舜秀はそのまま敦賀に駐留したらしく、同年9月不破光治と連名で西福寺に寺領を寄進している（『朝倉氏関係年表』）。西福寺は、花城山城の西約900 mに位置しているので、このとき舜秀は花城山城に在城していた可能性は指摘できる。ただし、翌天正3年8月には舜秀は敦賀城に在城しているので、舜秀の花城山在城は1年足らずの短期間だったようである。

『大系』では花城山城を舜秀の居城し、天正7年舜秀病死後も武藤氏の居城として使用され、天正11年(1583)敦賀を与えられた蜂屋頼隆が新たに敦賀城を築城し、花城山城を廃したとしている。しかし後述のように、花城山城は織豊系拠点城郭としての特徴は全く見られず、天正3年頃敦賀城に移った舜秀が廃したと考えたい。

若狭湾に面した山頂に位置し、しかも山麓に井の口川が流れる天然の要害である。この井の口川は天筒山城側に流れており、万一天筒山城からの反撃を受けても、遮断してくれる堀の役割を果たしてくれる。天筒山城攻めの陣としては、最適の地と言える。

主郭はA曲輪で、中央に土壇①があり、小祠が祭られている。この小祠を安置するにあたり、多数破壊されている。まずA曲輪平坦面は必要以上に整地されており、重機による造成が行われたらしい。従って中央の土壇①も小祠設置のための土壇であり、城郭遺構とは無関係のものとしたい。さらに道路造成により切岸や堀切が破壊されている。

それでも堀切②・③と、竪堀⑤が認められ、主郭に繋がる尾根全てを堀切や竪堀で遮断する縄張りを認めることができる。また、僅かだが横堀④が残る。破壊されて詳細は不明だが、⑥は明らかに張り出しており、ここに虎口が存在していたかもしれない。

以上が花城山城の概要である。花城山城の縄張りは、小祠設置時に破壊された点を差し引いたとしても、織豊系拠点城郭としての特徴は全く残していない。ただし、横矢⑥や横堀④は、織豊系陣城の特徴を示している可能性は残す。

このように考えるならば、花城山城は元亀元年頃天筒山城攻めの陣城として築城された可能性が高い。そして敦賀城移転まで武藤舜秀が一時的に在城していたのではないだろうか。

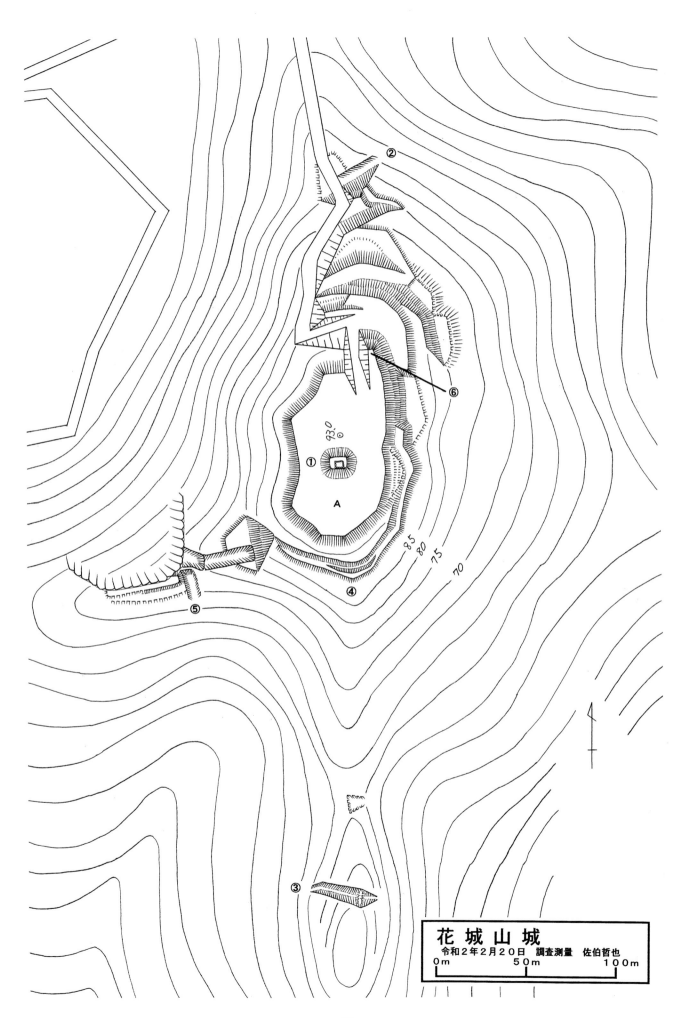

花 城 山 城
令和2年2月20日　調査測量　佐伯哲也
0m　　　　　　50m　　　　　　100m

47. 金山城（かなやまじょう）

①敦賀市金山　②－　③１６世紀後半　④１６世紀後半　⑤１６世紀後半
⑥徳万(嶋)坊・朝倉氏　⑦山城　⑧削平地・切岸・土塁・竪堀・横堀　⑨220m × 110m
⑩標高 180.4m、比高 110m　⑪ 16

　『大系』では『疋田記』の記述を引用し、城主は徳万(嶋)坊で、徳万(嶋)坊は一向宗で朝倉方として織田軍と戦ったとしている。

　『国吉城籠城記』によれば、永禄６年(1563)朝倉軍が国吉城攻めにあたり、金山城を使用したことが記載されている。しかし、永禄６年の朝倉軍国吉城攻めそのものが疑問視されており（河村昭一「『国吉籠城記』における朝倉軍の侵攻年次について」『若越郷土研究』第６５巻２号福井県郷土誌懇談会 2021）、永禄６年の朝倉軍使用についても疑問視せざるをえない。

　城跡は通称徳万坊山（中内雅憲「金山城」『敦賀市立博物館紀要』第７号　敦賀市立博物館 1992）と呼ばれ、山麓に丹後街道が通る要衝の地である。丹後街道はその名の通り丹後・若狭と越前（敦賀）を繋ぐ街道である。従って丹後・若狭に出兵を繰り返す朝倉氏にとって丹後街道は、本国越前とを繋ぐ「生命線」とも言うべき存在であった。確かに永禄６年の国吉城攻めの可能性は低い。しかし永禄・元亀年間に若狭に出兵した朝倉氏が、丹後街道を監視・掌握するために改修・使用した可能性は大いにあり得よう。

　さらに元亀年間近江に出兵を繰り返す朝倉氏にとって敦賀は、最重要拠点でもあった。その敦賀の背後には、反乱勢力の国吉城主粟屋氏がいた。粟屋氏を敦賀に乱入させないためにも、朝倉氏は金山城を強化する必要があった。元亀年間における朝倉氏の金山城改修・使用は大いに考えられよう。

　このような考えに立って金山城の縄張りを見てみたい。城内最高所のＡ曲輪が主郭。南側にＢ曲輪、北側にＣ曲輪を接続させている。主郭Ａは、Ｂ・Ｃ曲輪の両方に虎口を開口させている。しかしＣ曲輪に明確な虎口は存在しない。一方、Ｂ曲輪は外部に対して明確な虎口を開口させている。従ってＢ曲輪の虎口③方向が大手虎口と推定できる。つまり丹後街道に向いていたのである。これだけを見ても、金山城は丹後街道を意識した城郭であることが判明する。

　金山城の特徴は、なんといっても曲輪に塁線土塁を巡らし、要所に櫓台を配置し、土塁で構築された明確な虎口である。敦賀周辺でこのような城郭は皆無であり、唯一天筒山城に土塁虎口が残るのみである。天筒山城の土塁虎口はストレートに入る単純な構造である。仮に天筒山城の土塁虎口が永禄１２年頃構築されたのなら、枡形虎口に発達している金山城の虎口はそれ以降、具体的には元亀年間以降ということになろう。天筒山城と同時期に改修されたと推定される金ヶ崎城に畝状空堀群が存在し、金山城に存在しないことも、非常に示唆的である。

　金山城の虎口の内、虎口①は若干折れて入る構造だが、③・②は幾度も屈曲して入る明確な枡形虎口である。朝倉氏が構築した有名な城郭として、中山の付城（美浜町）がある。この城郭にも塁線土塁と明確な土塁虎口が存在し、金山城との共通性を指摘することができる。しかし虎口は全てストレートに入るもので、枡形までに発達していない。両城の築城者が朝倉氏だとしても、築城期は同時期ではない（技術的に進歩している金山城の方が新しい）ことを物語る。

　虎口②・③は、正面に虎口を配置し、側面からから入る虎口である。側面から入る時に横矢が効いている。さらに虎口に入らず迂回する敵軍を阻止するために、竪堀まで設けている。崩落溝④もかつて竪堀だった可能性は高い。

　金山城虎口と同一の考えて構築されているのが、長比城（滋賀県）虎口である。特に西城西虎口は竪堀を使用する点まで酷似している。さらに塁線土塁まで使用する点も共通している。長比城は『信長公記』により、元亀元年(1570)朝倉氏の技術提供により築城されていることが判明している。つまり長比城は朝倉氏の城郭なのである。

　以上の考えにより、金山城は元亀年間朝倉氏の築城と推定したい。ただし、織田信長も元亀元年に若狭から敦賀に攻め入っているので、その際に使用された可能性も指摘できよう。

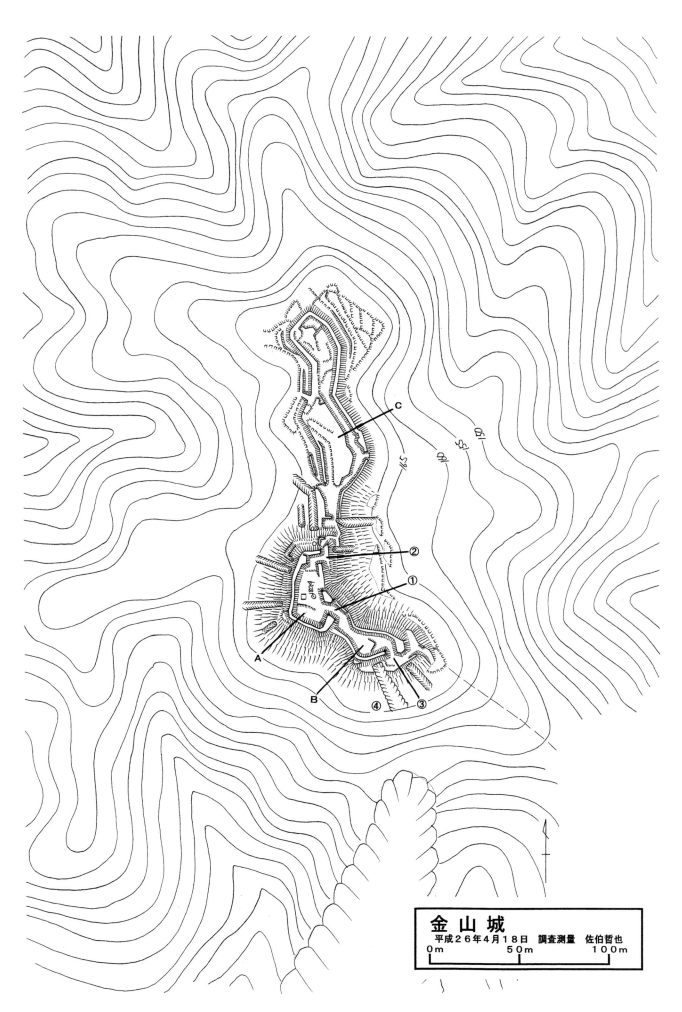

金山城

48. 堂 山 砦 （どうやまとりで）

①敦賀市樫曲　②－　③１６世紀後半　④１６世紀後半　⑤１６世紀後半　⑥朝倉氏　⑦山城
⑧削平地・切岸・堀切・竪堀・畝状空堀群　⑨ 120m × 100m　⑩標高 130m、比高 80m　⑪ 15

　『福井県遺跡地図』によれば「種別：城跡　時代：中世　現況：山林」となっている。伝説・古記録は存在しない。

　山麓直下に木ノ芽峠に通じる北国街道が走る交通の要衝である。A曲輪が主郭。ほとんどが自然地形で、削平は甘い。軍事的緊張が高まった結果築城された、臨時城郭であることをものがたっている。南北の尾根続きに、堀切①・②を配置する。

　最も警戒しているのは、北国街道に面している西側の尾根方向である。まず二重堀切③を設けて遮断し、堀切間を土塁状に加工してさらに越えにくくしている。そして圧巻は、堀切を越えずに迂回する敵軍を阻止するため、両側に畝状空堀群④・⑤を配置していことである。鉄壁の備えと言えよう。この構え方は、主郭Aにも現れており、西側切岸に突起⑥を設けて横矢を効かしている。主郭Aの周囲で横矢が効いているのは西側のみであり、いかに西側（北国街道側）を警戒していたかが判明する。

　さて、二重堀切を設けて尾根続きを遮断し、背後の側面に迂回防止のために畝状空堀群を設ける縄張りは、金ヶ崎城と同じである。従って両城は同一人物により同時代に築城（金ヶ崎城は改修）されたことを物語る。二重堀切と畝状空堀群がセットになった防御施設は１６世紀後半でしか有り得ない。とすれば織田信長越前進攻に備えて、永禄１２年(1569)頃朝倉氏によって築城されたことが推定される。両城は本格的な土塁造りの城郭を使用しない、永禄年間の朝倉氏の城郭を解明する上で、重要な城郭と言えよう。

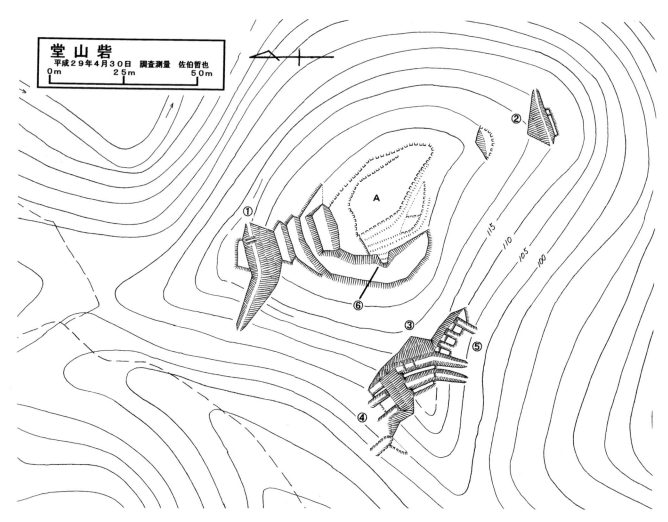

堂山砦
平成２９年４月３０日　調査測量　佐伯哲也
0m　　25m　　50m

49. 鳥越城 (とりごえじょう)

①敦賀市疋田　②皿ノ山城　③１６世紀後半　④１６世紀後半　⑤１６世紀後半　⑥疋壇氏
⑦山城　⑧削平地・切岸・土塁・堀切　⑨ 250m × 50m　⑩標高 140m、比高 60m　⑪ 17

　東麓に北国街道が通る交通の要衝である。『疋田長谷川諸事書留』によれば、「さらの山」に
疋壇氏の出城があったと記述されている（中内雅憲「中世城郭の分布構造　－疋田地区を中心に
して－」『敦賀市立博物館紀要第９号』敦賀市立博物館 1994）。疋壇城と鳥越城はわずか 600 m
しか離れていないため、その可能性は大いにあり得る。また同論文の中で中内雅憲氏は、天正１
１年賤ヶ嶽合戦にあたり、丹羽長秀は「帰山皿の廻り」に千人の守備兵を置いた記録があること
から、同時期の改修の可能性に言及している。
　鳥越城は北城（Ｉ）と南城（Ⅱ）から構成されている。いずれも未整形部分が多く、急製造の
臨時城郭、いわゆる陣城の可能性が高いことを物語る。最高所の北城が主城であろう。南城が北
城方向に防御施設を設けていないのに対して、北城は南城方向に塁線土塁を巡らしており、北城
が南城より上位の曲輪であることを物語る。
　北城は南及び西側の帯曲輪の一部に塁線土塁を巡らし、横堀としても使用している。横堀内に
張り出し①を設けて横矢を効かす。張り出し②は平虎口かもしれない。南城は南端に堀切を設け
るほか、③方向に切岸や横堀を設けて警戒する。これは③に北国街道の間道が通っていて、間道
を警戒していた縄張りと理解できる。
　以上が鳥越城の概要である。横堀や張り出しを設けている点から、１６世紀後半の遺構と推定
され、臨時的な陣城として築城されたと考えられる。織田信長の越前進攻に備えて疋壇氏が、疋
壇城の出城として急遽築城したという仮説が立てられるのではなかろうか。

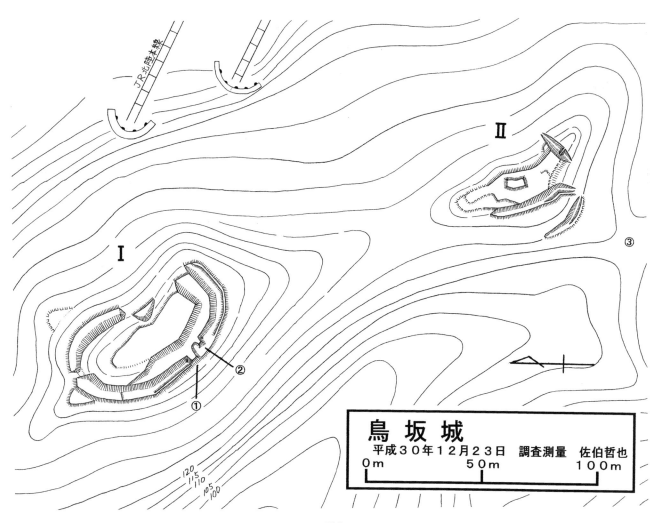

鳥坂城
平成３０年１２月２３日　調査測量　佐伯哲也
0m　　　　　50m　　　　　100m

50. 御庵山城 (おあんやまじょう)

①敦賀市疋田　②－　③16世紀後半　④16世紀後半　⑤16世紀後半　⑥疋壇氏？　丹羽氏？
⑦山城　⑧削平地・切岸・竪堀・堀切・石垣　⑨160m × 70m　⑩標高190m、比高130m　⑪17

　北麓に北国街道が通る交通の要衝である。山麓の登城口付近には、天正元年(1573)刀根坂合戦で戦死した朝倉軍を弔った中世墓群が存在する。笙の川を挟んだ対岸に、疋壇城が存在する。疋壇城との距離は僅か600mなので、疋壇城との関連性を窺うことができる。

　『長谷川氏由緒書上帳』によれば、丹羽長秀が「御庵・鴻巣谷」に千人の軍勢を配置し、賤ヶ嶽合戦時の柴田勝家の押さえとしたという（中内雅憲「中世城郭の分布構造　－疋田地区を中心にして－」『敦賀市立博物館紀要第9号』敦賀市立博物館 1994）。中内雅憲氏は丹羽氏の部分的な改修はあったにせよ、疋壇城の出城として疋壇氏が築城したと推定しておられる。

　主郭はA曲輪。土橋通路②を接続した虎口を設けている。平入りの単純構造だが、虎口を明確にしている点から、16世紀後半の築城が推定される。竪堀①の反対側にも竪堀の痕跡が残っているため、かつては両端を竪堀状に落とした堀切だった可能性がある。つまり主郭Aは、尾根の前後を堀切で遮断していたのである。Bは鉄塔で破壊されてしまったが、若干の平坦面が残っていること、尾根続きを堀切で遮断していることから、曲輪が存在していたと考えられる。

　注目したいのは、石垣③・④である。明らかに北側の尾根続きを意識した石垣である。これが果たして城郭としての石垣なのか即断はできないが、「御庵」という地名から宗教施設に関連する石垣の可能性も考えられる。

　以上述べたように丹羽氏改修の痕跡は確認できない。中内氏の指摘通り疋壇氏が16世紀中頃に築城したと推定したい。また宗教施設による再利用の可能性も指摘したい。

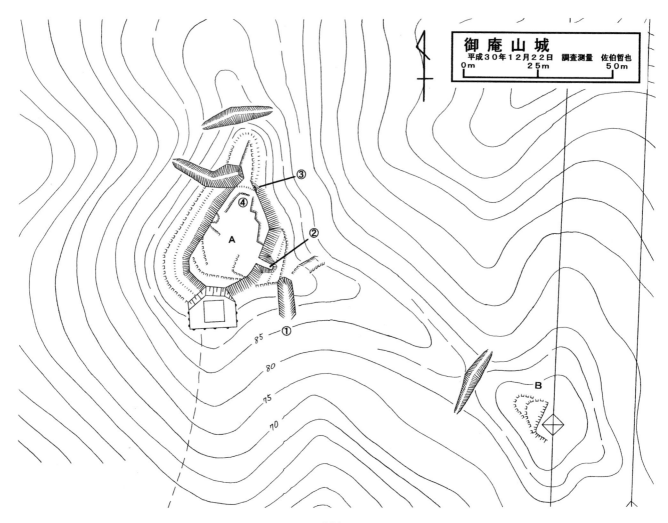

御庵山城
平成30年12月22日　調査測量　佐伯哲也
0m　　　　25m　　　　50m

51. 疋 壇 城 （ひきだじょう）

①敦賀市疋田　②－　③文明年間　④１６世紀後半　⑤１６世紀後半　⑥疋壇氏・織豊系武将
⑦丘城　⑧削平地・切岸・横堀・土塁・石垣　⑨270m×130m　⑩標高100m、比高10m
⑪17

１．立地

　越前・近江国境の要衝であり、越前の玄関口に位置する。さらに越前と京を繋ぐ七里半越（西近江路）と塩津街道・刀根越（北国街道）が合流する要衝でもある。加えて背後には日本海有数の港湾都市だった敦賀の港町がある。朝倉氏にとって敦賀は若狭・近江方面に進出するための重要な根拠地であり、敦賀を堅持するための重要支城として朝倉氏に使用されたと考えられる。

２．歴史

　『敦賀郡誌』（敦賀郡役所 1915）によれば、文明年間（1469 〜 86）疋壇久保によって築かれたとしている。疋壇久保は文明１０年（1478）西福寺文書に名を残しており（中内雅憲「中世城郭の分布構造　－疋田地区を中心にして－」『敦賀市立博物館紀要第９号』敦賀市立博物館 1994）、在地領主として確立した地位にあったことが確認できる。冷泉為広は、延徳３年（1491）京都から越後へ下向するにあたり３月６日疋田を通過しており、日記には「ヒキ田　昼ヤスミノ所也　ヒキ田ガ城アリ」（『越後下向日記』小葉田淳「冷泉為広の越後下向日記と越前の旅路」『福井県史研究第３号』福井県総務部県史編纂課 1986）と、疋壇城の存在を記述している。従って文明年間疋壇久保によって築城された可能性は、高いと言えよう。ちなみに越後から京都の帰路でも為広は、「昼休ヒキタ也」（４月２６日）と疋田で昼休みをとっている。当時は海津（滋賀県）と敦賀（福井県）が１日の行程で、かなり敦賀寄りではあるものの、疋田が昼休み場所として利用されたのであろう。

　永正１４年（1517）陸奥の伊達稙宗が将軍足利義稙から一字と官途を与えられ礼として、家臣を遣わすことになり、家臣頤神軒存奭が疋田を通っている（『頤神軒存奭算用状』『福井市史資料編２』）。このとき存奭は「ひきた殿（疋壇景保、久保の子）のしそく、てんのくま（滋賀県西浅井町岩熊？）まて御馬共三百人計にておくられ候」と書き綴っている。当時の疋壇氏は、三百人を動員できる堂々たる在地領主だったのである。

　弘治元年（1555）１２月、近江塩津城主熊谷平次郎に攻められ、城主疋壇景継や城兵は一旦城外に退避したとされている。

　疋壇城が史上注目されるのは、元亀年間における織田信長との抗争時である。元亀元年（1570）４月越前朝倉氏を攻めるために敦賀に進攻した織田信長は、信長公記によれば同月２５日まず手筒山城を攻めて同日落城させ、翌２６日金ヶ崎城も開城させている。次いで同日疋壇（引壇）城を開城させている。つまり周辺の支・出城には目もくれず、敦賀の市中深く攻め入り、当地域の主城である金ヶ崎・手筒山を真っ先に猛攻し、一両日中に攻め落としたのである。主城を落とされてしまった疋壇城は、自動的に落城したに違いない。見事な戦略と言える。

　信長公記によれば、疋壇城を接収した信長は、滝川彦右衛門・山田左衛門尉を派遣し、「塀・矢蔵」を破却させている。朝倉氏にとって重要支城だった疋壇城も、信長にとっては無用の城郭だったのである。その後、信長はさらに越前の中心部奥深く進もうとするが、近江の浅井長政が退路を遮断したため、急遽退却したことは有名な話である。

　その後再び朝倉氏によって修復される。やはり朝倉氏にとって疋壇城は重要支城だったのである。信長公記によれば、天正元年（1573）８月１３日、近江から退却する朝倉義景が、刀祢坂口と中河内口どちらに退却するか評定の中で意見が二分し、まとまらなかった。すかさず信長は、義景は疋壇城目指して退却するはずだから、途中の刀祢坂口は必ず通ると判断し、信長軍は刀祢坂口に急行した。はたして義景は刀祢坂口に退却しており、追いつかれた義景軍は信長軍に大敗す

る（刀祢坂の合戦）。『信長公記』によれば合戦の戦死者の中に「疋壇六郎二郎」が記載されている。これが疋壇氏最後の当主なのであろう。そして疋壇城も同日落城する（『信長公記』）。

　この後の疋壇城について詳らかにできない。一般的に廃城になったとされている。しかし縄張りで詳述するが、現存する高石垣から織豊政権時代に改修された可能性を残している。

３．縄張り

　疋壇城跡は、疋田の宿場町を見下ろす高台に位置する。現在も疋田の集落は宿場町の形態を色濃く残しており、散策には良い街並みである。加えて城跡への案内板や説明板も豊富で、迷うことは無い。

　現在城跡は、旧小学校跡地やＪＲ北陸本線敷地となっており、保存状態は悪い（図１）。幸いなことに『敦賀郡誌』には大正３年に実測された平面図が記載されている。それを基に復元したのが図２である。図２を用いて縄張りを説明する。

　城跡は笙の川沿いに面した河岸段丘上に立地する。比高１０ｍの微高地だが、鋭く切り立っており、直登は不可能である。全体的な縄張りは、中央に位置するA曲輪が主郭（通称城）。南側にB曲輪（通称南城）、北側にC曲輪（通称小城）を配置する連郭式の縄張りだったことが判明する。主郭A東側の旧宿場町に「大門」という地名が残っている。これが疋壇城にちなむものか、あるいは宿場町にちなむものなのか、判然としない。

　主郭Aは高さ約１０ｍの高切岸が巡る高台で、現在は畑地に使用されている。北・西・南側に幅１７ｍ前後の巨大な土塁が取り巻く。特に南西隅①は大きく、通称天守台と呼ばれている。信長が破却した「矢蔵」が建っていたのであろうか。天守が聳えていたかどうかは不明だが、幅が１７ｍもあることから重厚な建物が存在していたと考えられ、高さ１０ｍの切岸の上に建物が立ち並ぶ姿は、圧巻だったことであろう。

　主郭Aの周囲に、横堀を巡らしており、特に西側は一部３重となっており、厳重な防御構造となっている。天然の要害に頼ることができないため、強固な防御施設を設けたのである。

　主郭Aを取り巻く横堀は、④から⑤を経由して⑥に至っていることを確認することができる。従ってC曲輪は、横堀に防御された曲輪と理解することができる。

　C曲輪は主郭Aの北側を防御するとともに、横堀を隔てた対岸に位置し、しかも土橋で連結しているため、馬出曲輪の機能も兼ね備えた曲輪と言える。従ってC曲輪方向が疋壇城の大手方向と言えよう。

　C曲輪と主郭Aを繋ぐ土橋②（幅が１４ｍもあるため、曲輪としての機能も有している）は、著しく屈曲しており、通過する敵軍は主郭Aからの横矢に晒されている。さらに主郭側は先細りしており、主郭に到達しにくくしている。土橋②と接続する小空間③は虎口空間（恐らく内枡形虎口）と推定され、勿論土塁からの横矢が効いている。

　このようにC曲輪・土橋②・虎口③は織豊系城郭の要素を示しており、とても中世の在地領主の城郭とは思えない。天正元年落城後に改修・使用された可能性を示唆している。

　注目したいのは、主郭A周辺に残る石垣で、勿論後世の改変も認められるが、当時の石垣も各所に残る。特に⑦付近の石垣は布積みで、当時の石垣である。さらにかつて石垣の石材だったと思われる長径２ｍの巨石も、切岸下部に散在する。これらから、巨石を用いた高さ４ｍ以上の高石垣を想定することができる。この推定が正しければ、朝倉氏滅亡により廃城になったのではなく、織豊系武将による再使用も考えられよう。さらに高さが４ｍを越えているため、豊臣政権時代の使用が推定されよう。

４．まとめ

　残存状況は決して良くない疋壇城だが、大正３年の実測図を用いれば、大まかな縄張りの復元は可能である。これ以上破壊されないことを願う。そしてなによりも石垣の存在である。朝倉氏時代では考えられない。考古学的手法を用いて、朝倉氏滅亡以降の歴史を調査することが重要な課題と言えよう。

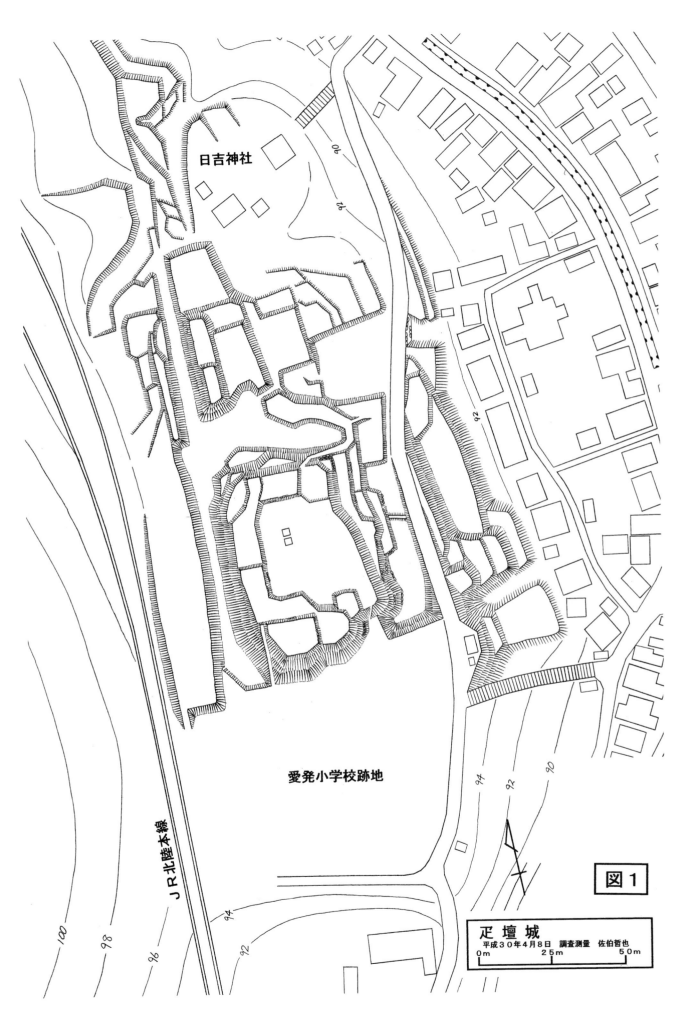

日吉神社

愛発小学校跡地

JR北陸本線

図1

疋壇城
平成30年4月8日　調査測量　佐伯哲也
0m　　　25m　　　50m

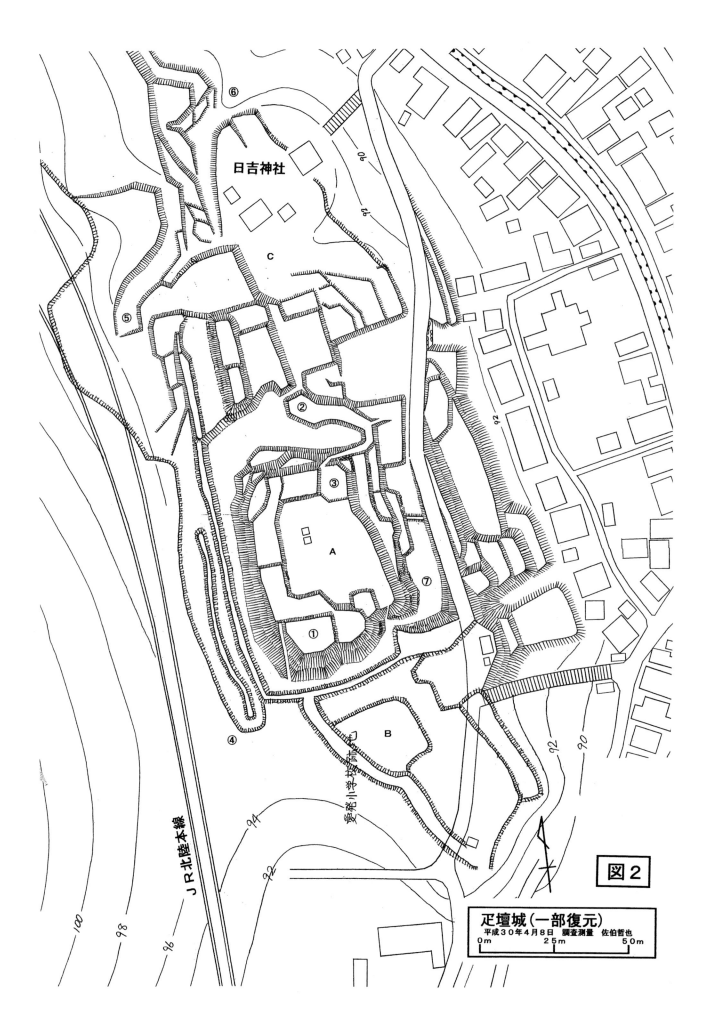

日吉神社

C

⑤

⑥

②

③

A

⑦

①

④

B

JR北陸本線

愛発川寺地区市道

図2

疋壇城（一部復元）
平成30年4月8日　調査測量　佐伯哲也

0m　　　25m　　　50m

Ⅱ．城館関連遺構

52. 杣山城大屋敷 （そまやまじょうおおやしき）

①南越前町南条町阿久和　②－　③中世　④中世　⑤中世　⑥甲斐氏・朝倉氏（河合宗清）
⑦居館　⑧切岸・平坦面・横堀・土塁　⑨70m×80m　⑩標高－、比高－　⑪10

　通称大屋敷と呼ばれる杣山城城主居館である。阿久和川の支谷に、一之城戸（いちのきど）と呼ばれる長さ約９０ｍ・高さ約３ｍの土塁①を設けて区画し、土塁の南側（内側）を大屋敷、北側（外側）を御屋敷（おやしき）と呼んでいる。
　土塁①の北側に横堀が残っており、さらにその外側には土塁の一部が残っている。つまり大屋敷は二重土塁と横堀によって防御されていたのである。極めて戦国色の強い遺構と言え、外側（北側）の土塁は戦国期に増築された可能性を残す。さらに②に土塁の開口部があり、不明瞭ながらも内枡形虎口だった可能性を残す。この推定が正しければ、②は内枡形虎口となり、やはり戦国色の強い防御遺構と言える。
　大屋敷は平成１１〜１８年にかけて南越前町による発掘調査が実施された（『史跡杣山城跡Ⅲ[居館跡発掘調査概要報告書]』南越前町教育委員会 2019、以下、報告書と略す）。以下、報告書に基づき発掘内容を記載する。
　まず一之城戸土塁で、中央から東側外側にかけて石垣が確認された。５段積みの石垣で、１５世紀前半以降の石垣と確認された。
　礎石建物として、ＳＢ１（④）・ＳＢ２（⑤）・ＳＩ２（③）が確認された。ＳＩ２は門跡で、６尺４寸の間隔を置いて長辺約３０㎝の礎石２個を検出している。ＳＢ１は８．６ｍ×６．７ｍと若干小ぶりである。江馬下館（岐阜県飛騨市）常御殿（礎石建物、１９．２ｍ×９．６ｍ）と比較すると半分以下の大きさでしかない。どのような性格の建物だったのか、慎重な検討を要する。面白いのは、ＳＢ１内の柱穴から完形の土師器皿が出土し、その脇に礎石が据えられていることが確認された。恐らく掘立建物から礎石建物に造り変えられるに当たり、地鎮具として土師器皿が埋められたと推定された。
　井戸はＳＥ１（⑦）とＳＥ２（⑧）が確認された。特にＳＥ１は石組の井戸で、内部からは大量の礫が検出されており、館が廃棄されたと同時に意図的に埋められたものと考えられた。
　高さ約３０㎝の土塁⑨の上部には、基礎となる石列が確認された。石列は面をあわせた並びが確認された。門跡③とほぼ並行しているため、門に繋がる土塀跡と推定された。
　遺物は全体の９割以上を土師器皿が占める。全て手づくね成形されており、ロクロ成形のものは見られない。この他土器としては、越前焼・瀬戸美濃焼・輸入陶磁器（青磁・白磁）・天目茶碗が出土しており、土師器皿を除くと越前焼が全体の５１％を占めている。石製品としては、碁石・砥石・すり石が出土し、金属製品としては銅製品（使途不明）・銭貨・鉄刀・鉄釘がある。鉄釘は礎石建物④での出土が目立つ。堅牢な建物の存在が推定されよう。
　以上が概要である。報告書では「おおむね１４世紀末〜１５世紀後半までのまとまった年代の組み合わせである」としている。つまり館としての機能の下限は１５世紀末であり、１６世紀初期には廃絶していたことになる。『史跡杣山城跡[整備基本計画書]』（南越前町教育委員会 2019）は、概ね１５世紀前半を境に館を拡張し、掘立建物から礎石建物へと移行し、一之城戸の石垣もこの時構築したものと記載する。そして報告書と同様に遺物の年代は、概ね１４世紀末〜１５世紀後半までに位置付けられるとしている。従って館の盛期は１５世紀後半であり、やはり１６世紀初期には廃絶していたことになる。全国的にも１６世紀を境として、山麓の居館を廃棄して山上に移り住む山上居住が行われており、杣山城もその流れに乗ったケースと言える。
　ここで注目したいのは、杣山城山上遺構の東御殿から１６世紀後半の遺物が出土していることである（報告書）。つまり館が廃絶した後も戦国期まで使用されたことを意味する。筆者は虎口②と土塁①北側土塁は戦国期に構築された可能性が高いことを述べた。大屋敷は杣山城大手道入口に位置することから、館廃絶後に、虎口②と土塁①外側（北側）土塁のみが１６世紀後半に構築されたという推定も可能なのではなかろうか。

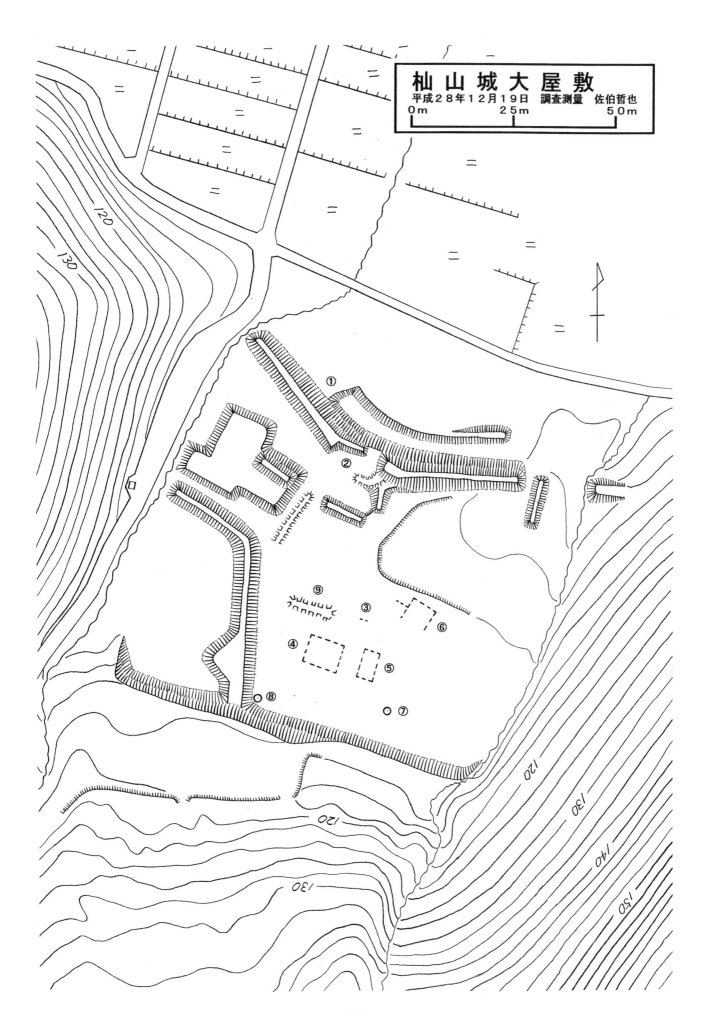

杣山城大屋敷

平成２８年１２月１９日　調査測量　佐伯哲也

0m　　　　25m　　　　50m

53. 杣山城二ノ城戸 (そまやまじょうにのきど)

①南越前町南条町阿久和　②－　③中世　④中世　⑤中世　⑥朝倉氏（河合宗清）　⑦城戸
⑧切岸・平坦面・横堀・土塁　⑨120m×20m　⑩標高－、比高－　⑪10

　杣山城の山麓には、阿久和川沿いに開けた谷間があり、谷間には城主居館及び家臣団屋敷等が
存在していたことが確認されている。その内外を区画するのが通称二ノ城戸と呼ばれている土塁
及び堀である。
　現在北側の消滅は著しいが、南側（山麓側）はほぼ原形を保っている。規模は塁が底辺約 20
m・上辺約 10 m・高さ約５m、堀は深さ約２m・堀底幅３mと堂々たる大きさである。現在堀
には谷山川が流れ込み、水堀となっている。なお、『史跡杣山城と瓜生保』（南条町 1973）では
推定復元図を記載し、土塁の中央部には城戸口があり、鉤形に折れ曲がった枡形虎口を描く。
　谷の出入り口を土塁・堀で塞ぐ構造は、一乗谷遺跡（福井市）そのものであり、城戸入口を枡
形構造にするのも、一乗谷下城戸と同じである。この構造には、一乗谷朝倉氏の関与が強く反映
された構造と指摘することができ、朝倉氏が中世（恐らく１５〜１６世紀）に重要拠点として杣
山城を使用したことを裏付けている。
　山麓の城戸遺構は多くが消滅しており、福井県下での現存遺構は一乗谷下城戸と杣山城二ノ城
戸の僅か二例である。全国的にも数少ない山麓城戸遺構として貴重な存在と言えよう。
　昭和５２年に発掘調査が実施されたが、構築年代を判明するまでには至らなかった（『史跡杣
山城跡［整備基本計画書］』福井県南越前町教育委員会 2019）。なお整備基本計画書では、阿久和
川右岸側にも城戸の存在を推定している。一乗谷下城戸も右岸側に土塁が現存しており、これも
一乗谷遺跡と同様の構造ということを指摘できよう。

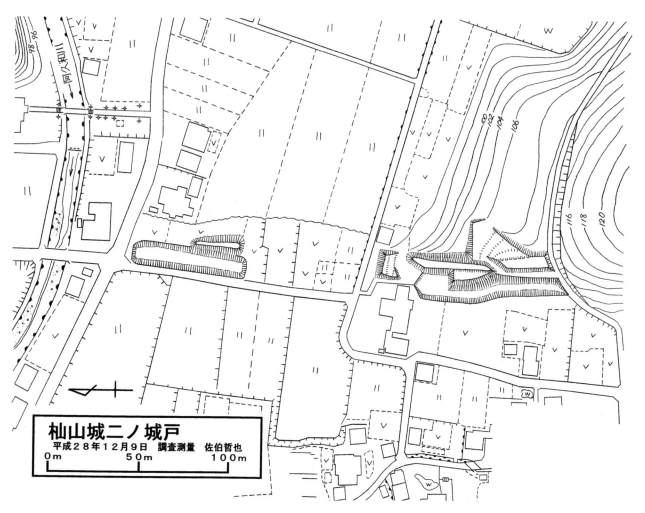

杣山城二ノ城戸
平成２８年１２月９日　調査測量　佐伯哲也
0m　　　　50m　　　　100m

Ⅲ．城館候補遺構

54. 柴 田 城 （しばたじょう）

①越前市中新庄　②－　③戦国期？　④戦国期？　⑤戦国期？　⑥柴田勝家？　⑦山城
⑧削平地・切岸　⑨20m × 20m　⑩標高160m、比高130 m　⑪4

　『城館跡』では城主を柴田勝家の家臣とし、『城跡考』では柴田修理亮（勝家）とする。いずれにせよ勝家が関与した城郭と言える。もっとも『城跡考』は「中新庄村ヨリ東山下」にあるとして、山麓の存在を示す。そして「東西四町南北五町計之所土居堀之形有之」と記載し、平地居館の形状を記載している。

　城跡は『城館跡』に記載されていた位置の遺構を記載している。遺構は平坦面と切岸のみで、しかも最大の平坦面①でも１０ｍ×１２ｍの大きさしかなく、とても城郭遺構としての平坦面とは言えない。ただし、山麓から当該地点までの間に平坦面は全く存在せず、当該地点のみに平坦面が存在していることから、耕作地や植林の段とは違った性格の小平坦面群と言える。城郭遺構とは断定できないことから、候補遺構とさせていただいた。

　なお、『福井県遺跡地図』では、大門集落背後の標高９０ｍ地点の尾根を柴田城跡としている。現地調査の結果、古墳と自然地形のみだったので城郭ではないと判断し、記載しなかった。

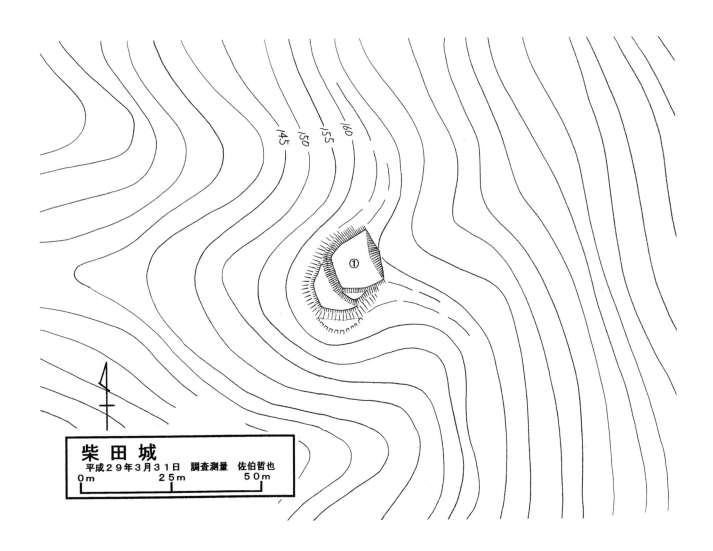

柴 田 城
平成２９年３月３１日　調査測量　佐伯哲也
0m　　　　　　　25m　　　　　　　50m

55. 大 屋 城 （おおやじょう）

①越前市大屋　②－　③戦国期？　④戦国期？　⑤戦国期？　⑥－　⑦山城？
⑧削平地・切岸・堀切　⑨35m×40m　⑩標高75m、比高40m　⑪3

　村国山塊の山麓に位置する。A曲輪が主郭で、現在小社が鎮座している。背後の尾根続きを堀切①で遮断する。これだけを見れば立派な城郭だが、筆者の疑問は山麓への尾根続きにある。本来こちらが敵軍の進攻が最も予想される地点であり、最も厳重な防御施設が必要となる。しかし堀切等の防御施設は全く確認できず、無防備状態となっている。これでは城郭遺構とするわけにはいかない。
　幾つかの可能性を示せば、小社を建立するときにA曲輪を境内とし、参道等を造設するために、存在していた防御施設（切岸・堀切等）を破壊してしまった。しかしこの場合は堀切の両端が残存していなければならないのに、全く痕跡を残していない。やはり不自然である。さらに堀切①は切通しであって、城郭施設ではなく、そもそも城は存在しなかった、とも言える。
　いずれにせよ根拠はなく、いずれとも判断しがたい。ここでは態度を保留して、候補遺構とさせていただきたい。

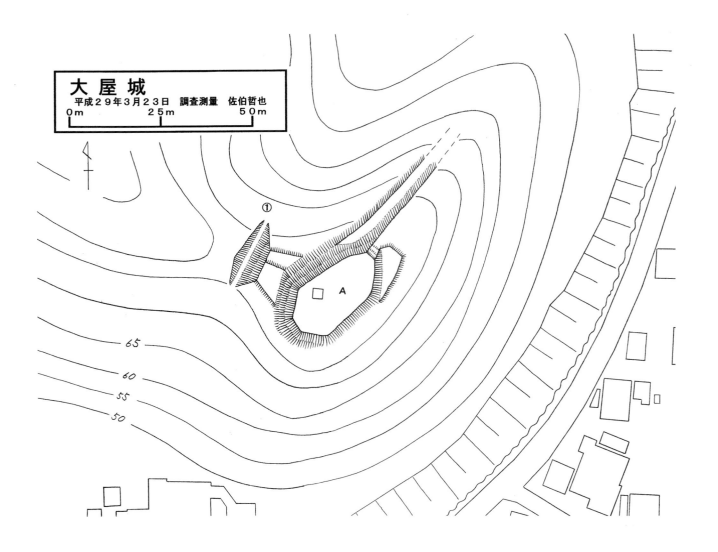

大 屋 城
平成29年3月23日　調査測量　佐伯哲也
0m　　　25m　　　50m

56. 大塩向山遺跡 （おおしおむかいやまいせき）

①越前市大塩　②王子保山城　③１６世紀後半？　④１６世紀後半？　⑤１６世紀後半？　⑥-
⑦山城？　⑧削平地・切岸・堀切・土塁　⑨ 30m × 60m　⑩標高 161.6 m　比高 100 m　⑪6

　　『福井県遺跡地図』によれば「種別：城跡　時代：中世　現況：山林」とあり、『福井県埋蔵
文化財調査報告第９６集　大塩向山遺跡　山腰遺跡』（福井県教育庁埋蔵文化財調査センター
2007）では、仮称として王子保山城と呼んでいる。古記録の記載は無く、伝承も残っていない。
　　山頂はほぼ自然地形で、不明瞭なＡ曲輪が残る。北側の尾根続きには、見事な二重堀切①が残
る。堀切間を土塁状に加工して防御力を増強している。これだけを見れば、紛れも無く１６世紀
後半の山城遺構である。問題は西側の尾根続きである。敵軍が進攻してくる可能性がある弱点の
一つなので、二重堀切①と同程度の防御施設が必要なのだが、なぜか防御施設は設けておらず、
無防備のままである。②の凹地は猪穴と推定され、城郭遺構ではない。
　　なぜ西側の尾根続きに防御施設が存在しないのか、可能性の一つとして、近代以降に猪穴が構
築されたときに、防御遺構（堀切等）が破壊されたことは、容易に推定できる。しかし、その場
合は堀切の両端が残存遺構として確認できるのだが、現地では全く確認できない。とすれば存在
していたのは、完全に破壊できるほど小規模な堀切だったのであろうか。
　　いずれにせよ、憶測の域を出ず、確証は無い。城郭遺構と断定するほどの自信は無いため、候
補遺構とさせていただきたい。

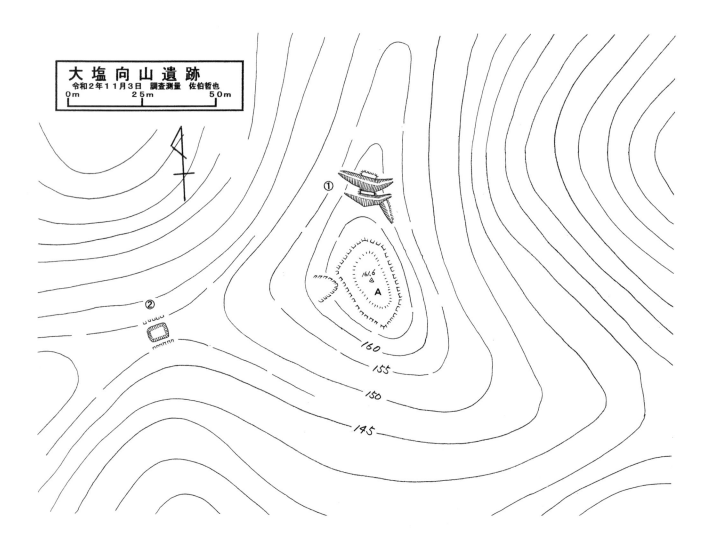

57. 氏 家 城 （うじいえじょう）

①越前市今立町不老　②－　③戦国期？　④戦国期？　⑤戦国期？　⑥氏家将監　⑦山城
⑧堀切　⑨50m × 20m　⑩標高 242.1 m　比高 30 m　⑪5

『福井県遺跡地図』によれば「種別：城跡　時代：中世　現況：山林」とあり、広大な範囲を城域とするが、現地調査の結果、確認できたのは堀切一本のみである。

『味真野通誌』（萩原正基 1910）所収『味真野記』には「氏家の館趾　自北小山五町許北方山上、有東西二十間南北十八間之地。氏家将監在住之館跡也矢」とある。つまり北小山集落の山上に氏家将監の館跡があり、大きさは３６ｍ×３２ｍと述べており、筆者が調査した地点・規模とほぼ一致する。これが『味真野記』が述べる氏家将監の館跡として良いであろう。ただし、山上に位置しているため、山城としたい。

氏家氏は朝倉氏の家臣で、戦国時代に大滝寺から歳暮として巻数と書状が贈られる家柄だった（『越前市史資料編３中世一』越前市 2021）。さらに氏家左近将監は永禄１１年（1568）足利義昭が朝倉義景亭に御成りしたときに、辻固（警護役）を務めていることが『朝倉義景亭御成記』（『福井市史資料編２』）に記載されている。『城跡考』が述べる氏家将監とは、この氏家左近将監のことではなかろうか。従って１６世紀に在地領主として氏家氏が存在し、その山城として氏家城が築城されたと推定される。

しかし遺構としては堀切しか残っておらず、平坦面は全く残っていない。陣城のような臨時城郭の可能性も指摘できるが、このような状況では、城郭遺構と断定する自信が無い。地境・猪垣の可能性もあるので、候補遺構とさせていただきたい。

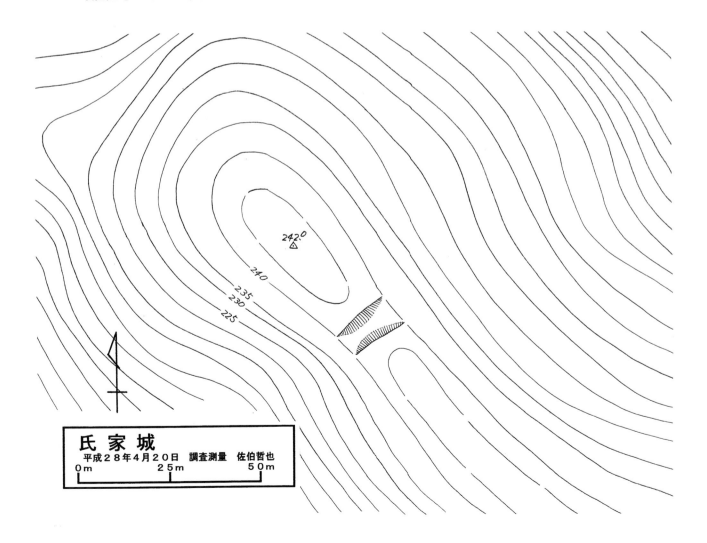

氏 家 城
平成２８年４月２０日　調査測量　佐伯哲也
0m　　　25m　　　50m

58. 八王子城 （はちおうじじょう）

①南越前町南条町阿久和　②－　③戦国期？　④戦国期？　⑤戦国期？　⑥朝倉氏？　⑦山城
⑧削平地・切岸・堀切　⑨ 60m × 20m　⑩標高 207 m　比高 110 m　⑪ 10

　『福井県遺跡地図』によれば「種別：城跡　時代：中世　現況：山林」とある。また、『史跡
杣山城跡［整備基本計画書］』（福井県南越前町教育委員会 2019）には、八王子城を杣山城の出城
としている。
　杣山城は、城下を流れる阿久和川沿いに寺社・家臣団屋敷が形成されていたと考えられ、城下
を内外に区画するために二之城戸と呼ばれる壮大な土塁を構築している。その二之城戸を見下ろ
す山上に八王子城は存在する。これは一乗谷上城戸を見下ろす上城戸櫓城と同様の設定であり、
八王子城と上城戸櫓城は同一人物（朝倉氏）による築城が推定される。
　山頂はほぼ自然地形。A部分に僅かに削平した平坦面が確認できる。東側にも雑多な平坦面が
見られるが、城郭遺構なのかどうか不明。二之城戸に繋がる尾根方向には、明確な堀切①を設け
て遮断する。
　ここまでの縄張りは、完全な城郭としての縄張りである。問題は北の尾根続きである。こちら
も敵軍の進攻が予想される八王子城の弱点の一つなのだが、防御施設は設けておらず、全くの無
防備である。八王子城の任務は二之城戸を監視することなので、二之城戸と反対方向である北側
尾根には気を配らなくて良い、と言えばそれまでなのだが、**敵軍が北側尾根に廻り込む可能性も
十分あるのである**。これでは城郭遺構として扱うには躊躇せざるを得ない。
　以上の理由により、筆者は八王子城を城郭遺構と断定する自信はない。ここでは態度を保留し、
候補遺構とさせていただきたい。

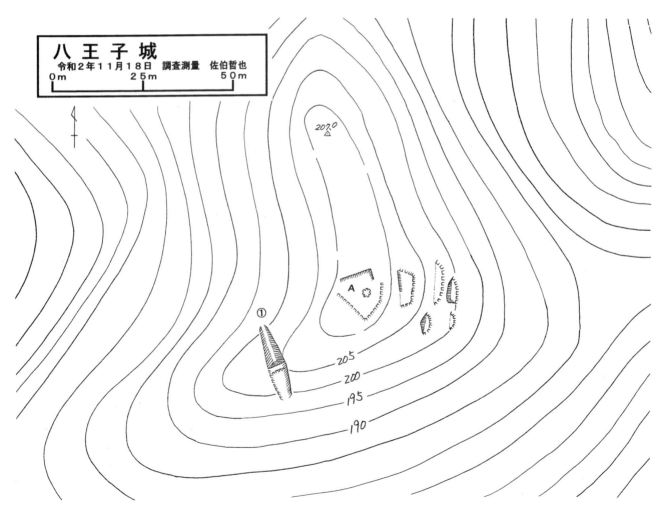

八王子城
令和2年11月18日　調査測量　佐伯哲也
0m　　　　　25m　　　　　50m

59. 刀 根 城 （とねじょう）

①敦賀市刀根　②—　③戦国期？　④戦国期？　⑤戦国期？　⑥？　⑦山城
⑧削平地・切岸・土塁　⑨17m × 25m　⑩標高 390 m　比高 240 m　⑪18

　『福井県遺跡地図』によれば「種別：城跡　時代：中世　現況：山林」とあり、標高 515.7 m の刀根山山頂に城跡を記載する。しかし三角点のある山頂は全くの自然地形で、城郭遺構は存在しない。ただし、途中の尾根上に縄張り図の遺構を確認したので紹介する。
　遺構は尾根上に平坦面Aを削平し、前面に土塁①を設ける。さらに平坦面Aの南西直下に切岸を設けて、山麓からの尾根続きを遮断している。
　小規模ながらも当遺構は、山麓からの尾根続きを切岸と土塁①で遮断し、城兵駐屯用の平坦面Aを設けた、完璧な城郭と言える。これに対して、山頂から攻め下ってきた敵軍の攻撃を遮断できる防御施設は設けておらず、全くの無防備となっている。従って山頂（刀根山山頂）に本城が存在し、山頂から敵軍は攻め下ってこない、ということを絶対条件として当遺構は構築されたと考えられる。
　上記の筆者の推定を、刀根山山頂は見事に裏切っている。前述の通り、山頂は全くの自然地形で、城郭遺構は存在しないのである。つまり当遺構は、本城の出城として構築されたわけではないのである。それとも出城（当遺構）で敵軍を完全に遮断するため、本城は自然地形で良かったのであろうか。
　以上のように不自然な点があり、城郭遺構と断定するわけにはいかない。候補遺構とさせていただきたい。

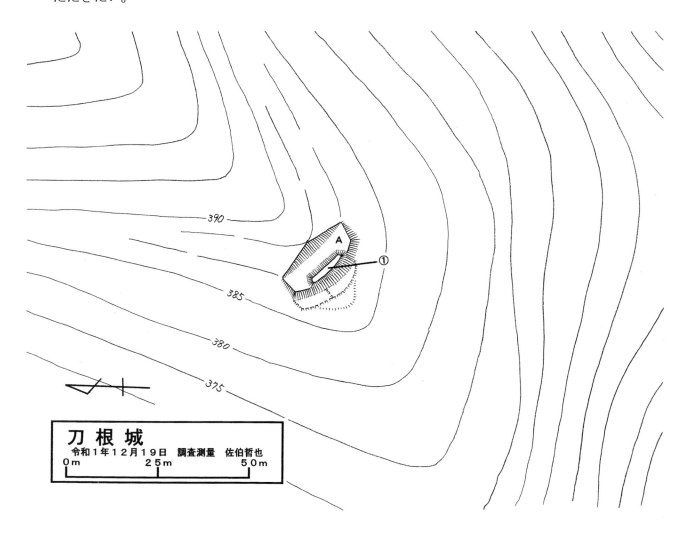

刀 根 城
令和1年12月19日　調査測量　佐伯哲也
0m　　　　　25m　　　　　50m

60. 深坂峠城砦群 (ふかさかとうげじょうさいぐん)

①敦賀市深坂　②－　③戦国期？　④戦国期？　⑤戦国期？　⑥？　⑦山城　⑧堀切
⑨Ⅰ：70m×30m　Ⅱ：50m×20m　⑩標高460m　比高260m　⑪17

　『福井県遺跡地図』によれば「種別：城跡　時代：中世　現況：山林」とある。敦賀と近江を繋ぐ重要な街道の一つだった深坂越えを見下ろす交通の要衝に築かれている。
　通称東城（1）と西城（2）の二ヶ所に分かれている。1・2共に堀切が存在しているため城郭遺構の可能性を残すが、平坦面は削平されておらず、ほぼ自然地形である。従って極めて臨時性の強い陣城的性格の城郭だったと言える。
　2は近代以降に深坂峠が拡張されるときに破壊を受けてしまったが、1はほぼ旧状を残している。山頂の広々とした自然地形を削平せず、そのまま曲輪として使用している。堀切は外側に土塁を設けて防御力を増強しているため、戦国期の遺構の可能性を残す。
　しかし、広大な山頂を堀切一本で防御できたとは思えない。それは急製造の「手抜き」作業を行った臨時城郭の特徴を示しているのであろうか。それとも城郭とは無関係の類似遺構（地界・猪垣等）なのであろうか。筆者には深坂峠城砦群を城郭遺構と断定する自信はないので、候補遺構とさせていただく。
　この他、敦賀と近江を繋ぐ街道沿いには、市橋（猪羅谷山）城・大たけ山城・丸山城・駄口城の報告がある。調査の結果、城郭遺構は確認できなかったので、報告しないこととする。

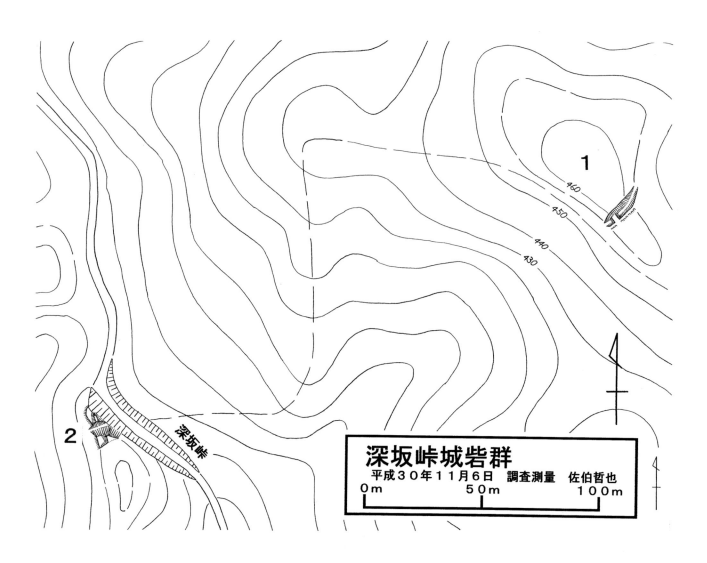

深坂峠城砦群
平成30年11月6日　調査測量　佐伯哲也
0m　　　　50m　　　　100m

Ⅳ．城館類似遺構

該当城郭なし

Ⅴ. 補 遺 編

Ⅴ－Ⅰ．城館遺構

61. 辻 ヶ 谷 城 （つじがたにじょう）

①福井市本堂町　②－　③南北朝期？　④１６世紀後半　⑤１６世紀後半　⑥青木氏・朝倉氏
⑦山城　⑧削平地・切岸・土塁・堀切・横堀　⑨210m × 100m　⑩標高155m、比高80m　⑪19

　『安居ふるさと探訪』（安居公民館 2013）によれば、南北朝期に築城された山城で、新田義貞
に味方する畑時能の家臣青木氏がここを根城にして北軍と戦ったとしている。
　築城は南北朝期かもしれないが、現存遺構は戦国末期の様相を示す。まず山麓集落に繋がる南
側尾根から攻め登ってきた敵軍は、①地点に辿り着く。そこからは二重横堀②があるため直進で
きず、しかも西端は竪堀状に落としているため、西側に廻り込むことができない。従って敵軍は
強制的に二重横堀②の間の土橋通路を東側に進むことになり、③地点に到達する。勿論この間は
長時間主郭Aからの横矢に晒される。さらに二重横堀②北側堀底を凸凹に加工しており、堀底に
降りた敵軍の移動速度を鈍くしている。計画的な通路設定を読み取ることができる。
　残念ながら、③地点は鉄塔建設のため破壊されている。恐らくここに虎口（しかも枡形虎口）
が存在していたと思われる。虎口の形状からさらに年代を絞り込むことが可能だったため、口惜
しい限りである。背後の尾根続きは三本の堀切で完全に遮断しており、通路性は感じられない。
従って大手は山麓集落に繋がる①地点として良い。
　防御施設が完成しているのに、主郭Aの平坦面はほとんど削平されていない。このような縄張
りから、二重横堀を巡らす構造は、朝倉氏が永禄年間に築城したとされる狩倉山城（美浜町）に
類似の縄張りを見出すことができる。さらに両城は塁線土塁を設けないという点でも一致する。
　上記推定が正しければ、現存遺構は１６世紀後半に朝倉氏が、純軍事目的で構築した臨時城郭
という仮説を立てることが可能であろう。

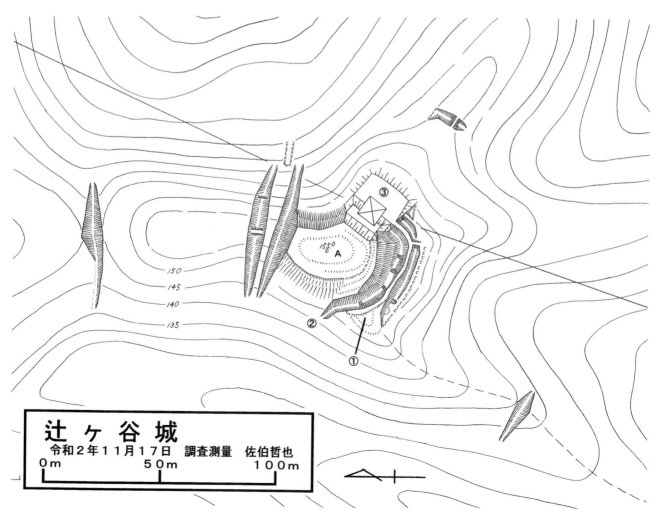

辻 ヶ 谷 城
令和２年１１月１７日　調査測量　佐伯哲也
0m　　　　　50m　　　　　100m

62. 赤谷城 (あかたにじょう)

①福井市赤谷　②－　③戦国期　④戦国期　⑤戦国期　⑥朝倉氏?・越前一向一揆?
⑦山城　⑧堀切　⑨250m × 20m　⑩標高430m、比高150m　⑪20

　近年発見された山城であり、古記録・伝承は残っていない。ただし城跡は城ノ尾（じょうの）と呼ばれており、城跡の存在そのものは伝えられていたようである。

　主郭は山頂のA地点と思われるが、全くの自然地形で、平坦面は存在しない。他にも城郭としての曲輪（平坦面）は存在せず、やはり自然地形のままである。尾根上は必ずしも広いとはいえないが、緩やかな地形が広がっており、あえて削平する必要性は無かったようである。

　一方、防御施設は三本の堀切を設けており、主要部のAを防御している。特に赤谷集落に続く尾根を遮断する堀切①の上幅は約９ｍもあり、完全に尾根を断ち切っている。さらに南端を竪堀状に落としており、堀切の構築年代が戦国期、しかも１６世紀に入ることを推定させてくれる。

　以上述べたように、防御施設は完成しているのに、居住施設（平坦面）は未完成であることが判明する。これは典型的な純軍事目的を優先させた臨時城郭と言える。従って在地領主の居城とは考えにくい。赤谷城からは赤谷沿いの谷道を見下ろすことができる。この谷道が１６世紀に軍事的緊張が高まった時に、赤谷城が築城されたと考えられよう。築城者は朝倉氏あるいは越前一向一揆とすることが、仮説の範疇であれば許されるであろう。

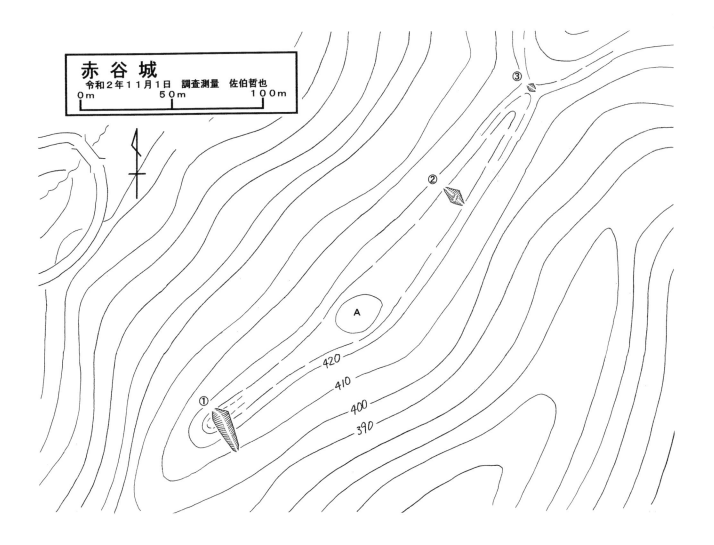

赤谷城
令和2年11月1日　調査測量　佐伯哲也
0m　　　50m　　　100m

Ⅴ－Ⅱ．城館関連遺構

63. 一乗谷城南方尾根遺構 （いちじょうだにじょうなんぽうおねいこう）

①福井市東新町　②－　③１６世紀　④１６世紀　⑤１６世紀　⑥朝倉氏　⑦山城
⑧堀切・竪堀
1遺構：⑨ 110m × 40m　⑩標高 470 m　比高 370 m
2遺構：⑨ 140m × 60m　⑩標高 480 m　比高 380 m　　　　⑪ 21

　　一乗谷城が位置する一乗城山から、南方に接続する尾根上には、白椿山を経由して一乗山（標高 740.9 m）まで尾根道が続いている。尾根道は良く使用されたらしく、所々溝状に掘り込まれている。現在も山仕事で使用されているらしく、所々苅払われている。この尾根道において、城郭遺構を2ヶ所確認した（図1）ので報告する。
　　1遺構（図2）は、尾根続きを堀切で遮断する。中央に尾根道が通っているため、若干破壊されている。山頂は全くの自然地形だが、広々としており、兵の駐屯は可能と思われる。地境の堀切の可能性も残るが、一応記載しておく。
　　2（図3）遺構も、尾根続きを堀切で遮断する。一部林道で破壊されているが、堀切の両端に竪堀を設けていることが確認でき、斜面を迂回する敵軍に対応している。堀切と竪堀をセットにして防御ラインを構築していることから、少なくとも１６世紀の所産であると推定できる。背後の山頂も全くの自然地形。広々とした地形なので、兵の駐屯は可能だったと考えられる。
　　以上、概要を説明した。単純な遺構ではあるが、一乗谷城の南方尾根続きを防御する遺構と考えられる。恐らく朝倉氏が１６世紀に構築したのであろう。従来は存在が全く知られていなかったので、今回紹介し、その存在を周知することにする。

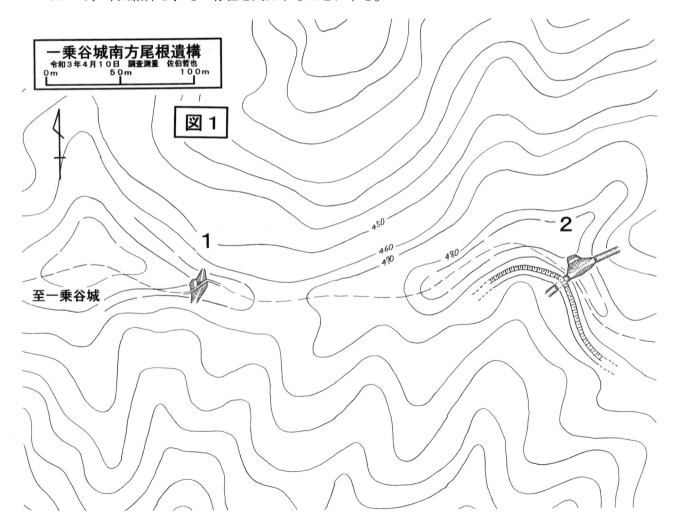

一乗谷城南方尾根遺構
令和3年4月10日　調査測量　佐伯哲也
0m　　　50m　　　100m

図1

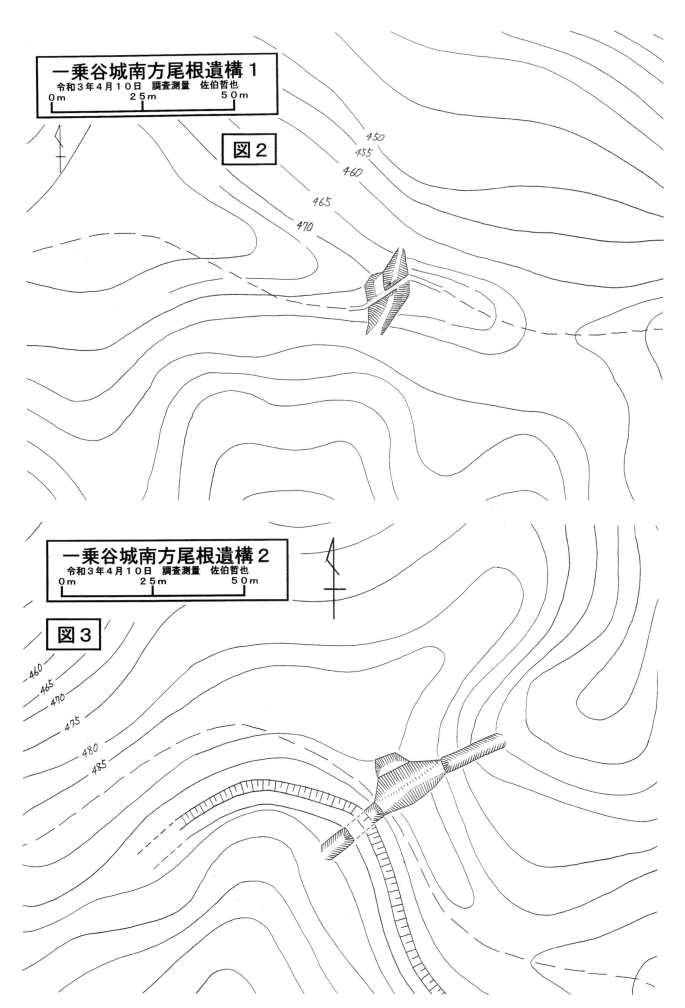

一乗谷城南方尾根遺構1
令和3年4月10日　調査測量　佐伯哲也
0m　　　25m　　　50m

図2

450
455
460
465
470

一乗谷城南方尾根遺構2
令和3年4月10日　調査測量　佐伯哲也
0m　　　25m　　　50m

図3

460
465
470
475
480
485

Ⅴ－Ⅲ．城館候補遺構

64. 金屋城 (かなやじょう)

①福井市金屋　②－　③１６世紀後半？　④１６世紀後半？　⑤１６世紀後半？　⑥？
⑦関所？　⑧削平地・切岸・土塁・竪堀　⑨90m×30m　⑩標高250m、比高240ｍ　⑪22

　　『福井県遺跡地図』によれば「種別：城跡　時代：中世　現況：山林」とある。厳密な意味で
城郭遺構とは言えないが、極めて興味深い遺構である。まず当地はA道とB道が交差する辻だっ
たと考えられる。そして、その辻を監視するかのように、切岸①と土塁②をセットにした防御ラ
インを構築する。防御ラインの南端には、土塁で構築した内枡形虎口③を構築し、さらに竪堀④
を設けて迂回を阻止し、強制的に内枡形虎口③を通らすようにしている。現在もB道は内枡形虎
口③を通っている。
　　以上、金屋城の概要を説明した。城郭遺構と考えるよりも、辻を監視する関所と捉えた方が良
さそうである。構築年代は内枡形虎口③の存在から、１６世紀後半が推定される。しかし中世の
関所については、報告事例が極端に少なく、実態は不明である。可能性は十分あるものの、暫く
は候補遺構として扱いたい。各地の事例の蓄積や、聞き取り調査をして、さらに詳細な研究を進
めたい。

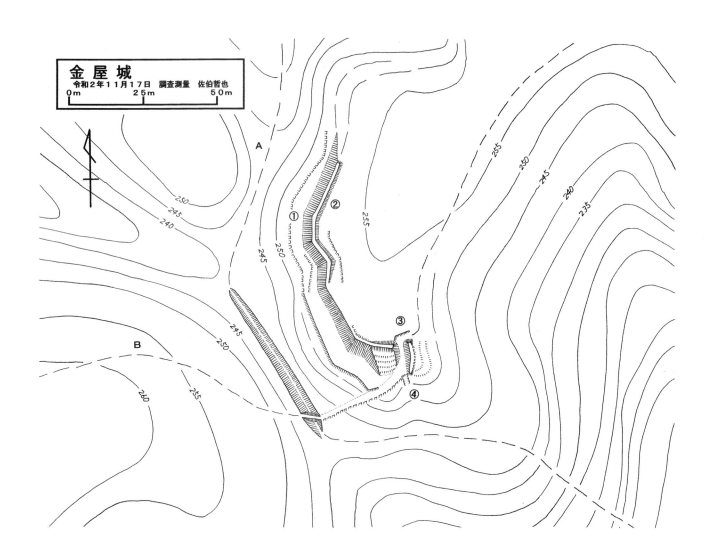

65. 上天下南城 （かみてがみなみじょう）

①福井市上天下　②-　③戦国期？　④戦国期？　⑤戦国期？　⑥？　⑦山城？　⑧堀切
⑨190m×20m　⑩標高45m、比高35 m　⑪19

　『福井県遺跡地図』によれば「種別：城跡　時代：中世　現況：山林」とある。現在2本の堀切が確認できる。これが城郭遺構であるならば、尾根先端のA地点が主郭に相当するが、ほぼ自然地形で、明確な削平は確認できない。
　城郭として不自然な点は、A地点と堀切があまりにも離れすぎている点がある。A地点を防御するなら、堀切①はA地点に接していなければならないのだが、40mも離れており、これでは防御施設としての効果は半減してしまうであろう。堀切①を越えた敵軍は、途中に切岸や曲輪も存在しないため、簡単にA地点に到達したことであろう。堀切②にも同様のことが言える。
　このように城郭と断定するには不自然な点があり、賛同しかねる。麓の集落との比高が35mしかないため、地境の堀切の可能性もある。地元の聞き取り調査も実施した後に、総合的に判断したい。

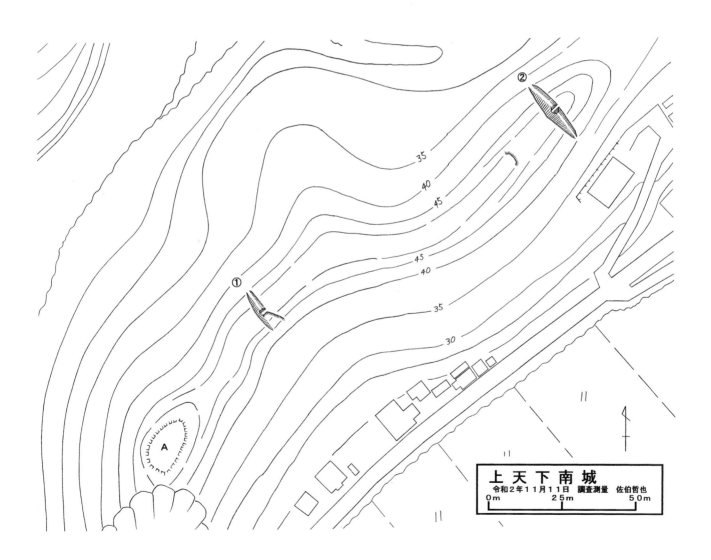

上天下南城
令和2年11月11日　調査測量　佐伯哲也
0m　　　　　25m　　　　　50m

66. 風 尾 要 害 （かざおようがい）

①福井市風尾　②－　③天正３年？　④天正３年？　⑤天正３年？　⑥朝倉景健？　⑦山城？
⑧削平地・堀切　⑨75m × 20m　⑩標高361m、比高260 m　⑪23

　天正３年（1575）８月、織田信長は越前一向一揆を討伐するため越前に進攻する。その戦況を記
述した８月２２日村井貞勝宛織田信長書状（『加能史料』）には、「朝倉孫三郎（景健）風尾要害
楯籠、色々雖令懇望候不赦免、昨日廿一、生害させ候、彼等被官金子兄弟以下首をはね候」とあ
り、風尾要害に朝倉景健が籠城していたことが判明する。

　朝倉景健は朝倉一族の重鎮でありながら、天正元年織田信長越前進攻時には織田方として働き、
この論功により翌天正２年７月信長より知行を宛がわれている（「織田信長黒印状」『福井県史
資料編５』）。ところが越前一向一揆が越前全土を制圧すると、一向一揆方となり織田軍を迎え
撃つことになる。さらに一揆軍が織田軍の攻撃によって総崩れになると、今度は一揆軍を裏切っ
て赦免を願い出たのである。勿論許されるはずが無く、即刻生害させられている。ちなみに『信
長公記』によれば、景健は一揆軍の総大将下間頼照・下間和泉等の首を持参して赦免を懇望した
が聞き入られず、生害させられたとしている。「色々」と「懇望」した中に、大将株の首を多数
持参したので助けてほしい、と嘆願したことも入っていたかもしれない。

　戦中の混乱で情報が入り乱れていたのであろう。前述の織田信長書状で下間頼照の最後を「下
間筑後（頼照）事、先度者川へ追はめ候由申候き、風尾へ竹杖にすかり、竹笠にて罷通候を、此
方へ忠節之者、くひをきり到来候、誠気をさんし候」とあり、風尾要害へ逃亡中に土民に殺害さ
れたと述べ、内容が食い違う。『信長公記』は頼照は今城（杣山城？）・燧ヶ城に籠城していた
とある。恐らく両城から風尾要害に逃亡中だったのであろう。どちらが正しいのか不明だが、一
向一揆にとって風尾要害は、最後の拠点と思われていたようである。

　さて、風尾要害はどこにあるのであろうか。江戸期の地誌類には記載されず、勿論『福井県遺
跡地図』にも記載されていない。織田信長書状に記載されているのみである。まず頼照が今城（杣
山城？）・燧ヶ城から逃亡先に選んだのだから、両城より北方でなければならない。また景健が
籠城していたというのだから、景健の領地あるいはその周辺ということになる。

　この条件に一致するのが福井市風尾集落になる。勿論風尾集落に城跡を記載した書籍は存在し
ない。このような状況の中で、風尾集落を見下ろす尾根の先端に、城郭遺構を確認したので報告
する。

　遺構は簡単で、尾根の先端にほぼ自然地形に近い削平地を上下二段に構築し、尾根続きを二本
の堀切で遮断している。二本の堀切の残存状況は悪く、研究者によっては自然の崩落とみなす方
もおられるであろう。しかし筆者は城郭遺構としての堀切と判断した。

　いかにも急製造の臨時城郭といった感じである。そして大味の港まで 3.4 kmと近く、万一の場
合、船で加賀への脱出が可能となる。しかし、かつて朝倉一族の重鎮だった景健が籠城する城と
しては、そして一向一揆が最後の拠点と頼んだ城としては、あまりにも貧弱な城である。はたし
て織田信長書状が述べる「風尾要害」が当地なのであろうか。急製造なのでこれで良い、という
考え方も成立するが、筆者にはそれを断定するだけの自信はない。ちなみに信長は越前平定直後
の９月に風尾村等に禁制を出している（『朝倉氏関係年表』）ので、やはり「風尾要害」は当地
なのかもしれない。

　ここでは態度を保留し、候補遺構とさせていただく。今後は地元の聞き取り調査等を実施して、
さらに調査を進めていきたい。

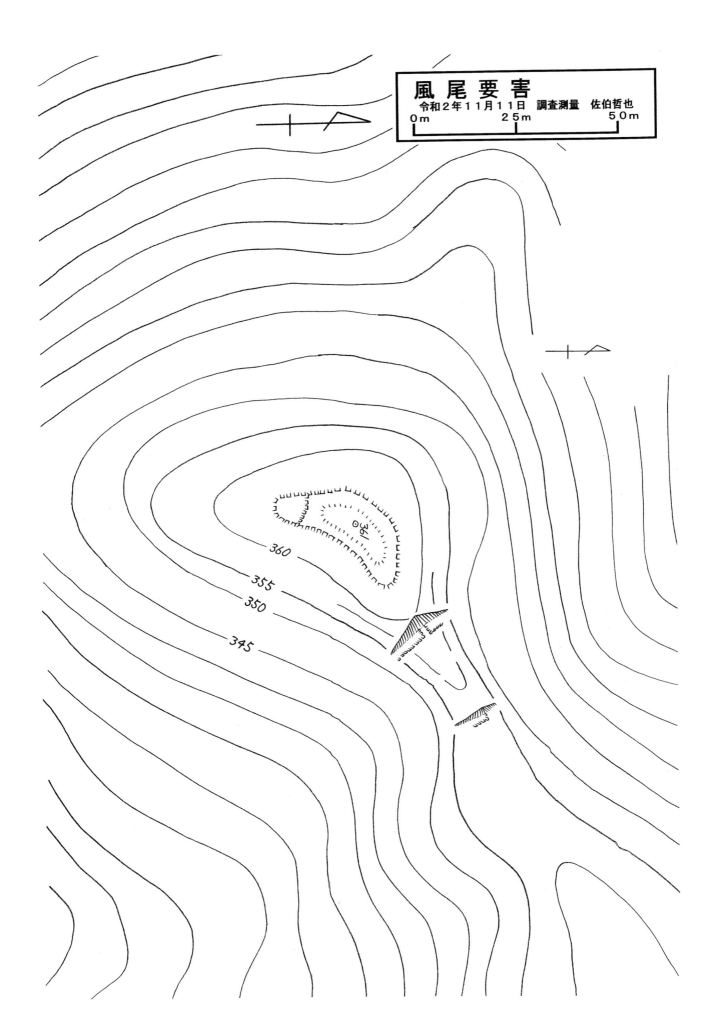

風尾要害

令和2年11月11日　調査測量　佐伯哲也

0m　　　　　　25m　　　　　　50m

360

355

350

345

361

67. 境 寺 城 (さかいでらじょう)

①福井市美山町境寺　②－　③戦国期？　④戦国期？　⑤戦国期？　⑥朝倉景鏡？　⑦山城？
⑧堀切　⑨60m×10m　⑩標高150m、比高60m　⑪24

　『福井県遺跡地図』によれば「種別：城跡　時代：中世　現況：山林」とある。朝倉氏ナンバ
ー2だった朝倉景鏡の城とされている。
　現在1本の堀切が確認できる。尾根先端は送電鉄塔で一部破壊されているものの、全くの自然
地形で、平坦面は確認できない。
　以上が境寺城の概要である。尾根続きを堀切で遮断しているとしたが、自然崩落の溝の可能性
もあり、城郭遺構としての堀切と断定する自信はない。さらに朝倉氏ナンバー2の景鏡が、この
ような貧弱極まりない城を築くはずがない。不自然極まりないと言える。
　当地が城郭なのかどうかの鍵は、尾根続きを遮断する溝を、自然の崩落なのか、城郭遺構とし
ての堀切なのか、この判断にかかっていると言える。筆者には断定する自信がなく、候補遺構と
させていただきたい。仮に城郭であるにせよ、景鏡の城とする考えには賛同できない。

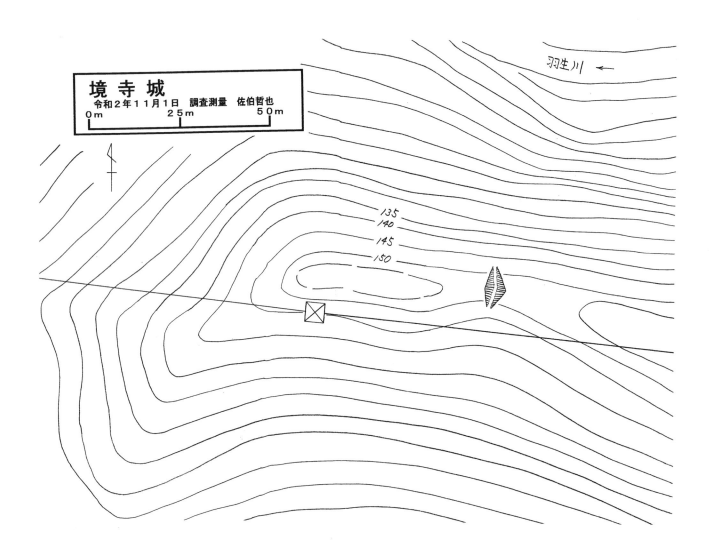

境 寺 城
令和2年11月1日　調査測量　佐伯哲也
0m　　25m　　50m

Ⅴ－Ⅳ．城館類似遺構

該当城郭なし

VI．特別論文

越前一向一揆の城郭について

―天正2・3年を中心として―

佐伯哲也

1．はじめに

　一口に越前一向一揆の城郭といっても、その実情は複雑かつ広範囲に及んでおり、一向一揆の誕生（15世紀）から終焉まで正確に説明できる研究者は筆者を含め皆無であろう。その結果、はたして越前一向一揆城郭として良いのか、と疑問符が付くような城郭が目に付く状況になっている。

　越前一向一揆自体も複雑な組織であり、しかも末期に至っては天正2年（1574）桂田長俊を打倒するために加賀一向一揆を引き入れたため、さらに複雑になってしまった。石山本願寺から派遣された本願寺家臣、加賀一向一揆の金沢御堂衆、越前一向宗寺院、そしてそれらを下支えしていた在地領主である。これら四者がそれぞれ対立し、越前の支配を巡って権力抗争を繰り広げる始末である。特に本願寺家臣・金沢御堂衆といった外部勢力（上方衆）の支配は在地領主の反感を買い、『朝倉始末記』は「上方衆ノ下知トシテ国中ヲ恣ニセラルヽハ案ノ外ノ事也トテ殊ニ腹立シ」と述べ、在地衆の気持ちを代弁している。つまり最末期には一つの組織として立ち行かなくなってきたのである。

　ところが、その最末期になって織田信長と抗争することから、越前一向一揆城郭が良質の史料で語ることが可能になるのである。しかも、何時・誰が・どこの城に籠城していたか、これらが明確になるのであり、中世城郭研究史上においても稀有な書状群と言えよう。

　とはいっても明らかになるのは、天正2～3年の僅かな期間でしかない。ただし、貴重な期間であり、この期間を基軸として他の城郭の再調査も可能である。オーバーな表現だが、越前中世城郭の再検討も可能となる。筆者個人の力量で、どこまで推し進めることができるか甚だ不安であるが、「実行あるのみ」をモットーとして調査してみたい。なお、登場する城郭は、天正2～3年に織田信長の進攻に備えて、越前一向一揆が使用したことが一次史料で確認できる城郭のみとした。

2．各城郭の紹介

（1）木ノ芽峠城塞群

　越前一向一揆は天正2年（1574）8月ほぼ越前一国を制圧する。そして織田軍の進攻に備えて木ノ芽峠城塞群を改修する。専修寺賢会書状群により、天正2年8月から専修寺賢会が主将として在城していたことが確認できる。賢会は弟の加賀諸江坊に宛てた書状に「我等陣所者はちふせ（鉢伏）要害相拵踏候事候」と述べている。賢会は別の書状で鉢伏城は我等5人で守備していると述べていることから、この「はちふせ（鉢伏）」は木ノ芽峠城塞群全体を指していると考えられる。つまり賢会は 木ノ芽峠城塞群の主将だったと考えられる。

　木ノ芽峠城塞群は、鉢伏山城・観音丸城・木ノ芽城・西光寺丸城の四城から構成されている。ただし、鉢伏山城は他の城郭と700mも離れていることから、織田信長書状のように「木目（芽）・鉢伏」と分けて表記されることが多い。従って分けて表記された場合、木目（芽）とは観音丸城・木ノ芽城・西光寺丸城のことと推定される。

　天正2年8月当初は賢会が木ノ芽峠城塞群全体の主将だったが、守将同士の対立もあって、天正3年8月信長進攻直前に陣替えがされたようである。すなわち『信長公記』には「木目（芽）峠、石田の西光寺大将として一揆引率し在陣なり。鉢伏の城、専修寺・阿波賀三郎兄弟、越前衆相か拘へ」・「だいら（大良）こへ・すい津の城、大塩の円強（宮）寺、加賀衆相加り在城なり」と

あり、賢会と仲が悪かった大塩円宮（強）寺は河野丸城の守将となっている。

　このように天正2年8月から翌天正3年8月まで木ノ芽峠城塞群には一向宗寺院が籠城していることが判明する。ただし、それ以前は『信長公記』によって織田方の樋口直房が在城していたことが確認でき、さらにそれ以前は朝倉氏の在城が確実視されている。従って現存遺構全てを一向一揆とすることはできない。

　天正3年8月15日、織田軍は一向一揆の城郭に総攻撃を開始する。同日夜の攻撃により木ノ芽峠城塞群は落城し、賢会以下守将全てが戦死する。

（2）河野丸城

　天正3年8月15日、織田軍は一向一揆の城郭に総攻撃を開始する。それは海岸線の城郭から開始され、真っ先に河野丸城が攻撃されたと考えられる。8月17日村井長頼宛織田信長書状（『加能史料』）には天正3年8月15日「先浜之方ニ有之篠尾・杉津両城攻崩」とあり、この杉津城が河野丸城と推定される。篠尾城の場所は特定できない。『信長公記』では「だいら（大良）こへ・すい津の城、大塩の円強（宮）寺、加賀衆相加り在城なり」とあり、大塩円宮寺と加賀一向一揆が在城していたことが判明する。なお、大良城の位置は不明。大塩円宮寺は賢会書状により、天正3年10月までは木ノ芽峠城塞群に在城していたことが判明する。河野丸城は8月15日織田軍の攻撃により落城、円宮寺は戦死していることが『信長公記』により判明している。

　河野丸城は、天正3年前後に使用された形跡はなく、越前一向一揆の築城思想が判明する貴重な遺構と言える。

（3）虎杖城

　『信長公記』では「虎杖の城、丈夫に拵へ、下間和泉大将にて、賀州・越州の一揆共罷出相拘へ候なり」とあり、下間和泉が城主だったことが判明する。虎杖城は8月15日織田軍の攻撃により落城、翌16日下間和泉は戦死していることが『信長公記』により判明している。

　虎杖城は、天正3年前後に使用された形跡はなく、越前一向一揆の築城思想が判明する貴重な遺構と言える。

（4）杣山城・燧ヶ城

　『信長公記』では「今城。火燧ヶ城、両城丈夫に拵へ、（中略）下間筑後（照頼）大将にて相拘へ」とある。今城に相当する城郭は確定できないが、杣山城と推定される。火燧ヶ城は燧城であろう。下間筑後が在城していることから、杣山城・燧城が一向一揆国境城郭の主城だったと考えられる。杣山城・燧城は8月15日織田軍の攻撃により落城、翌16日下間筑後は戦死していることが『信長公記』により判明している。

　杣山城は朝倉氏城郭として使用されており、また燧城は織豊系城郭として改修されているので、現存遺構の中から、一揆時代の遺構を見出すのは困難な状況となっている。

（5）河野新城

　『信長公記』では「海手に新城拵へ、若林長門・息甚七郎父子大将にて、越前衆罷出で警固なり」とあり、「海手」の「新城」は河野新城のことと推定される。河野新城は8月15日織田軍の攻撃により落城、同日若林父子も戦死していると『信長公記』は記述しているが、戦死は誤報で、若林父子は脱出して加賀へ逃亡している。

　河野新城は、天正3年前後に使用された形跡はなく、越前一向一揆の築城思想が判明する貴重な遺構と言える。

（6）大滝城

　8月15日、一向一揆の国境城郭を撃破した織田軍は、越前中央部の府中に傾れ込み、府中周辺の城郭に襲いかかる。府中を見下ろす周辺の山々にも一向一揆が籠城しており、大滝城もその一つと考えられる。

　8月20日織田信雄宛織田信長書状（『加能史料』）には、「大瀧・白山之嵩へ一揆等相集候様、

瀧川（一益）ニ掃部助（津田一安）相副遣之、四、五百被討取之由」とあり、滝川一益隊等が大瀧等に立て籠もった一揆軍四・五百人余りを討ち取っている。この「大瀧」を大滝城として良いであろう。

　大滝城は南北朝期にも登場するが、現存遺構は戦国期の遺構であり、一揆時代の可能性が高いと考えられる。

（7）平吹城

　8月15日、一向一揆の国境城郭を撃破した織田軍は、越前中央部の府中に傾れ込み、府中周辺の城郭に襲いかかる。平吹城も府中を見下ろす山城の一つである。

　8月22日村井貞勝宛織田信長書状（『加能史料』）には「（八月）廿日、ひなかたけ（雛ヶ岳）と申山へ玖右衛門尉（菅屋長行＝長頼）・前田又左衛門尉（利家）、其外馬廻者共遣之、千余人切捨之、生捕百余人、これも則刻首候」とあり、越前一向一揆が立て籠もる日野山を前田利家・菅屋長頼等が攻め、千人余りを討ち取り、百人余りを生け捕りにしていることが判明する。この雛ヶ岳の城郭が平吹城と考えられる。

　平吹城は、天正3年前後に使用された形跡はなく、越前一向一揆の築城思想が判明する貴重な遺構と言える。

（8）鳥羽野城

　8月22日村井貞勝宛織田信長書状（『加能史料』）には8月19日「柴田修理亮（勝家）・惟住（丹羽）五郎左衛門尉、朝倉與三構要害楯籠候を攻崩、左右之者共六百余討捕」とある。現在奥三が籠城した要害を確定することはできない。ただし、『信長公記』では「八月十八日、柴田修理・惟住五郎左衛門・津田七兵衛両三人、鳥羽の城へ取懸け攻破り、五・六百斬捨」とあり、前日柴田・丹羽両将は鳥羽野城（鯖江市鳥羽野）を攻めていたことが判明する。

　情報が混乱する戦場にあって、落城日が一日程度誤って伝えられることも当然あったと考えられる。従って「朝倉奥三構要害」は鳥羽野城だった可能性はあると筆者は考える。いずれにせよ、鳥羽野城は全壊しており、正確な位置すら不明である。

（9）一乗谷城

　8月15日、一向一揆の国境城郭を撃破した織田軍は、越前中央部の府中周辺の山城も激破し、遂に一乗谷城に襲いかかる。8月22日村井貞勝宛織田信長書状（『加能史料』）には8月19日「氏家（直通）・武藤（舜秀）手にて一乗可然者共三百余」を討ち取ったとあり、一乗谷城に一揆軍が籠城していたことが判明する。

　一乗谷城に現存する遺構は、ほぼ朝倉氏時代のものと推定され、一揆軍はただ籠城したのみと考えられる。

（10）風尾要害

　8月22日村井貞勝宛織田信長書状（『加能史料』）には「朝倉孫三郎（景健）風尾要害楯籠」とある。織田軍越前進攻にあたり、朝倉景健は、風尾要害に籠城していたことが判明する。風尾要害の位置は確定できないが、福井市風尾集落を見下ろす尾根上に築かれた簡易的な城郭が、風尾要害の可能性は高い。なお、風尾要害が織田軍の攻撃を受けたのかどうかは不明である。

　風尾要害は、越前国境からかなり奥まったところにあり、景健は当初から好戦的ではなかったと考えられる。かつて朝倉氏の重鎮だった景健の城郭が、簡易的な城郭でしかないことは、臨時城郭を考える上で、重要な事実といえる。

３．縄張りを考える

　以上、天正2～3年に一次史料に登場する越前一向一揆城郭を紹介した。このときに一向一揆が築城・使用したのみで廃城になり、そして遺構を残している城郭は、下記の通りである。
　　　河野丸城（図1）　　城主：大塩円宮寺

虎杖城（図2）　　　城主：下間和泉
河野新城（図3）　　城主：若林長門
大滝城（図4）　　　城主：一揆軍
平吹城（図5）　　　城主：一揆軍
風尾要害（図6）　　城主：朝倉景健

　大滝城と平吹城は一揆軍が籠城したとしか記載しておらず、固有名詞の城主は登場しない。恐らく在地領主の連合体が在城したのであろう。つまりこれらの城郭は、一向宗寺院（一揆幹部、河野丸城・虎杖城・河野新城）と、在地領主（大滝城・平吹城）に大別することができる。

　このようにグループ別にすると、面白い事実が判明する。河野丸城・虎杖城・河野新城は単純ながらも、土塁や横堀を用いて防御ラインを形成する傾向が認められる。そして土塁で虎口を明確にするが、平虎口であり、枡形にまで発達していないことである。これが天正2〜3年における一揆幹部の築城思想なのであり、築城技術の限界だったことを示しているのである。

　これは、天正3年頃に平泉寺が築城した平泉寺城郭にも同様の傾向が読み取れる。平泉寺も虎口は枡形までに発達させることはできなかった。唯一、雨乞山城には、簡単ながらも内枡形虎口が認められる。この内枡形虎口は豊原寺・柴田氏のどちらが構築したのか不明だが、越前の寺院勢力は明確な枡形虎口を用いなかったことは事実であろう。さらに面的に多数用いた畝状空堀群も認められない。畝状空堀群の使い手は、朝倉氏・在地領主に限定できそうである。

　大滝城・平吹城には一部土塁も認められるが、基本的には削平地と堀切・竪堀の城郭であり、純然たる在地領主の城郭である。従って在地領主が単独で築城したのなら、天正2〜3年と言えども、旧態依然とした城郭しか築城できなかったのである。

　このように見てくるならば、木ノ芽峠城塞群に残る枡形虎口や馬出虎口の構築者は一揆軍では有り得ず、朝倉氏が織田政権のどちらかとなる。特に西光寺丸城に残る馬出虎口は朝倉氏特有のものであるならば、少なくとも虎口は朝倉氏として良い。朝倉氏城郭にはほとんど見られない石垣が観音丸城に残っていることを考えば、広大な木ノ芽峠城塞群を放棄して、観音丸城のみ改修したのではなかろうか。そして鉢伏山城・木ノ芽城・西光寺丸城の大部分が朝倉氏時代の遺構と言えるのではないだろうか。

　村岡山城・野津又城（いずれも勝山市）は、天正2年前後に勝山市一帯の一向一揆に加担する在地領主が築城した城郭である。両城にはいずれも内枡形虎口が認められる。ただし両城の築城主体は、朝倉氏旧臣嶋田将監と考えられるため、在地領主の城郭でありながら、実質的には朝倉氏の築城技術が導入されたと考えられる。

　ただし注意したいのは、風尾要害の存在である。元朝倉氏重鎮の城郭が、このように貧弱なのに驚かせられる。急製造の臨時城郭の場合、上記のセオリーが無視されることも十分存在していたことを物語る。従って本稿では断定せず、可能性を留めるだけにしておきたい。

４．まとめ

　以上、一次史料を用いて天正2〜3年における越前一向一揆城郭を検討した。その結果、一向宗寺院（一揆幹部）が築いた城郭は、塁線土塁や横堀を用いて防御ラインを構築するが、虎口は平虎口でしかないことが判明した。また在地領主の城郭は、削平地と堀切・竪堀を用いた旧態依然とした城郭でしかないことも判明した。元亀年間近江において、塁線土塁や枡形虎口を駆使した朝倉氏の築城技術の方が、比較にならないほどハイレベルだったのである。

　ただし、検討した一揆城郭は臨戦体制下で築かれた臨時城郭であり、通常ではない築城方式が採用された可能性も考えなければならない。つまり築城技術は保有しているものの、手抜き工事で築城してしまった、という可能性も指摘できるのである。その可能性が高いのが風尾要害である。従って一概に一向宗寺院（一揆幹部）の築城レベルが低いとは言い難いのである。拙論ではその可能性が高い、という表現にとどめておきたい。

　今後は、一次史料のみならず二次史料も援用し、さらに越前一向一揆が逃亡先で構築した加賀一向一揆の城郭も研究し、さらなる研究を進めていきたいと思う。

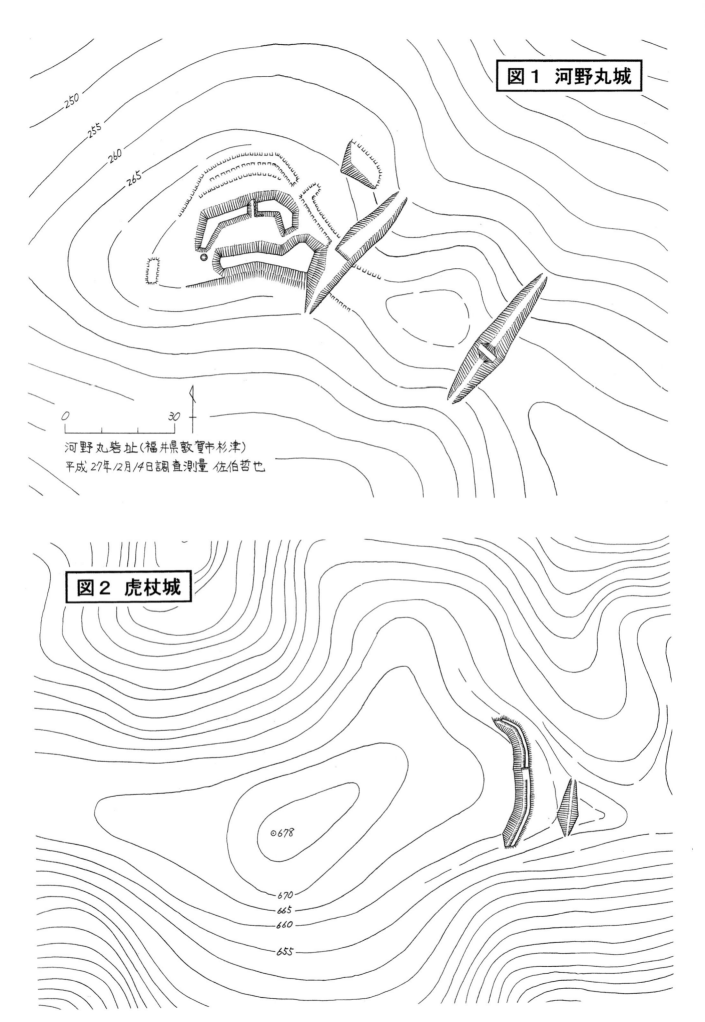

図1 河野丸城

250
255
260
265

0 30

河野丸砦址(福井県敦賀市杉津)
平成27年12月14日調査測量 佐伯哲也

図2 虎杖城

⊙678

670
665
660
655

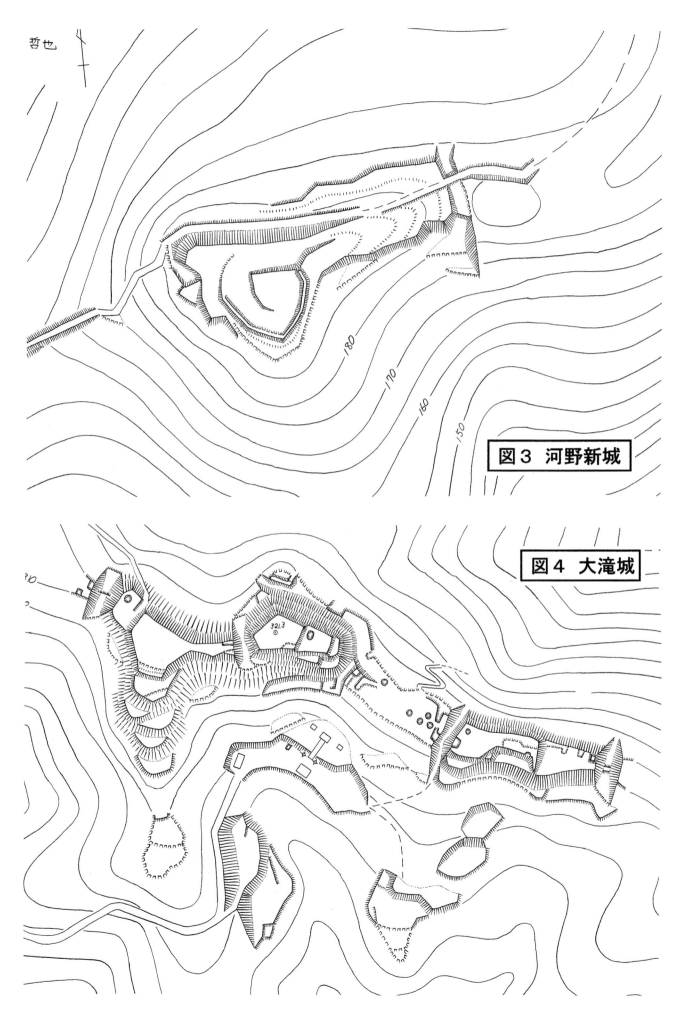

図3 河野新城

図4 大滝城

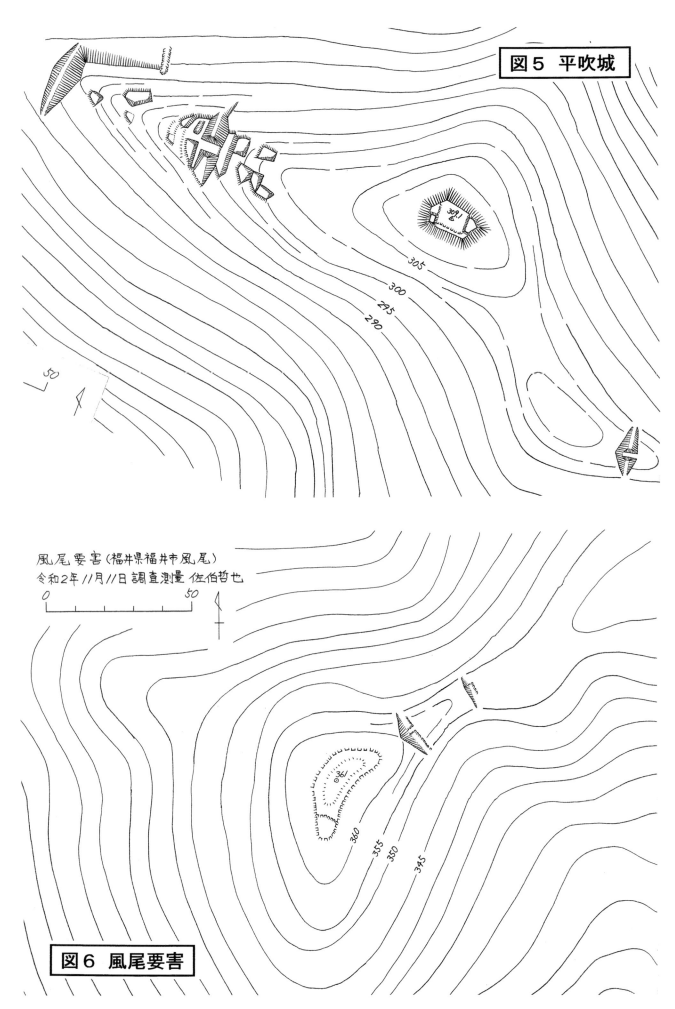

図5 平吹城

305
300
295
290

309.1
&

50
A

風尾要害（福井県福井市風尾）
令和2年11月11日 調査測量 佐伯哲也
0 50

36/
360
355
350
345

図6 風尾要害

Ⅶ. 訂　正

1．東郷槇山城主長谷川氏について

　筆者は『越前中世城郭図面集Ⅱ　越前中部編』の「13．東郷槇山城」において、城主長谷川秀一は少なくとも慶長元年(1596)まで生存していた可能性が高いと述べたが、これは完全な誤りだったので、ここで訂正したい。

　松原信之氏の研究により、文禄2年(1593)5月朝鮮で陣没していることが確認されている（松原信之「豊臣政権と越前の長谷川秀一（東郷侍従）について」『福井県地域史研究第13号』福井県地域史研究会 2012)。松原氏の優れた研究に、心から敬服する次第である。松原氏の研究によれば、秀一死去後の長谷川家は子の権介秀康が跡を継ぐ。ただし、秀康は幼少だったこともあり、秀一の父（秀康の祖父）の可竹や一族の長谷川以真が補佐した。この秀一も慶長3年(1598)2月に死去し、長谷川氏は断絶する。

　問題は、その後の東郷槇山城主である。秀康が慶長3年2月に死去したのなら、次の城主である丹羽長正の城主就任は、それ以降とするのが常識的な解釈であろう。とすれば、長正の城主期間は最長でも慶長3〜5年の僅かな間でしかなくなる。長正の伝承・古記録がほとんど残っていないのは、このためなのかもしれない。

2．一乗谷城の縄張りについて

（1）P谷あるいはO尾根の尾根道について

　筆者は『越前中世城郭図面集Ⅱ　越前中部編』の「14．一乗谷城」において、「P谷あるいはO尾根（あるいはそのどちらにも）に中世の道が存在していて、しかもそれは防御ラインを設けるほど重要かつ警戒しなければならない道」（P34）と述べた。O尾根を下った山麓には上城戸や上城戸櫓があり、それは容易に推定されることだった。しかしそれは完全に誤りだったので、ここで訂正したい。

　まず、O尾根を含む周辺を広く現地調査した結果、O尾根に中世の道は勿論のこと、道跡・踏み跡すらなく、道が全く存在していなかった。そして警戒していることを推定させる関所跡は勿論のこと、防御施設（堀切・土塁等）も全く存在していないことを確認した。従って、山上の一乗谷城と山麓の上城戸や上城戸櫓との因果関係は容易に推定できるものの、両者を結び付ける遺構は現地に全く存在しなかったのである。両者の間隔は1．5km、比高は370mもあり、その間に道や防御施設が全く存在していない。両者を結び付ける道が存在しないのであれば、現段階において両者の因果関係は、全く不明と言って良いであろう。

（2）P谷あるいはO尾根の尾根道について

　筆者は『越前中世城郭図面集Ⅱ　越前中部編』の「17．小城」において、「尾根上には一乗谷城に繋がる尾根道が存在し、その尾根道と小城を繋ぐために土橋を設けたのであろう」（P46）と述べた。しかしそれは完全に誤りだったので、ここで訂正したい。

　まず、小城と一乗谷城を繋ぐ尾根を含む周辺を広く現地調査した結果、尾根に中世の道は勿論のこと、道跡・踏み跡すらなく、道が全く存在していなかった。そして警戒していることを推定させる関所跡は勿論のこと、防御施設（堀切・土塁等）も全く存在していないことを確認した。従って、山上の一乗谷城と小城との因果関係は容易に推定できるものの、両者を結び付ける遺構は現地に全く存在しなかった。両者の間隔は1．0km、比高は300mもあり、その間に道や防御施設が全く存在しない。そのような状況では、現段階において両者の因果関係は全く不明と言って良いであろう。

（3）筆者の犯した大失態

　筆者の犯した大失態は、現地を調査せずに、安易に推定してしまったことである。城郭調査、特に縄張り調査は、現地調査が大前提であり、基本中の基本である。この基本を無視してしまった筆者は、城郭研究者としての資格を失しているとさえ言える。

　今後は、この失敗を二度と繰り返さず、そして貴重な教訓として、当たり前の話ではあるが、少なくとも自分で確認・納得した上で、推論していきたいと思う。

Ⅷ．位置図

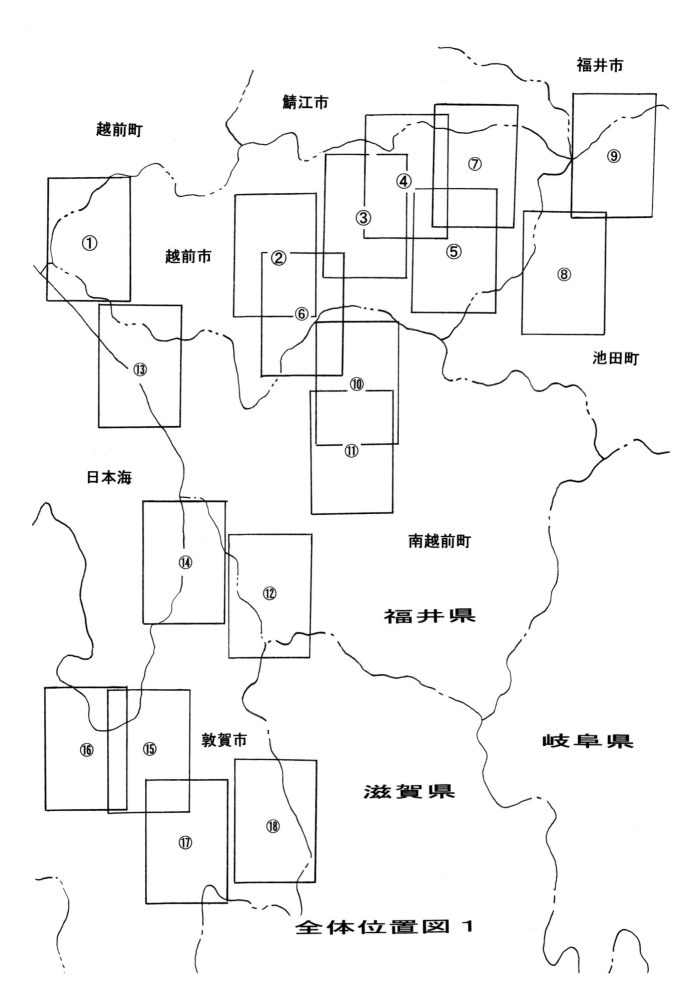

越前町

鯖江市

福井市

越前市

池田町

日本海

南越前町

福井県

岐阜県

敦賀市

滋賀県

全体位置図1

①②③④⑤⑥⑦⑧⑨⑩⑪⑫⑬⑭⑮⑯⑰⑱

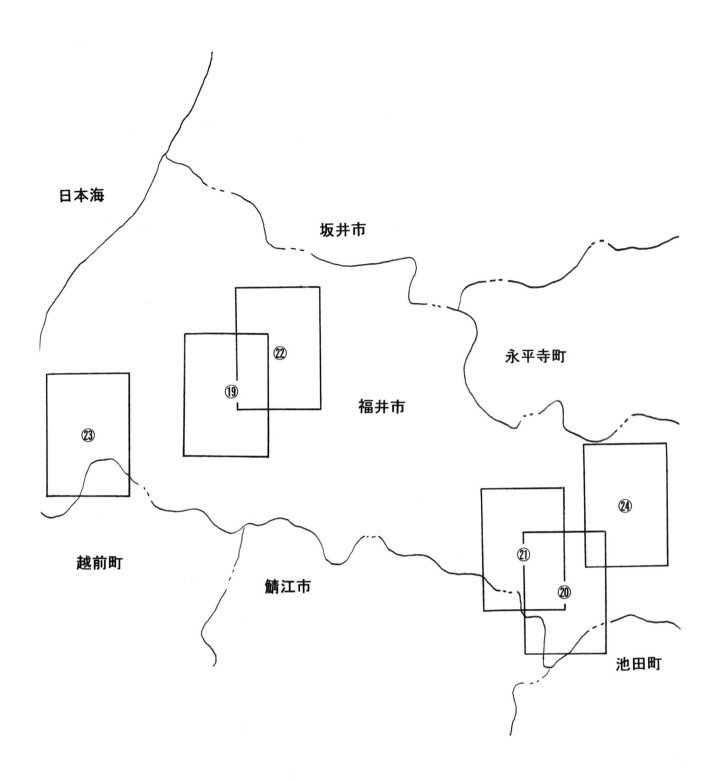

日本海

坂井市

永平寺町

㉒

㉙

福井市

㉓

越前町

㉔

㉑

鯖江市

㉔

㉑

⑳

池田町

全体位置図2

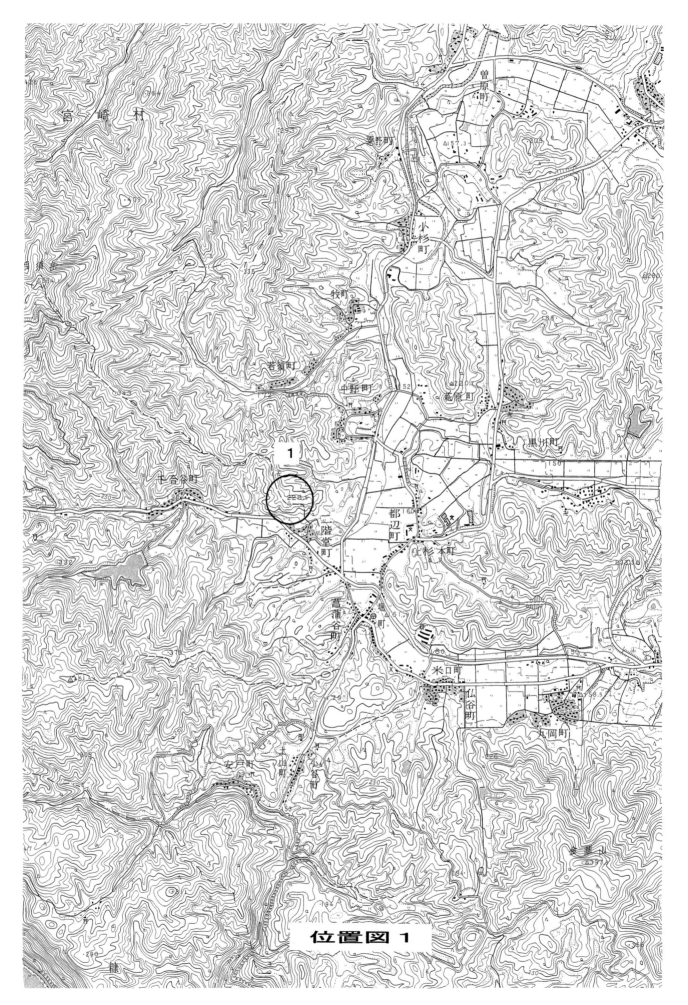

位置図 1

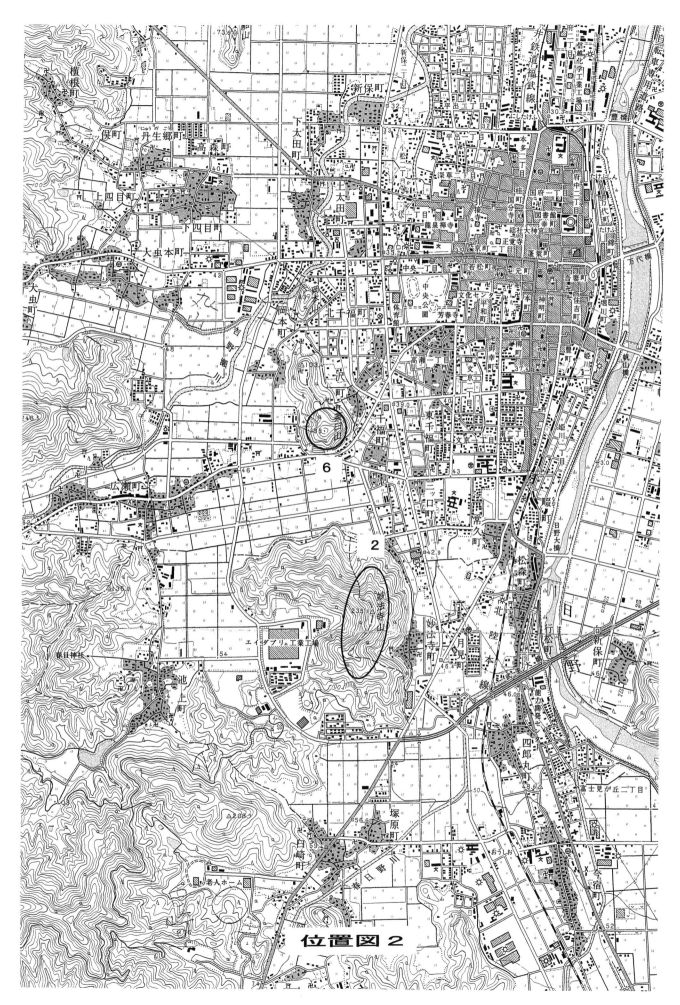

位置図２

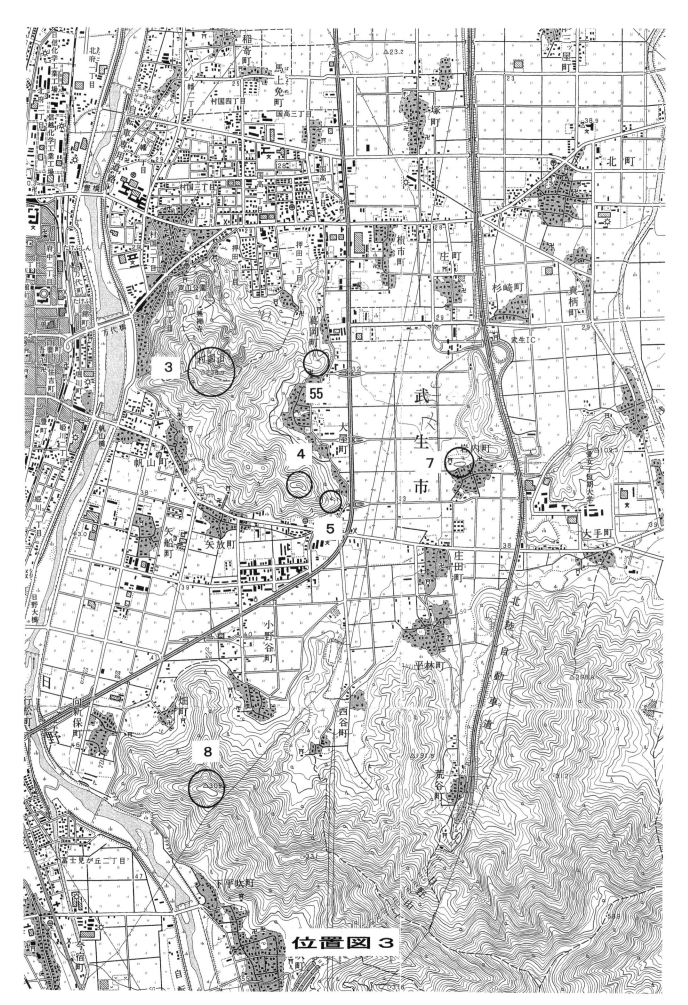

位置図3

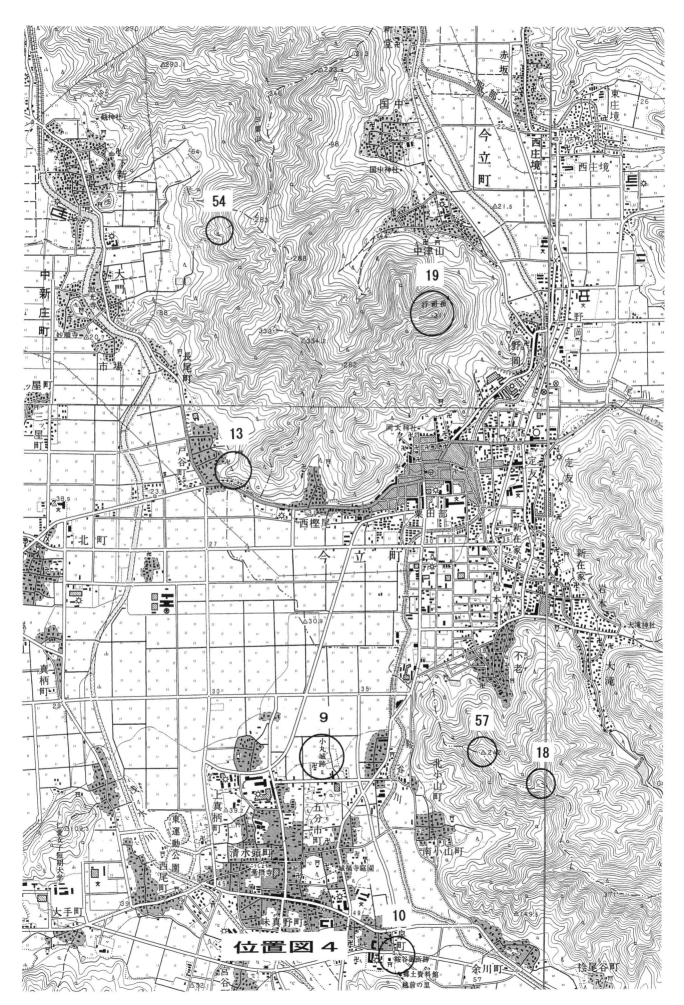

位置図４

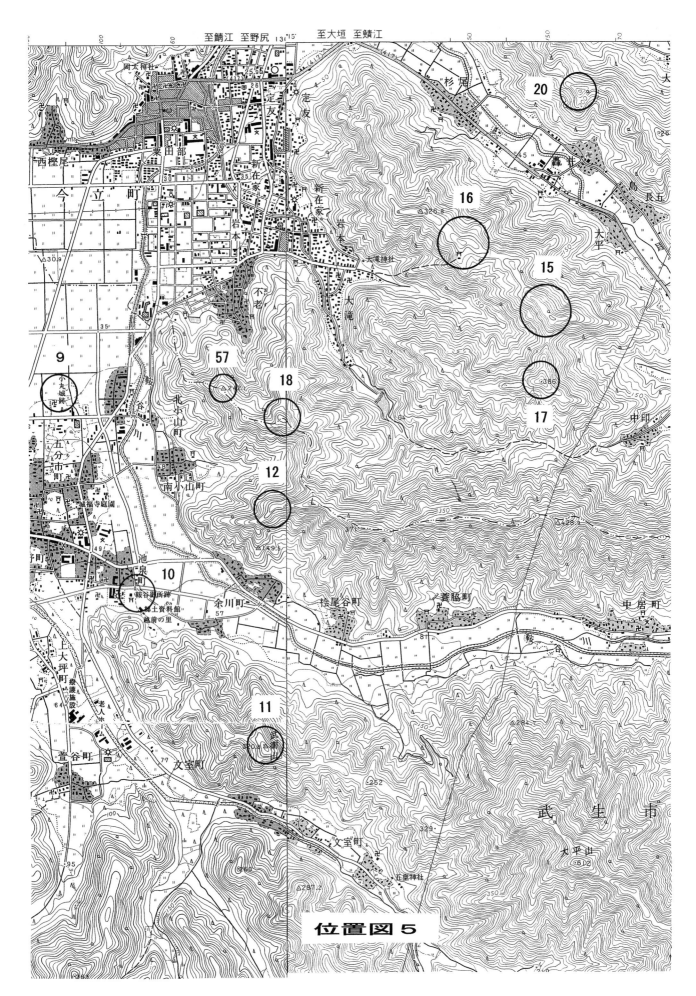

位置図5

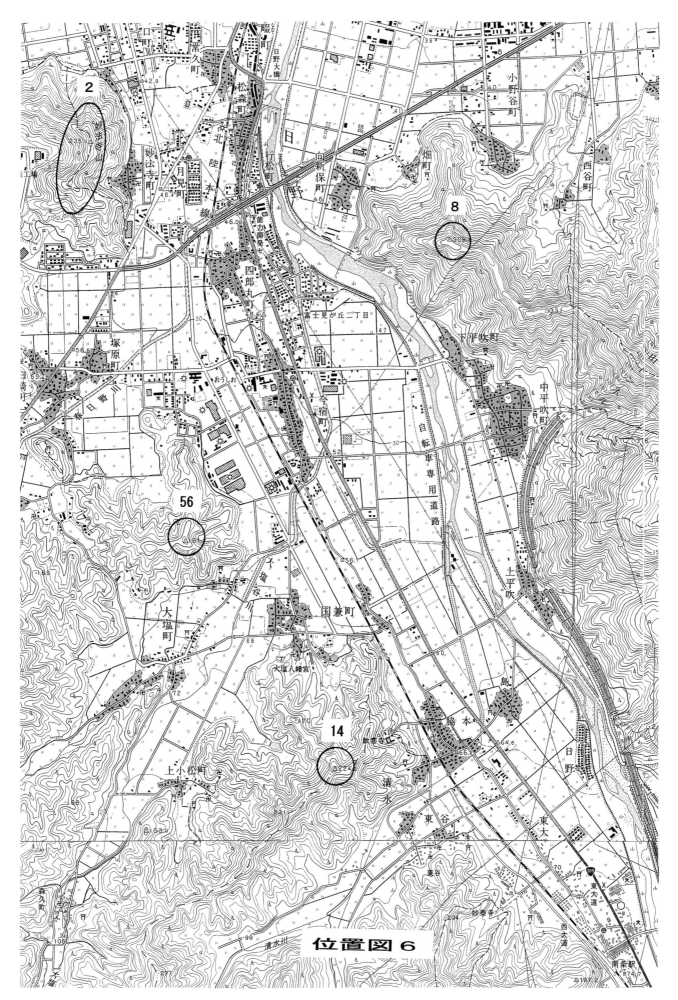

位置図6

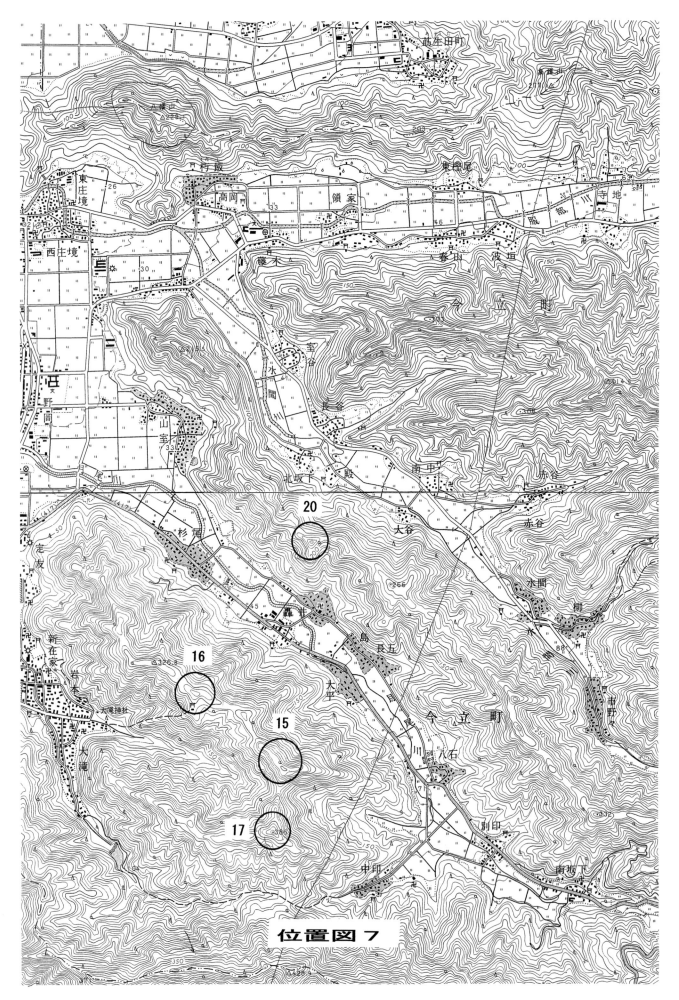

位置図７

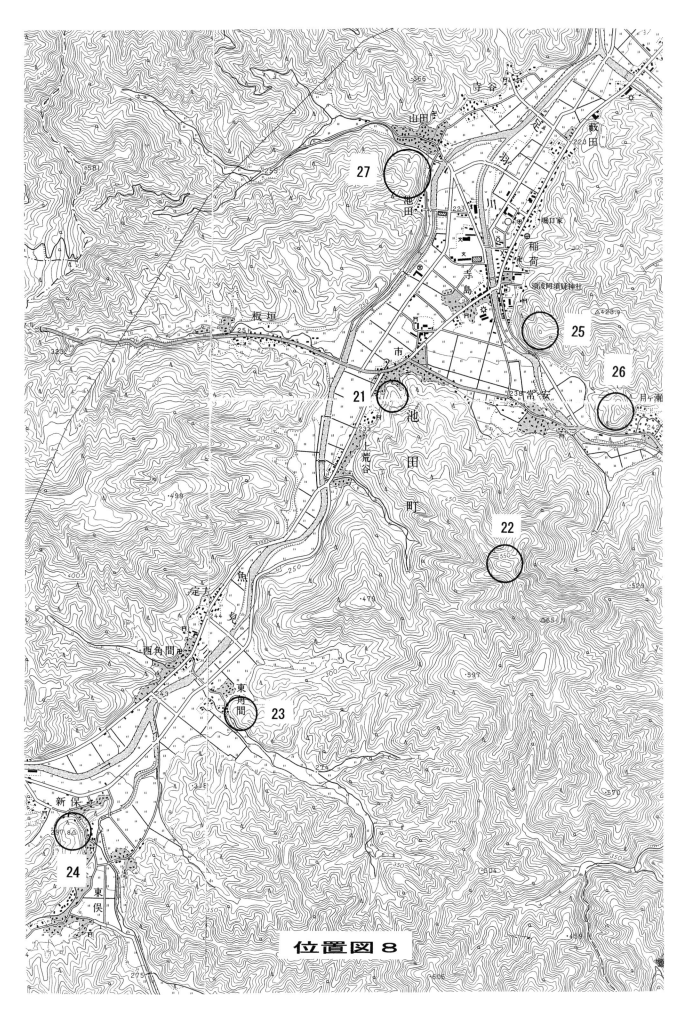

位置図8

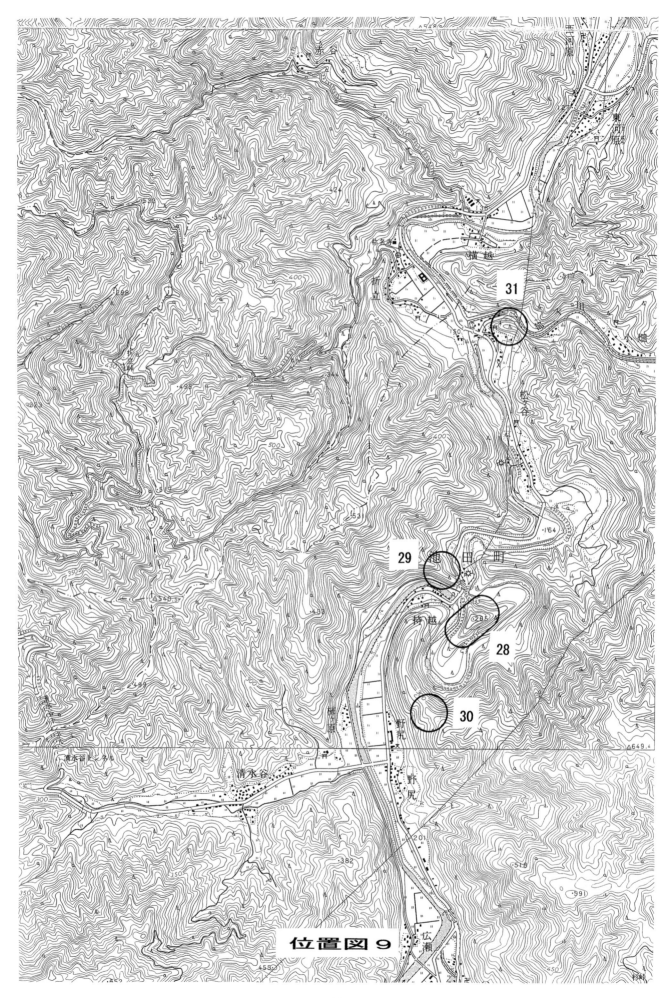

位置図9

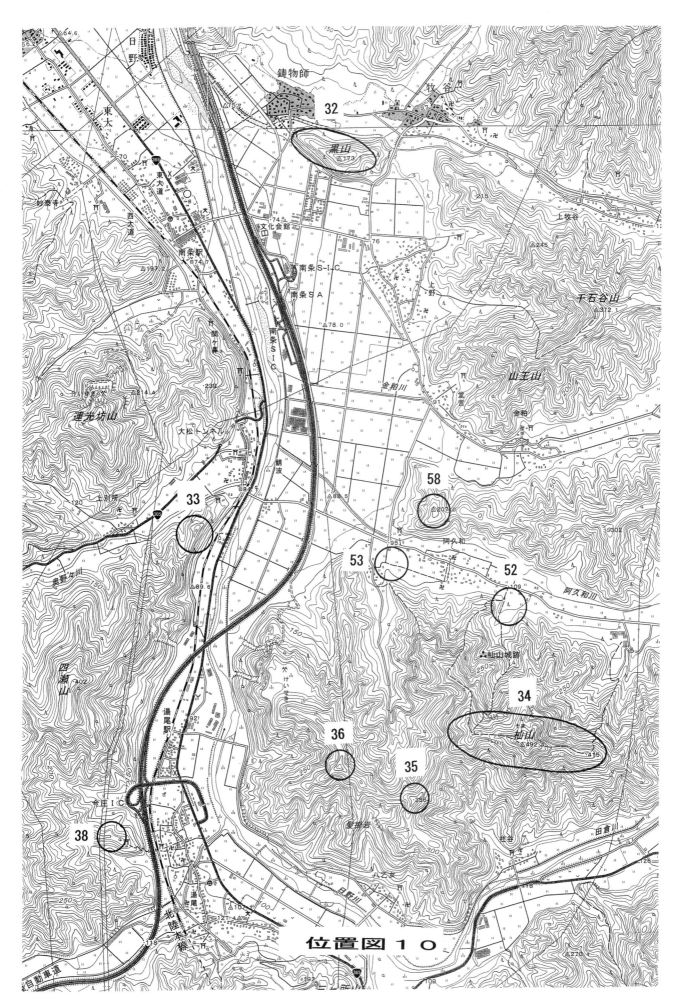

位置図１０

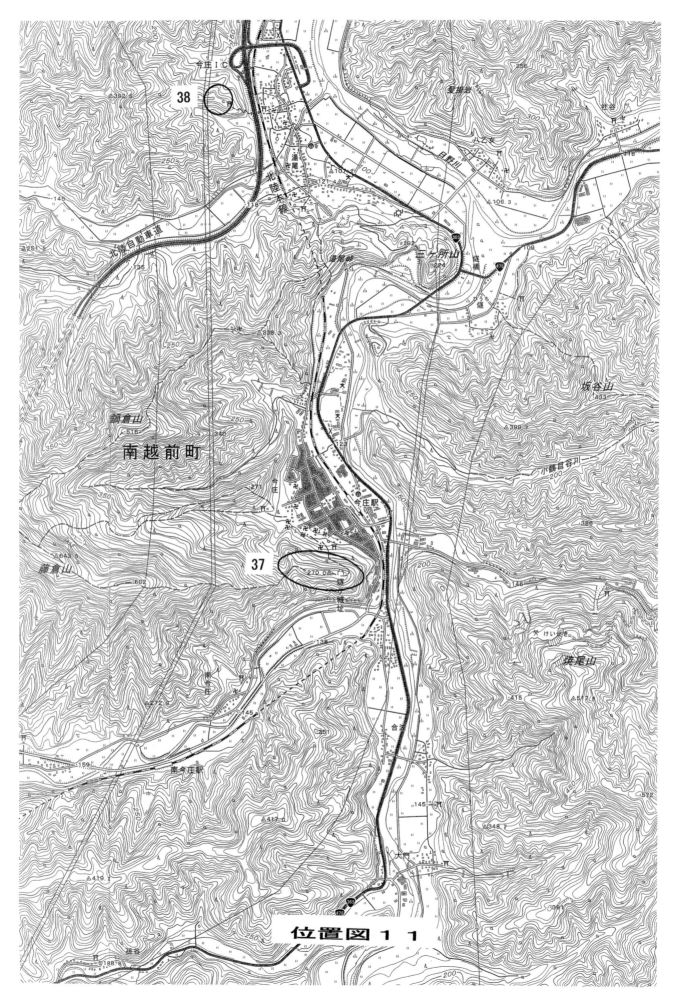

位置図１１

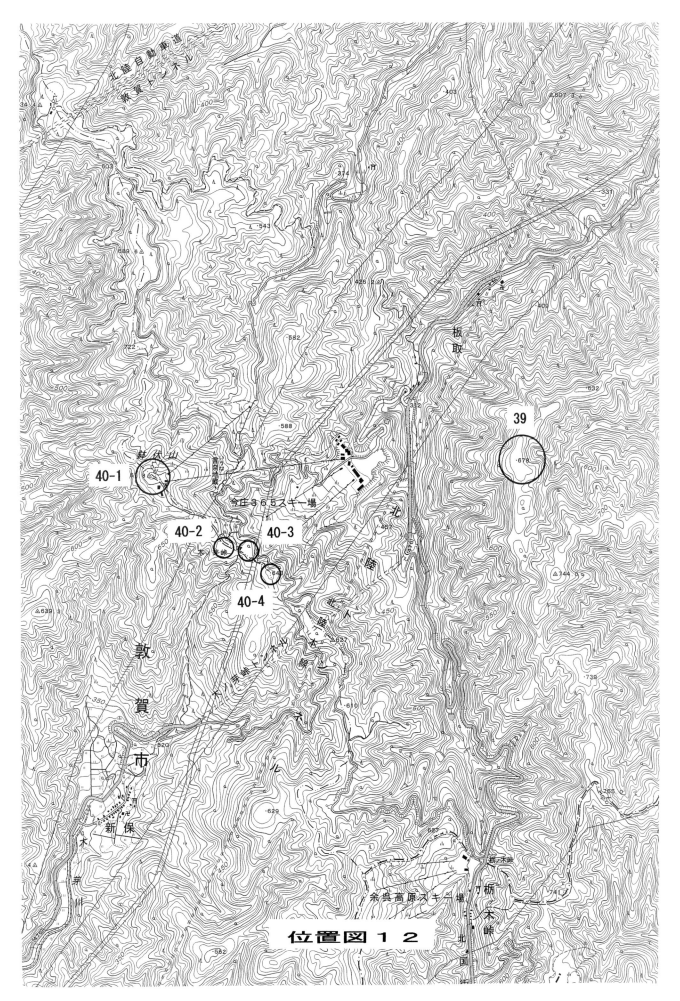

位置図１２

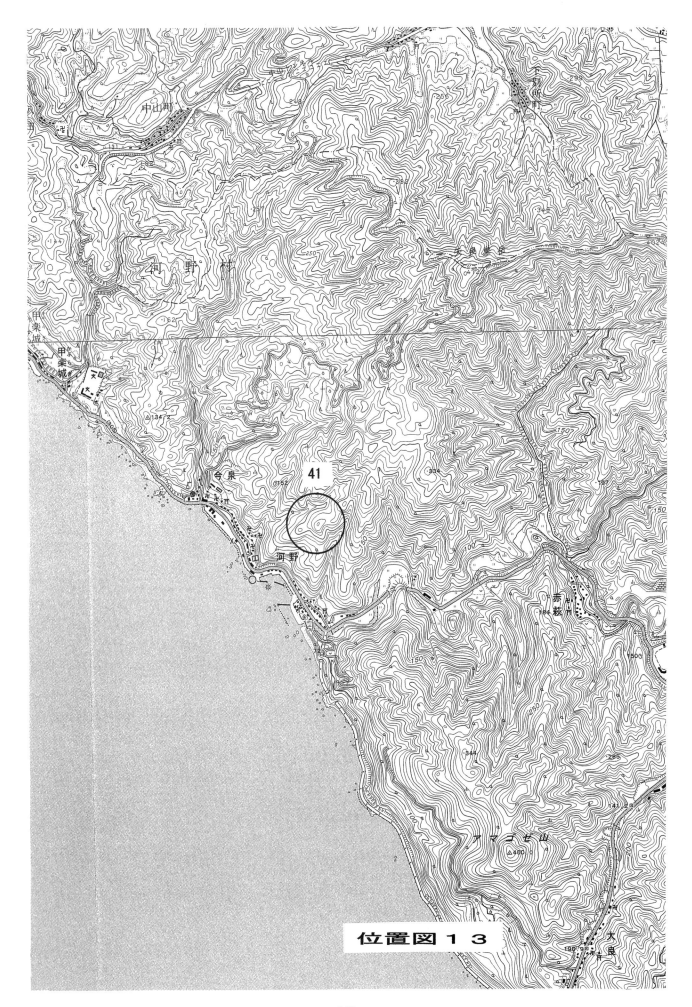

位置図１３

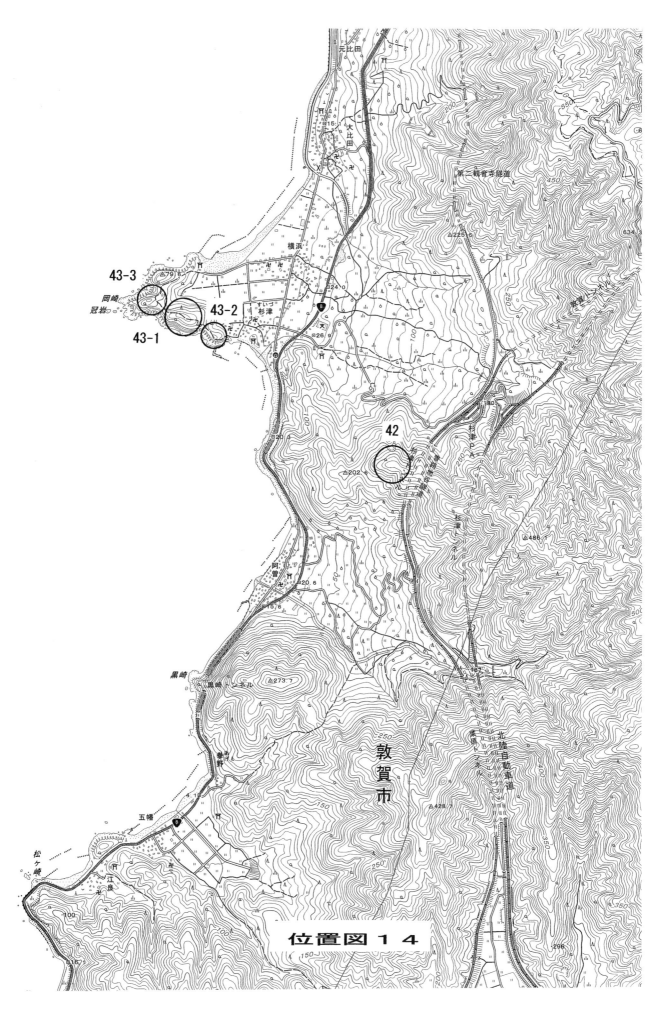

43-3

43-2

43-1

42

位置図14

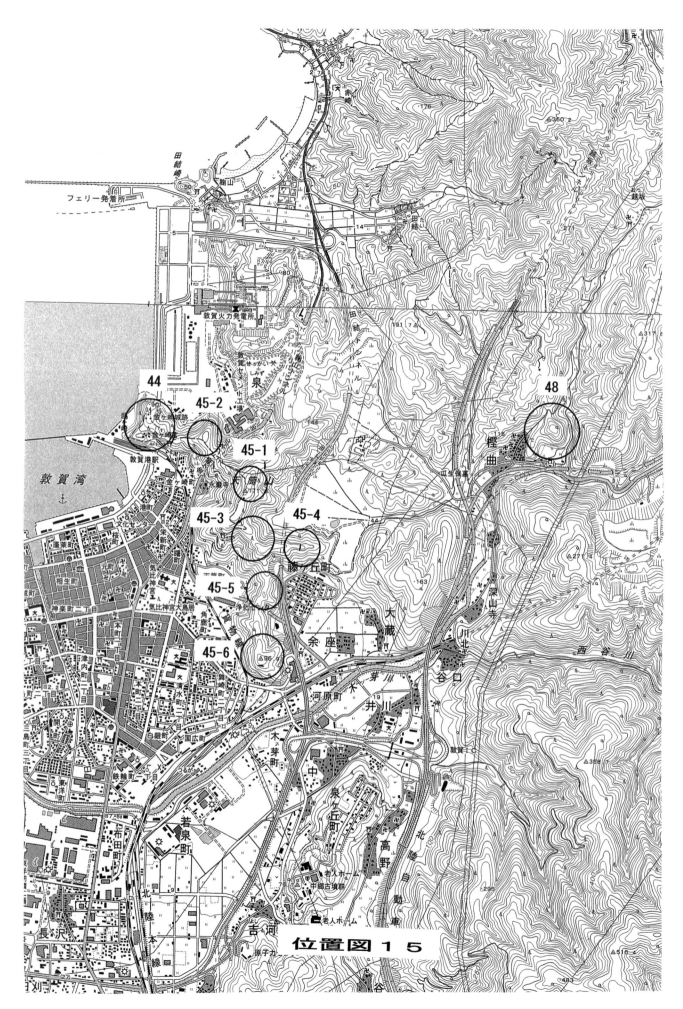

位置図１５

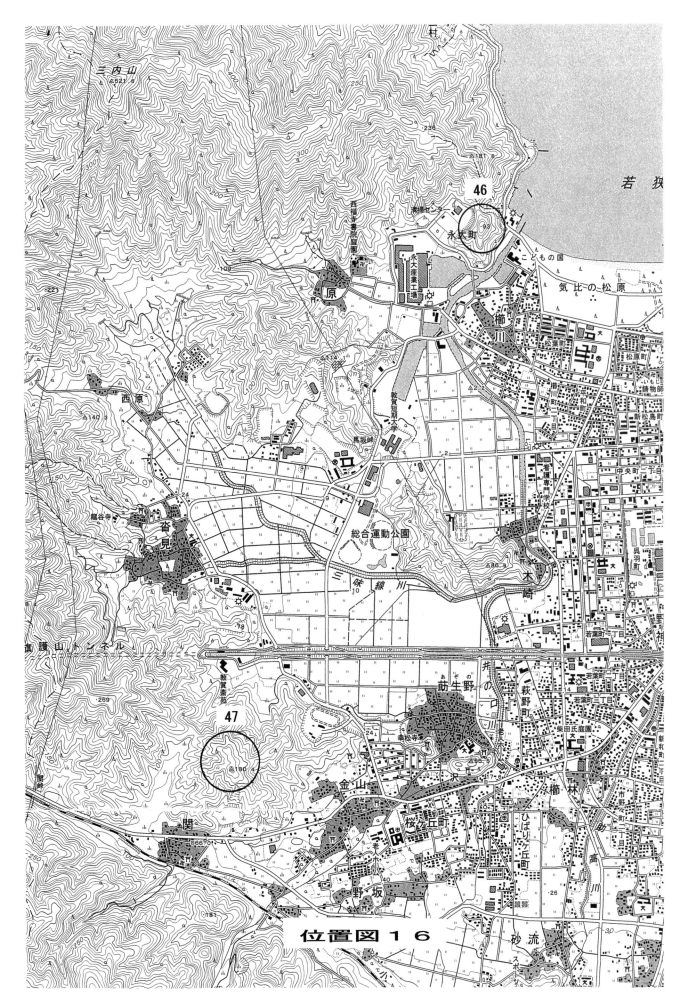

位置図１６

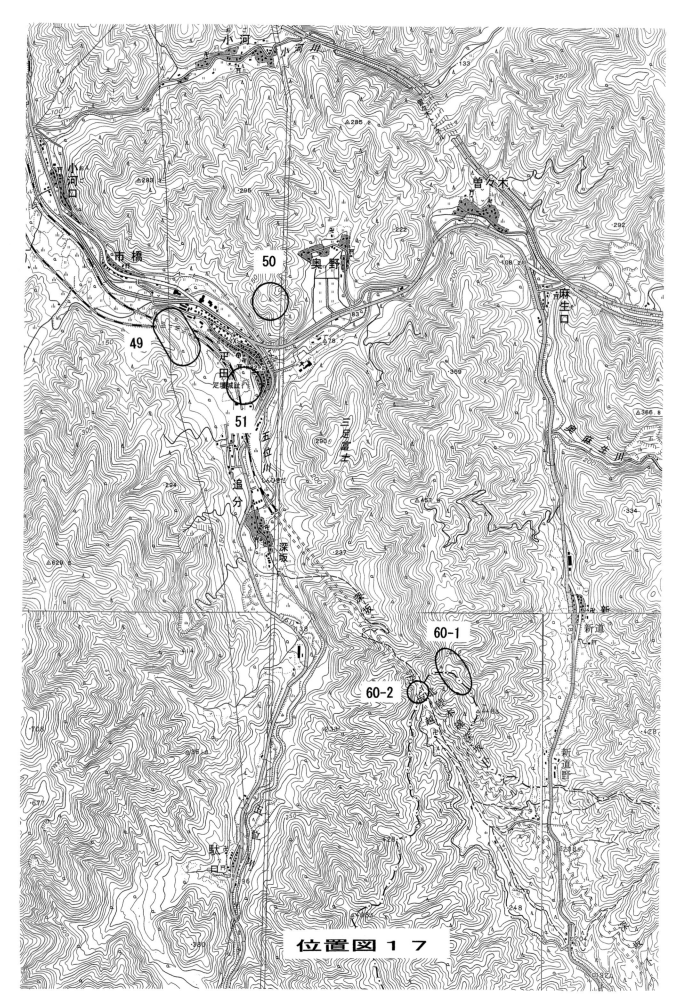

位置図１７

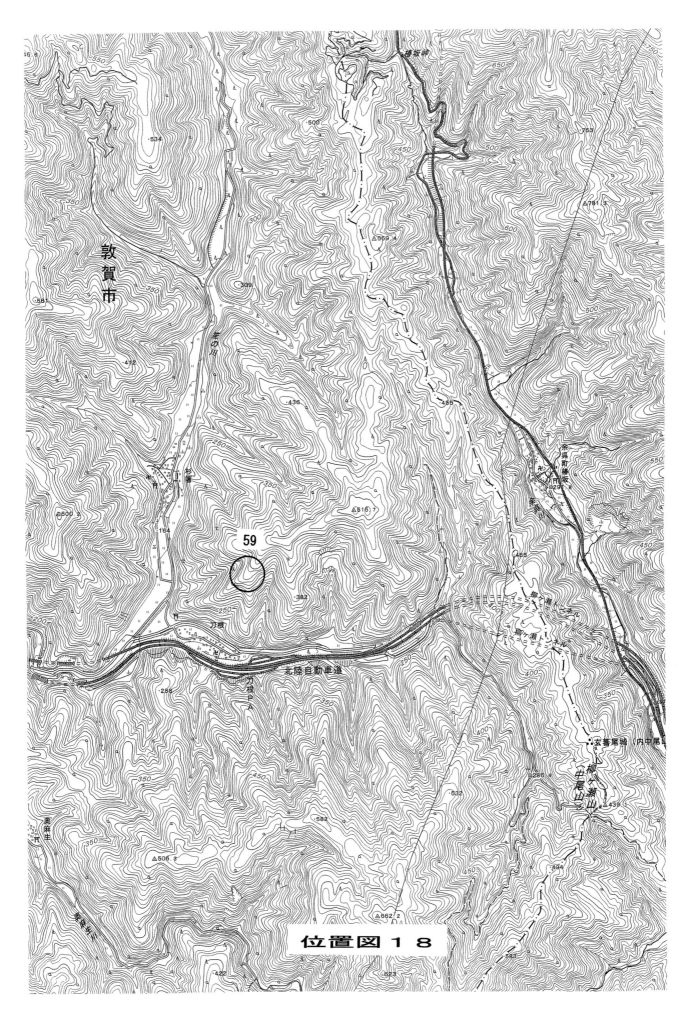

位置図18

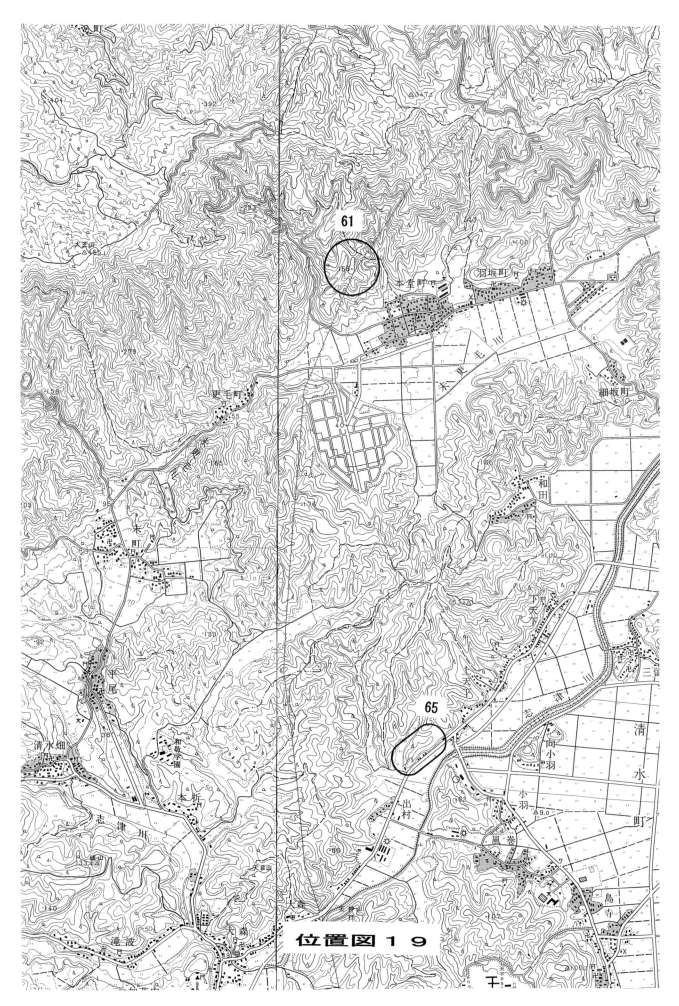

位置図１９

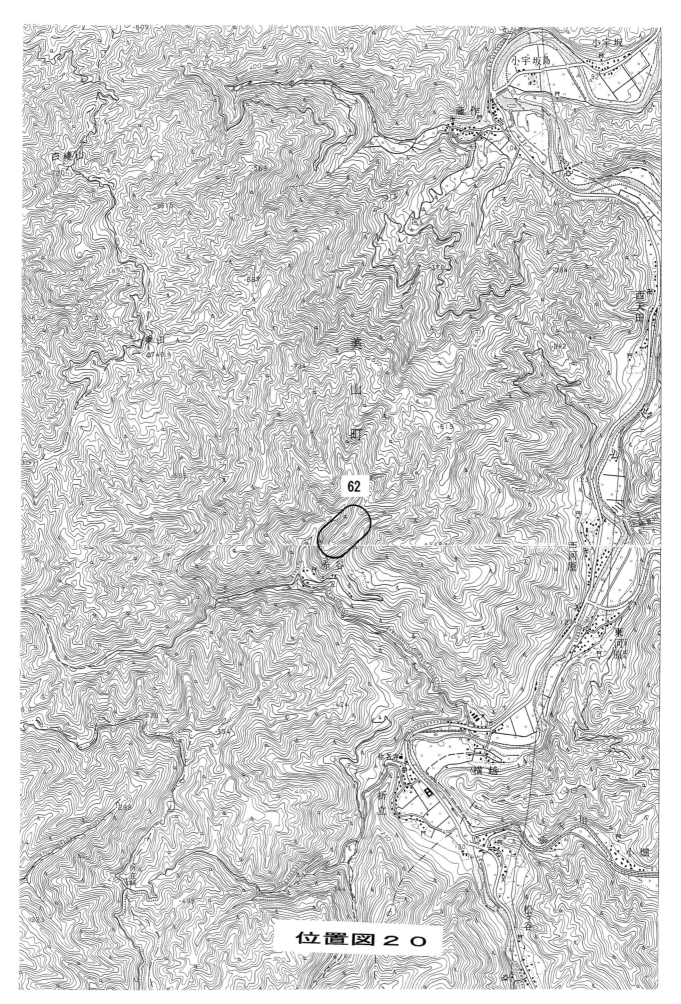

位置図２０

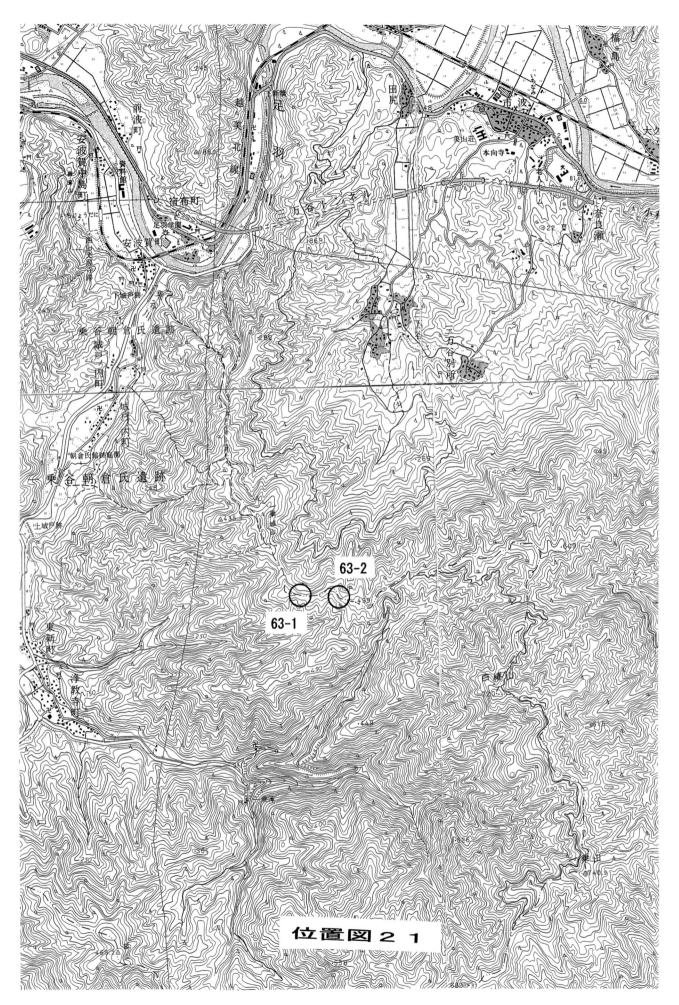

位置図２１

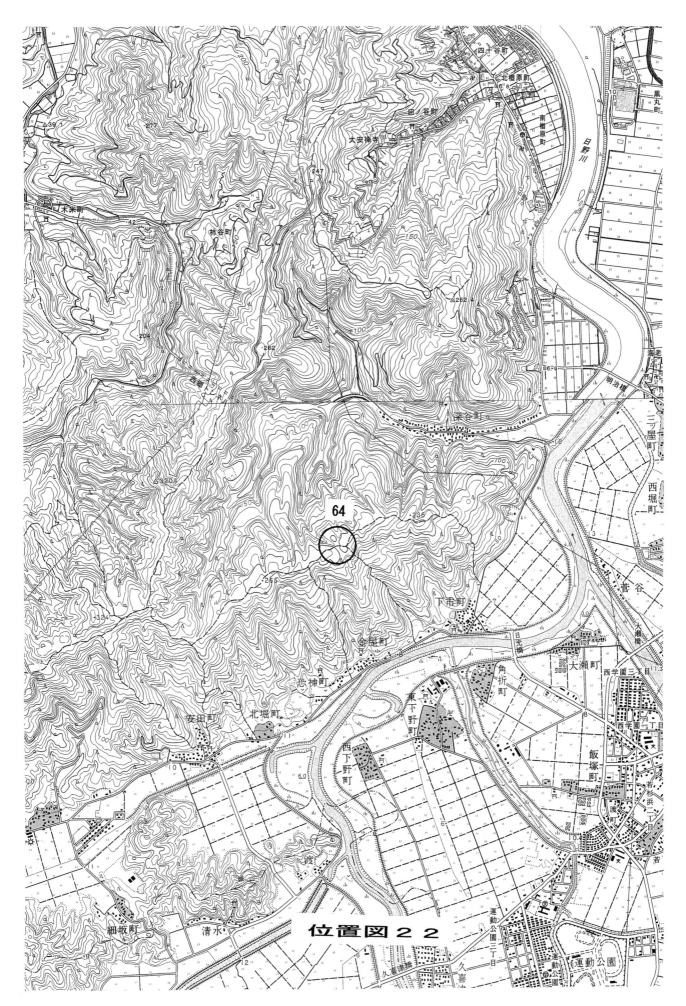

位置図２２

64

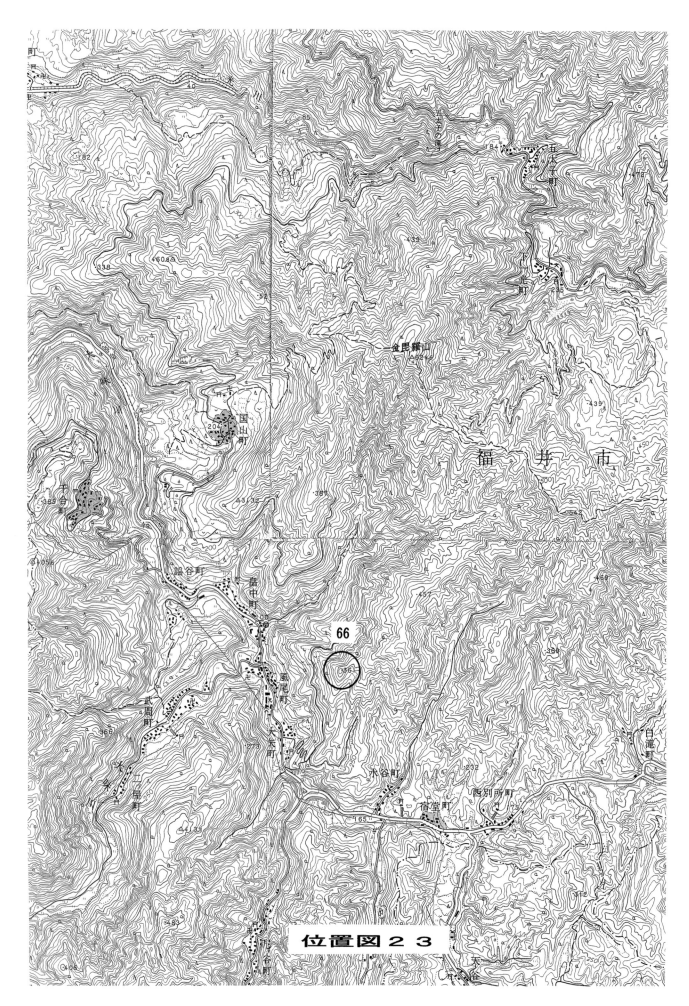

位置図２３

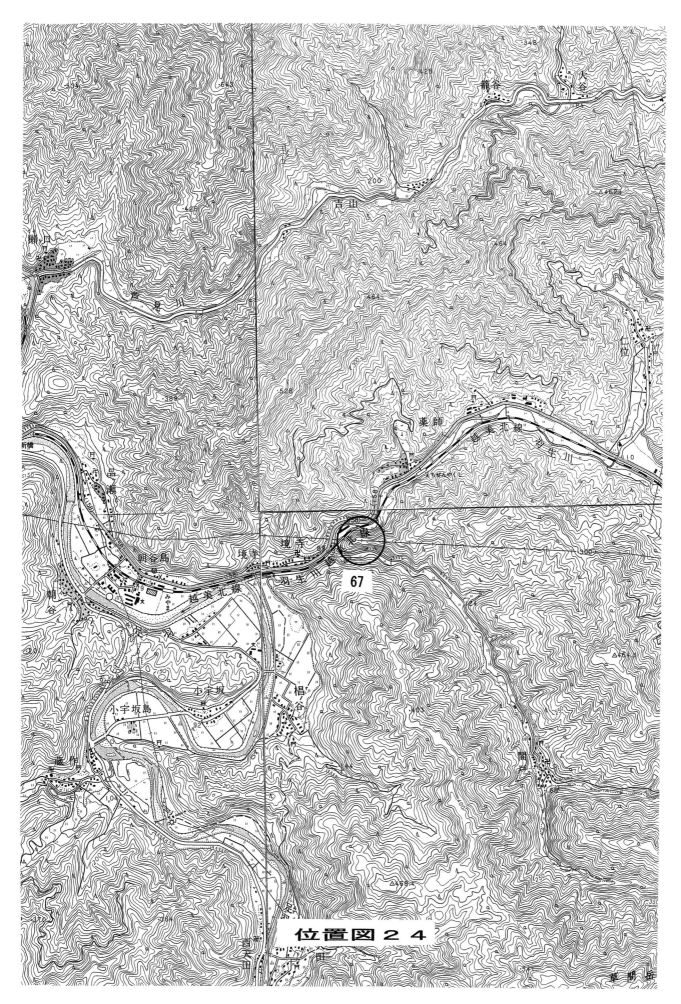

位置図２４

Ⅸ．越前中世城郭一覧表

越前中世城郭図面集城館一覧表

Ⅰ．城館遺構

番号	城　名	所　在　地	①主な城主　②年代　③遺構	図面集No.
1	細呂木館	あわら市金津町細呂木	①細呂木氏　②16世紀　③土塁・削平地	Ⅰ－1
2	神宮寺城	あわら市金津町指中	①朝倉氏？　②16世紀中頃　③畝状空堀群	Ⅰ－2
3	椚山城	あわら市金津町椚	①深町氏　②16世紀　③土塁・横堀・堀切	Ⅰ－3
4	瓜生城	あわら市金津町瓜生	①瓜生判官　②16世紀　③削平地・堀切	Ⅰ－4
5	後山城	あわら市金津町坪江町	①深町氏？　②16世紀　③竪堀・堀切	Ⅰ－5
6	上野山城	あわら市金津町東山	①朝倉氏？　②16世紀後半　③横堀・竪堀	Ⅰ－6
7	河上城	坂井市丸岡町川上	①朝倉氏？　②16世紀後半　③横堀・竪堀	Ⅰ－7
8	雨乞山城	坂井市丸岡町内田	①豊原寺　②16世紀後半　③堀切・土塁	Ⅰ－8
9	丸岡城	坂井市丸岡町霞町	①柴田勝豊　②江戸期　③天守閣・石垣	Ⅰ－9
10	平泉寺城 1e	勝山市平泉寺町	①平泉寺　②戦国末期　③横堀・土塁・堀切・竪堀	Ⅰ－10
11	平泉寺城 1f	勝山市平泉寺町	①平泉寺　②戦国末期　③土塁・堀切・削平地	Ⅰ－11
12	三頭山山遺構	勝山市平泉寺町	①平泉寺？　②16世紀後半　③堀切・竪堀・土塁	Ⅰ－12
13	西光寺城	勝山市西光寺	①嶋田将監　②16世紀後半　③畝状空堀群・堀切	Ⅰ－13
14	壇ノ城	勝山市堀名中清水	①嶋田氏　②16世紀　③土塁・石垣・堀切	Ⅰ－14
15	野津又城	勝山市野向町深谷	①嶋田将監　②天正年間　③畝状空堀群	Ⅰ－15
16	三谷城	勝山町昭和町	①平泉寺？　②16世紀　③土塁・堀切	Ⅰ－16
17	村岡山城	勝山市村岡町御立山	①一向一揆　②天正前期　③畝状空堀群・横堀・土塁	Ⅰ－17
18	下荒井城1	勝山市下荒井	①平泉寺？　②16世紀　③堀切・削平地	Ⅰ－18

番号	城　名	所　在　地	①主な城主　②年代　③遺構	図面集No.
19	下荒井城	勝山市下荒井	①平泉寺？　②16世紀　③堀切・削平地	I－19
20	下荒井城	勝山市下荒井	①平泉寺？　②16世紀　③堀切・竪堀	I－20
21	三室山城	勝山市嵶崎	①嶋田氏　②16世紀後半　③畝状空堀群	I－21
22	越前大野城	大野市城町	①金森氏　②江戸期　③石垣・竪堀・水堀	I－22
23	戌山城	大野市犬山	①朝倉氏　②16世紀　③畝状空堀群・堀切	I－23
24	亥山城	大野市日吉町	①朝倉氏　②15世紀　③水堀・切岸	I－24
25	御茶ヶ端城	大野市矢	①朝倉氏？　②16世紀　③土塁・横堀	I－25
26	牛ヶ原城	大野市牛ヶ原	①淡川氏　②16世紀　③土塁・堀切・切岸	I－26
27	舌城	大野市上舌	①朝倉氏　②16世紀後半　③堀切・横堀	I－27
28	尾永見城	大野市尾永見	①淡川氏？　②16世紀　③堀切・土塁	I－28
29	茶臼山城	大野市上舌	①朝倉氏　②16世紀中頃　③畝状空堀群	I－29
30	春日山城	大野市木本領家	①加藤氏　②16世紀　③石垣・横堀・堀切	I－30
31	松丸館	大野市松丸	①御所氏？　②15～16世紀　③土塁	I－31
32	神明山城	大野市佐開	①斯波氏　②16世紀　③土塁・堀切・竪堀	I－32
33	小山城	大野市北御門	①斯波氏　②16世紀　③竪堀・堀切・土塁	I－33
34	笹又城	大野市下笹又	①遠藤氏　②16世紀　③堀切・土塁・竪堀	I－34
35	勝原城	大野市西勝原	①林氏　②16世紀後半　③石垣・竪堀	I－35
36	独小山城	大野市黒当戸	①一向一揆　②16世紀　③土塁・堀切	I－36
37	山窪山城	永平寺町浅谷	①不明　②16世紀後半　③土塁・堀切	I－37
38	波多野城	永平寺町花谷	①波多野氏　②16世紀後半　③畝状空堀群	I－38
39	屋敷山城	永平寺町栃原	①畑氏？　②16世紀後半　③堀切・竪堀	I－39
40	藤巻城	永平寺町上志比村藤巻	①南部氏　②16世紀　③竪堀・土塁・堀切	I－40
41	三峰山城	永平寺町松岡町窪	①不明　②16世紀　③土塁・堀切・竪堀	I－41

番号	城　名	所　在　地	①主な城主　②年代　③遺構	図面集No.
42	朝倉山城	福井市深坂	①朝倉景連　②16世紀後半　③土塁・横堀	Ⅱ－1
43	高須山城	福井市高須	①畑時能　②16世紀　③堀切・竪堀・横堀	Ⅱ－2
44	大歳高城	福井市大年	①細川越中守　②戦国期　③堀切・竪堀	Ⅱ－3
45	三宅黒丸城	井市三宅	①朝倉氏　②中世　③土塁・横堀	Ⅱ－4
46	内山梨子城	福井市内山梨子町	①在地土豪？　②16世紀　③堀切・横堀	Ⅱ－5
47	岸水城	福井市岸水	①岸水寺？　②16世紀　③堀切・土塁	Ⅱ－6
48	江守城	福井市大森	①吉田修理　②16世紀後半　③堀切・竪堀	Ⅱ－7
49	鎗噛山城	福井市安田	①朝倉氏　②16世紀　③竪堀・堀切・切岸	Ⅱ－8
50	蕗野寺城	福井市南居	①新田義貞？　②16世紀　③堀切・竪堀	Ⅱ－9
51	坂下城	福井市坂下	①柴田徳永　②16世紀後半　③畝状空堀群	Ⅱ－10
52	成願寺城	福井市成願寺	①前波氏　②16世紀後半　③畝状空堀群	Ⅱ－11
53	成願寺城西端遺構	福井市成願寺	①前波氏　②16世紀後半　③堀切・竪堀	Ⅱ－12
54	東郷槇山城	福井市小安	①長谷川秀一　②16世紀末　③石垣・堀切	Ⅱ－13
55	一乗谷城	福井市城戸ノ内	①朝倉氏　②16世紀末　③畝状空堀群	Ⅱ－14
56	北茶臼山城	福井市角原	①朝倉氏？　②16世紀後半　③竪堀・横堀	Ⅱ－15
57	小見放城	福井市城戸ノ内	①朝倉氏　②16世紀後半　③礎石・堀切	Ⅱ－16
58	小城	福井市城戸ノ内	①朝倉氏　②16世紀後半　③堀切・横堀	Ⅱ－17
59	上城戸櫓	福井市城戸ノ内	①朝倉氏　②16世紀後半　③堀切・土塁	Ⅱ－18
60	一乗谷川左岸丘陵遺構群	福井市城戸ノ内	①朝倉氏　②16世紀　③堀切・土塁・竪堀	Ⅱ－19
61	辻ヶ谷城	福井市本堂町	①青木氏？　②16世紀後半　③堀切・横堀	Ⅲ－61
62	赤谷城	福井市赤谷	①一向一揆？　②16世紀　③堀切	Ⅲ－62

番号	城　名	所　在　地	①主な城主　②年代　③遺構	図面集No.
63	清水畑城	福井市清水町清水畑	①斎藤実盛？　②戦国期　③堀切・切岸	Ⅱ－20
64	小羽山城	福井市清水町小羽	①不明　②16世紀後半　③横堀・竪堀	Ⅱ－21
65	新光寺城	福井市清水町片山	①増井甚内助　②16世紀後半　③堀切・竪堀	Ⅱ－22
66	天目山城	福井市清水町大森	①大森氏　②16世紀後半　③横堀・切岸	Ⅱ－23
67	芝山城	福井市清水町山内	①不明　②16世紀　③堀切・土塁・竪堀	Ⅱ－24
68	甑谷城	福井市清水町甑谷	①不明　②戦国期　③堀切・切岸	Ⅱ－25
69	豊蔵城	越前町朝日町小倉	①不明　②16世紀　③堀切・横堀・竪堀	Ⅱ－26
70	大谷寺山頂遺構	越前町朝日町大谷寺	①大谷寺　②戦国期　③堀切	Ⅱ－27
71	上糸生城	越前町朝日町上糸生	①木曽義仲？　②戦国期　③堀切・竪堀	Ⅱ－28
72	城ノ方城	越前町朝日町大畑	①不明　②戦国期　③堀切・土塁・切岸	Ⅱ－29
73	栃川城	越前町朝日町栃川	①朝倉氏？　②16世紀中頃　③畝状空堀群	Ⅱ－30
74	芝築地山城	越前町朝日町乙坂	①畑時能　②16世紀中頃　③土塁・切岸	Ⅱ－31
75	東乙坂山城	越前町朝日町乙坂	①不明　②16世紀後半　③堀切・土塁・竪堀	Ⅱ－32
76	尉ヶ峰城	越前町朝日町栃川	①不明　②16世紀　③堀切・土塁・削平地	Ⅱ－33
77	大窪鎌太館	越前町朝日町青野	①大窪鎌太　②16世紀　③土塁・横堀	Ⅱ－34
78	青野城	越前町朝日町青野	①鎌田氏　②16世紀　③堀切・土塁・削平地	Ⅱ－35
79	栗屋城	越前町厨	①新田義貞　②16世紀後半　③畝状空堀群	Ⅱ－36
80	織田城	越前町織田町上山中	①朝倉景綱　②16世紀後半　③畝状空堀群	Ⅱ－37
81	御床ヶ嵩城	福井市城戸ノ内	①保科氏　②16世紀後半　③堀切・竪堀	Ⅱ－38
82	三峰山城	鯖江市上戸ノ口町	①脇屋義助　②16世紀後半　③堀切・竪堀	Ⅱ－39
83	文殊山城	鯖江市南井町	①朝倉氏？　②16世紀　③畝状空堀群・堀切	Ⅱ－40
84	天神山城	鯖江市入	①千秋氏　②16世紀後半　③横堀・土塁	Ⅱ－41

番号	城　名	所　在　地	①主な城主　②年代　③遺構	図面集No.
85	丹波岳城	鯖江市大野	①不明　②16世紀後半　③堀切・土塁・竪堀	Ⅱ－42
86	松山城	鯖江市下新庄	①樋口兼光　②16世紀　③堀切・土塁・竪堀	Ⅱ－43
87	三里山城	鯖江市下新庄	①不明　②16世紀　③堀切・竪堀・土塁	Ⅱ－44
88	春日山城	鯖江市吉谷	①不明　②16世紀　③土塁・堀切・竪堀	Ⅱ－45
89	二階堂城	越前市二階堂	①斎藤氏？　②16世紀　③堀切・土塁・竪堀	Ⅲ－1
90	妙法寺山城	越前市妙法寺	①瓜生氏　②16世紀？　③堀切・竪堀	Ⅲ－2
91	村国山城	越前市村国町	①一向一揆？　②16世紀後半　③畝状空堀群	Ⅲ－3
92	大屋南城1	越前市大屋	①一向一揆？　②16世紀　③堀切・土塁	Ⅲ－4
93	大屋南城2	越前市大屋	①一向一揆？　②16世紀　③堀切・竪堀	Ⅲ－5
94	茶臼山城	越前市沢	①真田氏？　②16世紀　③堀切・横堀	Ⅲ－6
95	二峯城	越前市岩内	①南朝方　②16世紀　③堀切・竪堀・土塁	Ⅲ－7
96	平吹城	越前市下平吹	①一向一揆　②16世紀　③切岸・堀切・竪堀	Ⅲ－8
97	小丸城	越前市五分市	①佐々成政　②天正前半　③横堀・石垣・土塁	Ⅲ－9
98	鞍谷御所館	越前市池泉	①鞍谷氏　②16世紀　③土塁・横堀	Ⅲ－10
99	武衛山城	越前市余川	①斯波氏　②16世紀後半　③土塁・堀切	Ⅲ－11
100	引坂城	越前市余川	①鞍谷氏？　②16世紀　③堀切	Ⅲ－12
101	戸谷城	越前市戸谷	①不明　②16世紀　③堀切・土塁	Ⅲ－13
102	大塩山城	越前市国兼	①瓜生氏　②16世紀後半　③堀切・土塁	Ⅲ－14
103	大滝南城	越前市今立町大滝	①大滝神社　②16世紀後半　③堀切・竪堀	Ⅲ－15
104	大滝城	越前市今立町大滝	①大滝神社　②16世紀　③堀切・土塁	Ⅲ－16
105	城のこし城	越前市今立町大滝	①大滝神社　②16世紀　③堀切	Ⅲ－17
106	茶臼山城	越前市今立町不老	①大滝神社？　②戦国期　③堀切	Ⅲ－18

番号	城　名	所　在　地	①主な城主　②年代　③遺構	図面集No.
107	行事ヶ岳城	越前市今立町粟田部	①朝倉景盛　②戦国期　③堀切・切岸	Ⅲ－19
108	玉ノ木城	越前市今立町轟井	①前田利家？　②天正11年？　③堀切・切岸	Ⅲ－20
109	分野城	池田町上荒谷	①池田氏　②16世紀後半　③堀切・竪堀	Ⅲ－21
110	奈津取ヶ嶽城	池田町常安	①池田氏　②16世紀後半　③堀切・竪堀	Ⅲ－22
111	上山城	池田町東角間	①鞍谷氏　②16世紀　③堀切・切岸	Ⅲ－23
112	丸山城	池田町新保	①？　②16世紀　③土塁・横堀・切岸	Ⅲ－24
113	藤巻城	池田町稲荷	①平馬之守？　②16世紀後半　③横堀・土塁	Ⅲ－25
114	糀谷山城	池田町月ヶ瀬	①？　②16世紀後半　③堀切・土塁・横堀	Ⅲ－26
115	池田館	池田町山田	①池田氏　②戦国期　③堀切・土塁	Ⅲ－27
116	持越城1	池田町持越	①？　②16世紀後半　③堀切・土塁・竪堀	Ⅲ－28
117	持越城2	池田町持越	①？　②16世紀　③堀切・土塁	Ⅲ－29
118	大谷山城	池田町野尻	①？　②16世紀後半　③横堀・土塁	Ⅲ－30
119	部子城	池田町松ヶ谷	①飯田氏　②16世紀後半　③堀切・土塁	Ⅲ－31
120	黒山城	南越前町南条町鋳物師	①斎藤氏　②16世紀　③堀切・竪堀	Ⅲ－32
121	茶臼山城	南越前町南条町上別所	①新田義貞？　②16世紀後半　③土塁・竪堀	Ⅲ－33
122	杣山城	南越前町南条町阿久和	①河合氏　②16世紀後半　③堀切・竪堀	Ⅲ－34
123	杣山城西尾根遺構1	南越前町南条町八乙女	①河合氏　②16世紀後半　③堀切・土塁	Ⅲ－35
124	杣山城西尾根遺構2	南越前町南条町八乙女	①河合氏　②16世紀後半　③堀切	Ⅲ－36
125	燧ヶ城	南越前町今庄町今庄	①魚住氏　②16世紀後半　③堀切・石垣	Ⅲ－37
126	北柚尾城	南越前町今庄町湯尾	①一向一揆？　②16世紀後半　③竪堀	Ⅲ－38
127	虎杖城	南越前町今庄町板取	①下間和泉　②天正2～3年　③堀切・横堀	Ⅲ－39

番号	城　名	所　在　地	①主な城主　②年代　③遺構	図面集No.
128	木ノ芽峠城塞群	南越前町今庄町二ツ屋	①朝倉氏・一向一揆　②16世紀後半 ③堀切・土塁・石垣・横堀・畝状空堀群	Ⅲ－40
129	河野新城	南越前町河野村河野	①若林長門　②天正2～3年　③堀切・土塁	Ⅲ－41
130	河野丸砦	敦賀市杉津	①大塩円宮寺　②天正2～3年　③堀切	Ⅲ－42
131	岡崎山砦	敦賀市杉津	①猪鹿氏　②16世紀後半　③堀切・竪堀	Ⅲ－43
132	金ヶ崎城	敦賀市金ヶ崎	①朝倉氏　②16世紀後半　③畝状空堀群	Ⅲ－44
133	天筒山城	敦賀市天筒	①寺田氏　②16世紀後半　③堀切・竪堀	Ⅲ－45
134	花城山城	敦賀市櫛川	①武藤氏？　②16世紀後半　③堀切・横堀	Ⅲ－46
135	金山城	敦賀市金山	①徳万坊　②16世紀後半　③土塁・横堀	Ⅲ－47
136	堂山砦	敦賀市樫曲	①朝倉氏　②16世紀後半　③畝状空堀群	Ⅲ－48
137	鳥越城	敦賀市疋田	①疋壇氏　②16世紀後半　③堀切・土塁	Ⅲ－49
138	御庵山城	敦賀市疋田	①丹羽氏？　②16世紀後半　③堀切・石垣	Ⅲ－50
139	疋壇城	敦賀市疋田	①疋壇氏　②16世紀後半　③横堀・石垣	Ⅲ－51

Ⅱ．城館関連遺構

番号	城　名	所　在　地	①主な城主　②年代　③遺構	図面集No.
140	神明山城殿敷	大野市佐開	①斯波氏　②16世紀　③削平地・切岸・竪堀・土塁	Ⅰ－42
141	一乗谷下城戸	福井市城戸ノ内	①朝倉氏　②16世紀　③石垣・土塁・水堀	Ⅱ－46
142	月見櫓	福井市城戸ノ内	①朝倉氏　②戦国期　③土塁・竪堀	Ⅱ－47
143	杣山城大屋敷	南越前町南条町阿久和	①朝倉氏　②中世　③土塁・横堀	Ⅲ－52
144	杣山城二ノ城戸	南越前町南条町阿久和	①朝倉氏　②中世　③土塁・横堀	Ⅲ－53

番号	城　名	所　在　地	①主な城主　②年代　③遺構	図面集No.
145	一乗谷南方尾根遺構	福井市東新町	①朝倉氏　②１６世紀　③堀切・竪堀	Ⅲ－63

Ⅲ．城館候補遺構

番号	城　名	所　在　地	①主な城主　②年代　③遺構	図面集No.
146	吉崎御坊	あわら市金津町吉崎	①蓮如　②文明3〜7年　③土塁・切岸	Ⅰ－43
147	イラカ嵩城	坂井市丸岡町山竹田	①木曽義仲?　②16世紀　③土塁・堀切	Ⅰ－44
148	矢地城	あわら市金津町矢地	①武曽氏　②16世紀　③堀切・切岸	Ⅰ－45
149	長畑城	永平寺町栃原	①?　②中世　③土塁・切岸	Ⅰ－46
150	鷲ヶ岳城	永平寺町栃原	①畑時能　②中世?　③土塁・竪堀	Ⅰ－47
151	鳥越陣地	勝山市片瀬	①?　②?　③溝状遺構	Ⅰ－48
152	安居城	福井市下市	①朝倉景健?　②戦国期?　③土塁・切岸	Ⅱ－48
153	小宇坂城	福井市美山町小宇坂	①多田氏?　②戦国期?　③堀切・切岸	Ⅱ－49
154	四方谷城	鯖江市四方谷	①不明　②16世紀後半　③堀切・竪堀・土塁	Ⅱ－50
155	天神山砦	福井市清水町大森	①不明　②戦国期?　③堀切・切岸	Ⅱ－51
156	砥山城	福井市浄教寺	①朝倉氏?　②戦国期?　③堀切	Ⅱ－52
157	金屋城	福井市金屋	①?　②１６世紀後半?　③土塁・切岸	Ⅲ－64
158	上天下南城	福井市上天下	①?　②戦国期?　③堀切	Ⅲ－65
159	風尾要害	福井市風尾	①朝倉景健?　②天正3年?　③堀切	Ⅲ－66
160	境寺城	福井市美山町境寺	①朝倉景鏡?　②戦国期?　③堀切	Ⅲ－67

IV. 城館類似遺構

番号	城　名	所在地	①主な城主　②年代　③遺構	図面集No.
161	平泉寺劍宮遺構	勝山市平泉寺	①平泉寺　②中世？　③土塁・堀切	I － 49
162	平泉寺劍宮西遺構	勝山市平泉寺	①平泉寺　②中世？　③土塁・堀切	I － 50
163	平泉寺劍宮南遺構	勝山市平泉寺	①平泉寺　②中世？　③堀切	I － 51
164	烏ヶ岳山頂遺構	福井市清水町坪谷	①不明　②不明　③土塁・横堀	II － 53

あとがき

　「ギリギリセーフ」といった感じである。一年に一冊という恐怖（？）のノルマを課し、無事12月に出版できたことにホットしている。それにしても我ながら良くやったと思っている。昨年越前図面集Ⅱを出版してから３冊の原稿（２冊は未刊）を仕上げ後に、さらに越前図面集Ⅲを仕上げたのである。つまり１年間で４冊の原稿を提出したのである。現役のサラリーマンである筆者としては驚異的なハイペースであり、自分で自分を褒めてやりたい。

　筆者のガンバリは、勿論筆者単独で持続できるものではない。筆者のアネサン女房の功績に負うところ大と思っている。なにしろこのアネサン女房、結婚して３３年、土曜日曜関係なく、ほぼ毎日朝５時に起きて筆者の弁当を作っているのである。驚異的な持続力と言わねばならない。そして筆者が出かけるとき「いってらっしゃい、気をつけてね」と明るく送り出し、帰ったら「お帰りなさい、今日はどうだった」と温かく迎えてくれる。この言葉に筆者はどれだけ励まされ、元気をもらってきたことであろうか。今日まで筆者が城郭研究を続けてこられたのは、偏にアネサン女房の献身的な協力があったからと心の底から感謝している。そして世の中の女性諸君、男性は「いってらっしゃい」「おかえりなさい」の二言で元気が出る単純明解な生物である。どうか奥様方、ダンナ様にこの二言をかけてあげてほしい。

　筆者は越前中世城郭の調査で、多くの方々と知り合うことができた。その中で特に印象に残っているのが、小山荘歴史の会と前川永運氏である。小山荘歴史の会は城跡の整備（雑草の除去・案内板の設置・補修等）を永年続けておられる。会の方々が労力を惜しまず整備されているからこそ、我々は安心して城郭調査ができるのである。会の方々に心の底から感謝申し上げ、そして小山荘歴史の会のような地道な努力は、高く評価せねばならない。

　前川永運氏は、木ノ芽峠の関守である。大変申し上げにくいが、第一印象はあまり良くなかった。恐る恐る峠の自宅にお邪魔し、城跡調査の許可を願うと、二つ返事で快諾していただき、ホット安堵したことを覚えている。その後も何度か自宅にお邪魔し、その都度中に入れていただき、お茶やお菓子を御馳走になった。冷え切った体に熱いお茶は本当においしかった。そして前川氏の温かい人柄に触れ、心も和む至福の一時となった。前川氏は木ノ芽峠をたった一人で整備されておられる。雑草や倒木の除去・道の補修等永年の地道な努力は高く評価しなければならない。ご高齢ではあるが、１日でも長く峠の関守を続けられることを願っている。

　今回も一般に言われている城郭数より、大幅に減ってしまった。しかしあえて言わせてほしい。筆者は『日本城郭大系』や『福井県の中・近世城館跡』・『福井県遺跡地図』に記載されている城郭は全て調査し、調査個所が５００箇所に及んでいるということである。決して調査個所が少ないわけでないことを知ってほしい。

　小丸城（越前市）の一部の瓦は、坂本城（大津市）・勝龍寺城（長岡京市）のリサイクル品だったことが最近の研究で判明している。恐らく大津から琵琶湖の水運を利用し、海津で陸揚げして運んだと考えられるが、それにしてもよく運んだものである。「瓦礫」という言葉があるように、現在ではあまり価値は無いが、当時の織田政権城郭では必要不可欠のアイテムだった。織田信長の厳命を忠実に実行しようと、慎重に、そして宝物でも扱うように運んだのであろう。難路が続く木ノ芽峠などは、大八車に積んで多くの人々が汗ビッショリになって運んでいる姿が目に見えるようである。

　木ノ芽峠城塞群は、専修寺賢会書状により、天正２年の状況が詳細に判明している。書状は賢会が弟に送った書状なので、戦場のナマの様子が記載されており、城郭研究に厚み・深みを増すことができた。改めて文献史料の大切さを実感した次第である。縄張り研究単独ではとんでもない方向に暴走してしまう。今後も縄張り研究・文献調査・考古学が三位一体となって進めていきたいと思う。

　今回も実に多くの人々にお世話になった。木ノ芽峠関守の平川永運氏、山口充氏や加藤茂森氏には公私共にお世話になった。そして出版事情があまり良くない状況において、今回も出版を快諾してくれた桂書房代表の勝山社長には、心の底からお礼を申し上げたい。さて、次は北陸総仕上げの若狭編である。身の引き締まる思いである。

筆者紹介

佐 伯 哲 也 (さえきてつや)

①昭和38年11月23日　富山県富山市に生まれる

②昭和57年4月関西電力株式会社に入社する。

③平成8～15年、富山・石川・岐阜県の中世城館跡調査の調査員として各県の城館を調査する。

④北陸を中心として、全国の中世城郭を約2,000ヶ所調査する。

⑤主な在籍団体
　　北陸城郭研究会（会長）　越中史壇会　富山考古学会　石川考古学会

⑥主な著書
　　越中中世城郭図面集Ⅰ～Ⅲ　能登中世城郭図面集　加賀中世城郭図面集
　　飛驒中世城郭図面集　越前中世城郭図面集Ⅰ・Ⅱ　戦国の北陸動乱と城郭
　　越前朝倉氏の城郭と合戦

⑦現住所
　　富山県富山市小杉2143-6　　℡（076）429-8243

越前中世城郭図面集Ⅲ　越前南部編・補遺編

（越前市・池田町・南越前町・敦賀市）

© Saeki Tetsuya 2021　ISBN 978-4-86627-107-1

定価　三、〇〇〇円

初版発行　二〇二一年十二月十五日

著　者　佐伯哲也

発行者　勝山敏一

発行所　桂　書　房
　　　　〒930-0103　富山市北代三六八三‐一一
　　　　TEL 〇七六‐四三四‐四六〇〇
　　　　FAX 〇七六‐四三四‐四六一七

印　刷　株式会社すがの印刷

地方小出版流通センター扱い